陈荣发 著

都是真实的人间

文匯出版社

图书在版编目（CIP）数据

都是真实的人间 / 陈荣发著. —上海：文汇出版社，2021.7
ISBN 978－7－5496－3616－7

Ⅰ.①都… Ⅱ.①陈… Ⅲ.①随笔－作品集－中国－当代 Ⅳ.①I267.1

中国版本图书馆CIP数据核字（2021）第140534号

·文汇新观察丛书·

都是真实的人间

著　　者 / 陈荣发
摄　　影 / 陈荣发

责任编辑 / 黄　勇
特约编辑 / 建　华
封面装帧 / 王　翔

出版发行 / 文匯出版社
　　　　　上海市威海路755号
　　　　　（邮政编码200041）
经　　销 / 全国新华书店
排　　版 / 南京展望文化发展有限公司
印刷装订 / 上海颛辉印刷厂有限公司
版　　次 / 2021年9月第1版
印　　次 / 2021年9月第1次印刷
开　　本 / 890×1240　1/32
字　　数 / 350千字
印　　张 / 14

ISBN 978－7－5496－3616－7
定　　价 / 75.00元

序
充满烟火气的文字是什么样的？

读完陈荣发先生的书稿《都是真实的人间》，内心久久不能平静。在我的阅读经验中，从来没有读过这样"原生态"的充满烟火气的文字。读着读着，就仿佛走进我的故乡的山里，山坡上野草青青，灌木丛生，山花烂漫，蝴蝶翻飞，牛羊自在，袅袅炊烟升起，乡野味道沁入心脾……三个很特别的感觉：很真实，接地气，有味道。

如果不是见过作者陈荣发，单读这些文字，很难想象这些文字出自一位奋战在纪检一线的干部之手。我们对纪检干部的总体印象是，他们肩负着"啄木鸟"的神圣使命，因此他们的表情是威严的、冷峻的。而读了陈荣发的这些文章，我对纪检干部的印象有了很大的改变。原来，这些严肃的面孔下，是一副侠骨柔肠。他们在维护社会公平、正义的同时，也像我们很多常人一样，用温柔的、诗意的眼光观照周围的一切。更有像陈荣发这样的纪检干部，不仅热爱生活，而且做有心人，用笔记录下自己的所见所思所感，每篇文字都不长，叫散文也行，叫随笔也可，而就是这些文字每每都能打动我们的心，直抵我们的心灵深处。

我所了解的陈荣发，从戎多年，后来到地方工作，一直在纪检信访举报工作岗位履职多年。工作上兢兢业业，一丝不苟，对待群众，耐心温和，语如春风。他获得的一大堆荣誉就是工作成就的明证。一个人一辈子认真地做一件事，小有成就，已经很不容易了，而陈荣发不仅工作出色，而且还做了另外一件事，那就是写作。这完全出于他的爱好。他平时的工作十分繁忙，但他喜欢读书、思考、写作。他不是偶尔写写，而是几乎天天晚上写，哪怕再忙，每晚坚持写三五百字，把自己最真实的感受写出来，把自己灵光乍现的瞬间写出来，几十年不曾中断，这份勤奋与执着，非常难能可贵。

陈荣发写的都是他的真实生活。读书思考、工作感悟、群众疾苦、人间亲情、子女教育、故乡记忆、街巷见闻、邻里百态……这些都是他文章涉及的内容。老实说，陈荣发只是一位基层的纪检干部，他打交道的都是基层的干部群众，都是社会底层的黎民百姓。所以，在作者的笔下，有故乡的亲人与邻居，有接访过的居民群众，有路边的环卫工人，有小区的保安人员，有曾经一起战斗过的战友，有退休后继续发光发热的老人，有勤劳创业的打工者……这些都是我们的身边人，他们朴实生动，亲切自然，最具烟火气。作者有一双善于观察、善于捕捉的眼睛，能从普普通通的生活中发现真、善、美，记录下来，加上自己的感受，而这些感受又往往是普遍性的，很容易让我们产生同频共振。他的文章，与"高大上"无关，与"假大空"绝缘，所写的都是真实可感的世界。他撷取生活中的朵朵浪花，然后，不加粉饰地呈现在读者的面前。这些浪花，我们大家平时都有可能见到，但往往忽略了，陈荣发是有心人，他捕捉到了。透过这些浪花，我们可以窥见作者的善意。与人为善，善作善成，这是陈荣发为人处世的原则，也是他洞悉世间百态的参照点和坐标系。陈荣发送来书稿，初次相见，和他聊上几句，立马会有一个深刻的印象：文如其人，心如其文。这是一位心地善良、为人厚道的人。

书中最打动我的，是写亲情部分的篇章。

他写父亲，为人师表，一生清贫，时常教育他不能"贪财好利"，清清白白做人，不属于自己的，一分也不能拿。八十多岁的母亲吃苦耐劳，勤俭一辈子，在家开荒种地，到南京来带上自己种的新鲜的玉米、茄子，但住不了几天，就想着要回池州乡下。过节了，作者想回家看看母亲，可是节日单位要值班，只能电话诉说思念之情，而母亲一句"把单位的事做好"，让人动容。妻子明理贤惠，勤俭持家。女儿懂事上进，尊敬长辈。作者写大雪纷飞的日子，冒着大雪回家为外婆送行。写表弟来南京看病，为不能提供更多的帮助而惭愧。作者感慨说：家是藏爱的地方。夫妻之间、上辈与子女之间，不存在对错，只是看法的不同，应该给予更多的爱、理解。抱着这样的心态，就会有一个幸福的和谐之家。读到这样的文字与感悟，真的觉得作者不仅仅是一位好的干部，还是一位孝子，一位好丈夫、好父亲。

书中还有不少写故乡东至县乡村的文字，有的是对故乡田野的思念，有的是对童年快乐而又苦涩生活的回忆，有的是对母校老师的感恩，有的是对战友情的重温，有的是对岁月不居、时过境迁的感慨……总之，这些文字是炽热的，是温馨的，也是感人的。

临了，我想到一个问题：陈荣发的这些饱蘸深情的文字是怎么写出来的？我想到了朱熹的两句诗："问渠那得清如许？为有源头活水来。"原来，陈荣发心田中积蓄了很多"活水"。如果没有用心地热爱工作、热爱生活，如果没有一颗爱心、善心，如果没有孜孜不倦的追求精神，是绝对写不出这些文字来的。

期待着陈荣发心中的"活水"源源不断，今后能有更多的好作品问世。

陈正荣

（序作者系南京报业传媒集团副总编、南京市作协副主席）

目 录

序　充满烟火气的文字是什么样的？/ 001

辑一　总会在耳畔回响 ······ 001

不论见与不见 / 003
初中的毕业照 / 005
常怀一份感恩之情 / 007
自然的感觉 / 009
那年今天 / 011
骨子里还是一个兵 / 014
平生不一样的心境 / 016
人生成长中的贵人 / 019
想起北方的母校 / 022
平常却韵味绵长 / 025
并无半点恶意 / 027

人生要懂得惜缘 / 030
幸福会出现在前方 / 033
这就是简单平淡的生活 / 036
激动得还像个小孩 / 038
但也在不断给予 / 040
想起"钉耙"政委 / 043
总会在耳畔回响 / 045
肯定会好起来 / 048
更要留心的是盲区 / 051
温和地接纳 / 053
又涌现在心头 / 055

辑二　感受爱的甘露 059

想起父辈诗一般的人生 / 061
僵柔松沉稳 / 066
取舍间必有得失 / 069
幸福有它的两重性 / 071
感受爱的甘露 / 073
担心你找不到家 / 076
苦难不值得追求 / 078
感觉房间舒服就好 / 080
可能就会成为路人 / 082
寒冬里的温情 / 084

快乐也会繁衍 / 087
学着跟自己和解 / 089
当一个人开始向内看 / 091
心怀善念 / 093
客走主人安 / 095
又想起兰玉娘 / 098
养好自己身上的风水 / 101
幸福应来自心间 / 104
心中的尧城老街 / 107

辑三　家是藏爱的地方 111

又到开学的一天 / 113
相信美好就有美好 / 115
无声的教诲 / 117
妻贤家自安 / 120
只要你不抛弃梦想 / 123
更是一个新的起点 / 126
最温暖的地方 / 132
女儿大学毕业了 / 134
凭良心做事情 / 137

让生活多一种可能 / 140
会带来意外之喜 / 142
万事只求半称心 / 145
来了就是情分 / 148
端稳手中的饭碗 / 150
默默行动能诠释一切 / 152
懒惰时近弱智 / 154
也不失为一种富有 / 156
还是没有扔东西 / 158

终于不用擦水了 / 160
当思来之不易 / 163
煎鸡蛋的香味 / 166
留给鸟儿的食物 / 169
在米兰的清香中醒来 / 171
一切美好事情的源泉 / 174
给别人让路也是为自己 / 177

乘着公交去旅行 / 179
阳光会自然蔓延 / 182
家是藏爱的地方 / 184
滚到地上也照样睡得香 / 186
擦亮屋子的眼睛 / 189
不吃苦难尝鲜 / 192
安全才是回家最近的路 / 195

辑四　每个人都是一本书 …………………………… 199

只有更努力地付出 / 201
感觉知足就很幸福 / 204
生活在如意里 / 206
一起躲过雨的凉亭 / 209
内心的宁静与欢喜 / 212
只有幸福与感恩 / 214
每个人都是一本书 / 217
时代的另一个缩影 / 220
信任能拉近人的心灵 / 223
说站就让人站起来了 / 226
幸福就在自己身边 / 229
享受应有的自由 / 231
时间如同东流水 / 234
一代人终将老去 / 237

我家就在这里 / 239
靠自己良好的心态 / 242
就这样扎下了根 / 245
度过了就岁月静好 / 248
都是真实的人间 / 251
飘摇的生活 / 255
低一下头不算吃亏 / 258
在奔跑中凝聚力量 / 260
能哈哈一笑就好 / 264
一切以适度为好 / 268
半是水色半天光 / 270
珍藏在床榫头里的档案 / 273
老赵的心思 / 276
如琼花般洁白烂漫 / 282

别和自然太亲近 / 284　　　微笑着面对一切 / 292
别再焦虑生活 / 287　　　　爱护我们的共同家园 / 295
感受到火热的气息 / 289　　最美人间真情在 / 297

辑五　能看到舒缓的笑容 ········· 301

平安，心安！/ 303　　　　　每次都如初见 / 336
欠谁的，也莫欠他们的 / 305　更有对孩子的眷念 / 339
心里装着幸福 / 307　　　　　回眸一笑的洒脱 / 342
展望万物互联的时代 / 310　　心中那份默默的期待 / 345
想起鸡毛换糖的时光 / 313　　不是自己的不想 / 348
能看到舒缓的笑容 / 316　　　成功从脱鞋开始 / 351
也会回报以真情 / 318　　　　只想来看看你可好 / 353
何必与人去死磕 / 320　　　　儿女在哪哪是家 / 355
少了那道风景 / 322　　　　　老曹的大烟枪 / 358
凡事都要讲规则 / 324　　　　但可以改变自己 / 361
无怨人生 / 326　　　　　　　房子不能没窗户 / 363
夜光照海映孟尝 / 329　　　　今天，澡堂开门了 / 366
爱好就是方向 / 331　　　　　幸福缘于感恩 / 368
学着莫生气 / 334　　　　　　要坚持心向美好 / 371

辑六　去做甜的事业 ········· 373

永恒的美丽 / 375　　　　　沂蒙"红嫂" / 379

最深厚的力量源泉 / 382
民主堤 / 384
那座低矮的石屋 / 387
不是为了延续仇恨 / 390
照顾各方舒适度 / 392
遥想古田 / 395
睁眼看世界的第一人 / 398

心想了，真的就来了 / 401
一路悲壮的英雄赞歌 / 403
去做甜的事业 / 406
更有无限的温情 / 409
真正意义上的伟人 / 411
同样也是英雄 / 415
烈士风骨万古存 / 417

跋　缘于对文字的热爱 / 422

代后记　我的 2020 / 425

军／旅／情／谊

辑一　总会在耳畔回响

不论见与不见

正在家吃晚饭,手机铃响,去接的时候声音已停了。一会儿,电话又响,一看,是初中同学打来的,说开视频,感觉效果不好,听不清楚。挂断,继续吃饭。

几分钟后,铃声又响。还是同学,问我视频怎么没开啊?再打开看到,因为一位同学从上海回家乡,八位初中同学相聚,很开心,一个个地刷脸,让我逐一说出姓名。

昨天,同学经过南京南站时,发来消息,希望我也能回去,可哪儿有空呢?除这位同学来过南京,其他基本是初中毕业后再没见过。能互相以手机视频相见,十分激动。

那时的初中,初一到初三,学校只有三个班。小山坡上,前后两幢平房就是校舍,侧面,一边是厨房,一边是老师宿舍兼办公房,几位老师来自天南海北,但都兢兢业业。

几幢房子中间,围着一块土操场,木工自制的简陋篮球架,课间做操,午休打球,尘土飞扬,却是我们欢乐的天堂。

学生用的两幢平房,除了三间教室,还有两间是宿舍。几十个学生,一张又一张高低床挤在一起,每张床上,合睡两人。熄灯后,若听到还有谁在窃窃私语,值班老师会提着棍子进来教训。

寒冬时节，清早到山坡下的小河取水洗漱。刷过牙，洗完脸，回宿舍的路上，手摸头发，已然是一根根冰凌。

在那样的环境，同学之间结下了纯真的感情。大家都珍惜光阴，努力学习。课余时间，也疯狂地玩耍。体育课时还长途奔跑，洒下一路欢声笑语。

老师对学生都好。他们不管来自哪里，说着不一样的腔调，但都为人师表。多年已去，老师的无私奉献，一直都铭记。

看手机，同学发来相聚的照片，他们围坐在一起，其乐融融。

这个初中同学群，开始只有五六个人，后来增加到十多人。今晚，又有两位同学加进来，一位在开出租，另一位在北方上夜班，那里天好冷。能联系上，就很开心。

这么晚还在上班，生活都很不容易。想想，忙碌的时候，反而更自在。每个人，都要接受现实的样子，同时也要通过学习，不断地完善自己。

有位同学嗓子没变，依然童音，黄梅戏唱得很好，经常到处巡演。吃饭时，她唱了一曲，录好视频发到群里，大家边欣赏边传来开心的笑声，真是一种分享。

感恩同学，让我相隔这么远也一样拥有好心情。心情，虽不是人生的全部，却能左右人生的全部。有了好心情，才能发现更多的美好，生活才会更祥和。

祝愿那些见过或未曾见过，不知是否能联系上的初中同学，都还如当年的孩童般。不论见与不见，都不忘初心，健康向上；无论生活难否，都快乐无烦恼，开心每一天。

（2017年11月30日）

初中的毕业照

不知是昨夜睡觉时手机调的静音,还是自动调整,一上午都没听到铃声。周末,在家边听收音机边打扫卫生,干完活坐到沙发上,打开手机,才发现有不少未接电话及微信。

金秋十月,菊花飘香。手机里传来的大多是祝国庆快乐的祝福语,也有要事在联系的。今天是长假第一天,节前假条已写好,却没递交。很多人结伴外出旅游,但还有不少同事仍然在工作岗位上奋斗。

初中同学相互联系了一年,相邀利用这个假期在家乡聚会。有位细心的同学保存着发黄的毕业照,并翻拍发到微信群里。这样的举动,真值得赞赏。

毕业照上,"东至县良田公社初三毕业生和全体教师合影留念"的字迹,刚劲有力,十分清晰。前排蹲着八位女生,梳着齐刷刷的小辫子,中间隔着一面"敬赠母校留念"的锦旗。旗子由坐在第二排中间的校长和另一位老师牵在齐胸的位置。

包括管后勤的,全校老师共12人。端坐正中的校长,老家在肥西,满脸络腮胡子,治校很严谨,除了行政工作,还教我们物理。听他说:"从肥东到肥西,杀只老母鸡。"说明两地的距离很近。他讲"洗脸",就说"死脸"。在老家,过年大清早起床开大门放鞭炮前,全家人要先洗脸,都会互相谦让地说"你先洗你先洗"。那时的心里,总在担忧,在校长老家,互相该怎么表达?

老师们都正襟危坐,他们大多年轻,都是从外地不同的城市来到我们这个偏远的学校教书。有两位女老师还带着自己的儿子与我们一起合影。数学老师的孩子稍大点,坐在她身边,后来上了知名的政法大学,供职于花城广州。英语老师的孩子抱在怀里,后来听说考上了清华,已经定居在加拿大。

后两排站着23位男生,一色的白衬衣,一律的短头发。认真看过,居然还有不少叫不上名字。听同学说,那一届的学生,来自两所中学,另一所村办中学撤销后,初三时并到公社中学。

两个中学合并,才31名毕业生,其中还有一位是复读的往届生,中考时,就我俩考上了县一中。现在想来,如同在做梦。其他同学,后来就各奔东西,有的复读,有的顶职,有的务农,很多早早成家,现在已经当上了幸福的爷爷奶奶。

也有不少同学在外地打拼,日子过得都很滋润。有了微信,联系也很便捷,于是纷纷相约,利用国庆长假回家相聚。好多次战友及高中同学聚会,我都没参加,这次初中同学的欢聚,同样爽约。

时光在穿越,只能看看手机里的照片,校长、老师、学生和孩子的合影,总共41人。女儿看到,一眼就找出十多岁的我,开心地说我当时眉头紧锁,不知在想什么。

(2018年10月1日)

常怀一份感恩之情

下午碰到一位同龄人，聊到现在生活条件好，城市通过多年的治理，天蓝了水绿了。也聊到过去。我们上小学时，没有哪个家长督促孩子写作业，放学回家就干活，不是烧饭做家务，就是上山砍柴、到地里打猪草。经常，一早要上山砍一担柴回家，吃过早饭再到学校。

初中，是半工半读。上午有几节课，老师十分认真地教，下午都到学校后面开荒锄草，挖出来的山地，成了学校勤工俭学的茶园。毕业时，校园后山坡上，已长出绿油油的新茶。

放假时，砍柴挑到学校食堂，论斤两可以抵消学费。山上有很多松树，爬到树上，砍下树枝。一次，为了削断枝条，用力过猛，刀口飘到小腿直骨，顿时鲜血淋漓。好在同龄的堂叔在一起，脱下上衣，把腿扎紧，背着我回家。母亲被人从地里喊回来，心疼地用菜油拌草木灰敷在刀口止血。至今，留下寸余长的伤疤。

到初三时，从上海来了位胡老师。他教数学，每次考完试，卷子就交给我批改。上体育课时，他常会把我喊到场边，随手捡根木棍，在地上划出一道题，我经过思考，总能解出来，现在才知道那就是奥数。

高中到县城上的一中，住校。每个周五走十几里路回家。周日下午，换上母亲洗过的衣服，背着一小袋大米，还有够一个礼拜吃的咸菜。家庭条件稍好的小孩，带的咸菜里拌有黄豆粒般大小的咸肉丁，能把我们羡慕得不行。

要知道，那时候，只有过年时家里的餐桌上才有荤腥味。盐罐里有一小块猪油，母亲每次炒菜时，只是用锅铲压着在大锅里转一圈，润滑一下锅底，又十分珍惜地放回盐罐里……

同事也说，他在苏北上的县城完中，早晚吃自家带的咸菜，每月另交五块钱的菜金，只管中餐，都是萝卜或白菜煮一大桶，两个值班学生从饭堂抬到教室。有位同学中考时考取了县中，就因为县中每月要交八块钱，家里实在拿不出，只好上了完中。

而我，读完高一，为减轻父母负担，梦想种田致富，决定回家干活。离开学校时，一个个老师千叮咛万嘱咐，说帮我把档案留好，只要想念书，随时都可以再回来。

在家种田，民兵营长突然通知我到县城参加体检，顺利通过。入伍后，每月十块钱的津贴，活期存五块，留下两块钱买洗漱用品，三块钱买书。在县城新华书店，被六合一中的仇老师看见，带我到学校，找出各科复习资料。次年，幸运地考上了军校。

一路走来，从没哪个老师会嫌贫爱富。他们无私奉献，就是燃烧自己照亮别人的蜡烛。如今，脑海里总有他们殷切期望的眼神，有的见过面，有的通过信，有的只能是心怀一份感情。

（2020年3月16日）

自然的感觉

昨天下午，把女儿送到学校，晚上，有外地战友约着在南京小聚，他们都是我的老班长。从家乡也来了不少战友，他们知道我忙，很体谅，电话都没打。以后见面的机会肯定还很多。

其中一位是我新兵连时的班长，家在上海闸北。记得我离开六合平山部队上军校前，他翻过山头，从二连赶来，送一支笔和一个小本，扉页上写着绵绵的祝福。十年前，在上海见过一次，班长仍然帅气。见到面，又那样有条有理地讲着道理，在他面前，我还是那个小新兵。他们的节奏总是那样快，饭后就赶回上海，明早还要到北京出差。

深圳的两位战友都比我早一年入伍，自从那年离开平山去求学，再没见过，一晃就是30余年。见面，拥抱，无比激动。有一位是当时连队的文书，也姓陈，十分踏实，一脸黝黑，一看长相就知道是广东人。在部队没怎么听他说过话，但昨晚却侃侃而谈。他说，因为在部队当过文书，回去后先做秘书，干到中层，一步一个台阶，再当副总经理，到总经理、董事长。

他们都在享受着自然、轻松且多彩的生活。人生就是这样，耐得住寂寞才能守得住繁华，该奋斗的年龄不要选择了安逸！有些事情，不是看到了希望才去坚持，而是坚持了才能看到并真有希望！

带他俩来的，是我从新兵连下到老连队时的排长，一条山东大汉，早在南京安家立业。记得那年去西安上学时，他作为军官也去进修，他的女朋友来部队探亲，一同乘车，在枣庄半途下车回家。时光如水，如今，嫂子已退休，老领导的鬓角也已染上白霜。

还有几位战友，有一位原来同过桌，从部队回家干上银行行长。特别是小白、老谢等人都那么忙，也一直相陪。这也是一份缘，让我们从天南海北有机会聚到一起。有的虽然相隔30多年没见过面，但感觉大家都没怎么变，依然纯真，保持善意，充满温馨，也印证大家过得很舒心。

用小叶的话说："一点没变，就是大街上见到，还能认出来。"他说最记得我洗头那份讲究，要到炊事班弄一大盆水，慢慢洗，两手来回搓。我说怎么没印象？只知道洗头是我感觉最痛苦的事情，最害怕理发，因为接着要洗头。至今，都是一个礼拜才勉强洗一次，为此，没少挨老婆批评。

席间，有人与我老家的一位战友联系上了，只能问个好。他们来南京，我都没管，十分抱歉。想想，能来，说明重感情，说明有念想，说明日子过得都不错。

朋友之间，相遇很美。人与人的缘，是牵着彼此的手，走进对方的心。好朋友，是一种懂得，无论天涯咫尺，温暖永相依存。

（2015年5月25日）

那年今天

转眼,又到了这个日子。那年的今天,入伍到军营,从此,摸爬滚打二十余载,最后还是落脚在南京。

难以忘怀,那年今晨,戴着大红花,从小山村出发,乡村干部、亲人朋友敲锣打鼓一路送到县城,十多华里弯弯曲曲的小路,洒下无数叮咛和嘱咐。到武装部集合,一位新兵代表发言,部领导讲完话,立即上车,车上车下,凝聚着无限不舍与牵挂。

第一次坐大轮船,一天一夜,看着江水被卷起的波涛后浪推前浪,心里涌动着无限遐想。接兵干部说部队在南京,从中山码头下轮船,大家懵懂地被点名就分别带进不同的闷罐车,有的从家乡一块出来,再也没见过面。

我们上了南京长江大桥,大家轮流扑到后门缝隙向外张望,大桥两侧,美丽的梅花灯闪耀而过。夜晚的南京城,除了与乡村有区别的灯,还有那座高耸云天的金陵饭店。都是十七八岁的孩子,看到高楼与城市夜景,心情难抑说不出的激动。

然而,过了桥,向江北,就是一片漆黑。越走越远。车内,有来自县城的新兵开始大声喊叫,接兵排长为稳定情绪,一再安慰说:"快到了,快到了。"经过六合县城,又是乡村公路,直开到六合县马鞍乡的大平山。

新兵连的生活十分艰苦,不少战友可能是在家比较娇惯,感觉真的是受不了,特别是来自山东的,在家都是吃面,饮食不同,水土不服,清楚地记得哪几个人在哭。劝说他们的同时,心想既来之则安之,要好好干,否则对不起送行的父老乡亲。在训练之余,坚持每天写日记,暗地给自己加油鼓励。

下连队后,对业务勤学苦练,只想平平安安服完兵役就回家孝敬父母。业余时间,养猪、烧饭、出黑板报,还写点小文章。不能上大学,就一心幻想着将来能当个作家。班上一位老兵劝我当作家难以成名,但考上军校就算成才,只要努力,就有可能。

服兵役的年限是四年,提干后也是想干满八年就回家,哪知干着干着,又去桂林上军校,再到北京上军校。年年有奖励。奖励只能代表过去的成绩,未来,都是要靠实打实地干才行。但对有机会去学习,一直很珍惜。

不论是工作还是学习,只要投入,时间就会过得飞快。

那时的部队,要求我们忍耐再忍耐,收入一直很低。是走还是留,也犹豫徘徊过,临到确定要离开时,在上海的一位部队老领导还劝说别转业,说帮调过去并调一级。想想难得在南京有了安置房,老婆有了工作,上海话又听不懂,不愿再去穷折腾。

从老家一批出来的,留在部队已是军师级了,现在部队工资调得都挺高。但想想自己出身贫寒,与干四年就回家的战友相比,也很知足。他们,要么在农村,要么在外打工,过得都很不易。

据说,世界上只有两种动物能够到达金字塔顶,一种是鹰,另一种是蜗牛。两者如此不同,难以联系到一起。鹰敏捷、锐利、矫健，蜗牛迟钝、弱小、笨拙。鹰有一对强健的翅膀，蜗牛却背着一个厚重的壳。他们登上金字塔，一个靠天赋，一个靠勤奋。

每个人都希望自己生来就是鹰，但世上没有那么多的幸运。最怕的是，自己生来不是鹰，却又不愿意做蜗牛，耐不住孤独和寂寞，而把青春和生命白白地消融在叹息和埋怨里。其实，蜗牛有自知之明，就明智地选择了自己的奋斗方式。

常想，自己很卑微，既没有鹰的天赋，就做只老老实实、勤勤恳恳的蜗牛吧！

真正离开部队，还是心有不甘，更有难言不舍，感恩大熔炉的锻造、感恩领导的关心、感恩战友的真情。常常，梦中又回到火热的军营，想到熟悉的战友，可美梦醒来，却是一场空。过来了，就再也回不去。就是远方的家乡，每次回去，也如同匆匆过客，只能对那送行的锣鼓声作无尽的回想。

（2016年11月5日）

骨子里还是一个兵

今天是八一建军节,朋友圈里,很多人都在晒战友聚会的场景。我入伍时的老连队战友从去年就开始相约,要在山东潍坊相聚。看他们这几天都从东南西北赶过去,刚才打开手机看看,很是令人兴奋。

当兵时,属于十分机密的部队。两个月的新兵连生活,让我们规范了齐步、正步和跑步走的动作,学会了将被子叠成豆腐块,背熟了内务条令和纪律条令。我们满怀激情地去靶场,手枪、步枪、机枪、冲锋枪,样样都瞄准射击,手榴弹扔出去,炸得山谷震天响。也列着整齐的队伍,伴着激扬的歌声,盼着快点进饭堂。

新兵连结束后,就分到老连队。认识了后来一直保持联系的班长、排长和连长,他们在训练上对新兵很严厉,但生活上也很关心。那年冬天,山上下暴雪,稍不小心患了感冒,连长亲自下厨为我煮了一碗鸡蛋面。

那时,我们每人一杆枪,排长才有小手枪,睡觉时都挂在床头。不知什么时候开始,枪似乎没什么作用,统一收到仓库保管。每天学习军事理论,学实际操作技能。后来才知道,我们部队是全营一杆枪。到西北沙漠实弹射击时,全营官兵团结一心共同努力，才让一枚枚导弹呼啸升空，击中目标……

当了一年兵，就去陕西上军校。放寒假时，揣着回家的车票，在西安街头碰到在家休假的连长，硬是到车站把票退了改成第二天的，拉着我到他家，嫂子做了一桌好菜。几年前到西安出差，看到连长还是那么精神，带我去钟鼓楼闹市区品尝名小吃。在他眼中，我仍然是从前的孩子。

是连长联系了当年的不少战友，组成了一个群。后来，这个群里的人越来越多。老家在山东的副连长十分热情，主动担当，积极筹备聚会事宜。这样的活动，组织起来很不容易。连长也希望我能去，可上次南京这边的战友聚会都没去，况且那么远。时间是一个方面，就是有空也不行，只能表示很遗憾。

看视频，主会场悬挂着富有正能量的会标。十大桌人，欢聚一堂，场面真是喜气洋洋。可没看到老连长，他从市法院中层干部退休后，在西安老家和广州儿子那边两地生活，过得十分安逸。战友们也都很想他，怎么没去参加呢？

印象中，连长对自己的要求一直十分严格，不是一时偶然行为，而是长期的修养与严于自律使然。"士而律身，固不可以不严也。然有官守者则当严于士焉；有言责者又当严于有官守者焉。"古人都能提出这样的要求，在新的时代更要谨小慎微。

这些战友，即使早已脱下军装，但骨子里仍是一个兵，依然还是最可爱的人。有的一别几十年，再也未曾谋面，潍坊相见，定会开怀畅饮，尽情叙旧。祝愿他们带着无限美好的心情参加聚会，又都能携着赤诚的战友情谊安全愉快地返回。

（2018年8月1日）

平生不一样的心境

战友远道而来，聊聊从前和现在，回忆过往的时光，令人欢乐开怀。从中撷取美好的瞬间，也是对未来生活的期待。

他来自浙江，比我早两年当兵，虽不在一个班，但属一个排。新兵时，见到老兵都称班长，现在见到他就喊老丁。老丁十分能干，印象中，他忙碌不停，充满热情，操场、阵地、伙房、猪圈和宿舍之间，不断出现他的身影。后来才知道，他不仅是导弹操纵员，还是炊事员兼饲养员。

入伍第一年，天降暴雪，六合马鞍的大平山，漫山遍野银白一片。我们要从连队清扫出通往阵地、猪圈、营直及车辆下山的道路。面对齐膝深的积雪，大家跟着埋头苦干的连排干部，没人打退堂鼓，及时完成扫雪任务。

扫到猪圈时，才知道里面除了有12头大肥猪外，还有一头待产的老母猪。猪舍如苏北农村猪圈的模样，五间简陋矮小的砖瓦棚子，不规则山石砌就的围墙，各隔出一块小院。院内是厚厚的积雪，供猪吃食的槽子同样被雪淹没。老丁只得用盆子装好猪食，端进猪舍内，立即传来猪们抢食的吧嗒声。

那晚，连队点名，连长宣布，安排我到炊事班。写信回家，很多亲戚朋友都笑话:"到部队不去学打仗的本领,却学烧饭,也真是太没出息!"部队那时很保密,我的专业是无线电控制操纵导弹在空中自动飞行,但从没告诉过家人。

到炊事班,首先要学会起早班烧早饭。当时生活条件很差,伙房四面透风。凌晨四五点,听到闹钟响,就得一骨碌起床,打着手电筒,首先赶到灶膛边,摸摸灶里是否还有热气。如果头天晚餐后灶里的煤压得好,次日早晨就不会熄灭,只需关上灶门,再添点煤,静待火苗重新燃起。

若是灶膛冰冷,那就惨了。要找来废报纸、干稻草引燃劈好的几段木柴,待火烧旺,才能一锹一锹地往上添加煤炭,慢慢引燃。煤要加得恰到好处,如果一锹加多了,把火苗压灭又得重来。有时,搞得满手黑煤、满脸灰尘才能点着火。

大锅饭烧起来也很有讲究,多少水多少米,什么时候大火何时退火都要注意,哪个环节没弄好,米饭要么夹生要么烧糊。烧出夹生饭,早饭没保障好,就算小事故,所以精力要十分集中。闻到米饭香,要及时打开灶门,火苗立即变小。如果稍慢点,就会飘出焦糊味,锅巴也会变黑。

跟着炊事班长学了一个早晨,记下每个环节,第二天就单独起早班,连续两个早上都搞得手忙脚乱,饭还是没班长烧得那么香。第三天,饭出锅后,锅巴金黄,从四周轻轻铲开,慢慢托起,如一口大锅的形状,伴着四溢的香气,喜悦之情,油然而生⋯⋯

没过几天,连长又找我谈,母猪即将分娩,要我协助老丁。那夜,外面皑皑白雪,棚中是老丁用稻草新筑的猪窝,既干净又暖和。我俩裹着军大衣,在一盏煤油灯的照明下,看着一只只小猪崽来到这个世界。它们眼睛还没睁开，就急切地爬到母猪瘫下去的大肚子前，尽情吸奶，齐齐一排，共有13只！

我靠在猪舍的墙边睡了一觉醒来，眼前，老丁还在聚精会神地拨弄着那些娇嫩的小猪崽，生怕被母猪翻身压坏。当时想到，什么是责任？责任就是老丁这样对自己做的事情有一种爱，同时，因为他心中有责任，才会有做事的热情。

过了几天，老丁回班，饲养任务交给我。转眼到了春天，小猪渐渐长大。又养了两只羊，还放了五十多只鹅，在山坡或塘边放养这些可爱的小家伙时，衣袋里总揣着一本书。之后，连队送我到南京参加补习班。高考结束，又回炊事班干了近两个月，直到上军校离开连队之前……

刚当兵时的老连队，有太多的事情魂牵梦萦。军校毕业，被分配到仪征那个营，经打听，老丁早已退伍回家。那时没有电话，离别后就杳无音信。铁打的营盘流水的兵，偶尔到过大平山，也只能去看看，并勾起对老连队无法言喻的感情。

进入信息时代，有了微信，才联系上老丁。不论什么社会，都应尊重那些尽职尽责的人。老丁退伍后，凭着踏实勤奋，带头致富，如今，他早已是千万富翁。通过晚餐简短相处，感觉他依然保持着积极向上、朴实谦逊的性情。

聊到从前，都感谢部队的培养。经历过那段岁月，心中会自然增添无限的忠诚与责任。也碰到有的人，面对不如意的事情，就会说些牢骚怪话，若能遇到满怀热情去工作的老丁，应会生出不一样的心境。

（2019年6月19日）

人生成长中的贵人

每个人,在成长的旅途中,经常会遇到帮助过自己的人。若是拥有一颗感恩的心,就应该不会忘记他们。有的人,不仅真心实意地关心你,而且在你取得成绩自以为是、作风漂浮时,他会及时提出善意的批评。这样的人,才是真正的贵人。

我也一样,一路走来,遇到过很多贵人。刚入伍时,才十七八岁,就有幸碰到一位。听别人称呼他为韩技师,也跟着喊。其实,他是我们的班长,白天在阵地一起训练,晚上睡在一个房间。

韩技师是山东郓城人。大高个,黑红的国字脸,满面络腮胡子,剪着平头短发。训练场上,他要求十分严格,乍一看真有点凶神恶煞。但看他笑的时候,则是那么的憨厚,一脸的慈祥。

在一起生活了将近一年时间,我考取了军校,他也作为干部学员选派到那所军校进修。入学时,我们同乘一列火车去北方。校园很大,不在一个系就根本碰不到面,只能周末抽空去拜访。我爱买书,可每月只有十多块钱的津贴,经常入不敷出。从他宿舍离开时,他总要给我几块钱,鼓励我去买书,趁年轻多学习。

他每次给的几块钱,我都记在小本上,毕业拿工资时一并归还。两年紧张的军校时光,既短暂又漫长。毕业后,我们分到不同的部队。那时交通不便,又没电话,便失去了联系。

再次见面,已经分别两三年。那年,两个单位合办一个新兵连,组织上安排我去担任指导员。曾经的韩技师已是那个部队的副营长。那天,我把住的地方安排好,正准备去看望老领导,没想到他已站在我宿舍的门前。不知是一时激动,还是年少轻狂,没有行军礼,嬉笑着上去打招呼,态度可能显得很随意。

没想到他面无表情,劈头盖脸地就是一顿训斥:"你看看你,几年不见,学得吊儿郎当,油腔滑调,没大没小,像什么样子?"这几句话,说得我硬是愣在那儿。印象中,还真没有被人批评过,思维还没反应过来,他已转身离开。

从那以后,不仅是见到他,看到其他人,哪怕关系再好,都能留个神,说话注意保持分寸。一旦可能举止随意,脑海里马上就会闪现出他训斥的话语,自然会注意自己的言行。

还记得1998年的那次大水,他带领部队参加驻地抗洪抢险。在值守的江堤上,当发现管涌时,他身先士卒,一个猛子就扎进水里,及时排除险情。为此,他荣立了个人二等功。

转业时,他选择去了公安院校工作。在学校扩建过程中,他负责基建,手上支配着几个亿的资金。面对来自多方面的人情,他顶住压力,坚持公开招投标,严格依规办事,不贪分毫。几年后,办公大楼盖好,他也光荣退休。

在战友孩子结婚的场合,能偶尔见到他。多少年过去,还是习惯性地称呼他为韩技师。岁月真的不饶人,突然发现,韩技师已经满脸皱纹,头发花白。一次,我提起很感激他的那次训斥,他说早已忘光，笑起来，还是一脸的慈祥。

　　世间纷繁复杂，每天，都能耳闻目睹到很多或喜或悲的现象，极易让人感叹世上有太多的世态炎凉。但只要我们心怀感恩，便常想起以真情与善良，及时无私地帮你一把，哪怕说着再严厉的话，因为"忠言逆耳利于行"，就会让自己少走很多弯路。

　　他们，就是人生成长中的贵人，如同迷茫中指引自己前行的明灯，我们都要懂得珍惜他们。人生就像一叶小舟，难免会有搁浅的时候，遇到贵人帮一把，也许人生就不一样。

（2020 年 7 月 16 日）

想起北方的母校

还没到黄梅天,已经这么热,再稍热点,睡觉肯定就不得安宁。明天休息,该拆洗空调过滤网了。

南京四季分明,到了夏天,离开空调间,哪怕坐着不动,皮肤照样汗涔涔。玻璃窗打开,风就是吹不进来。如果是冬天,哪怕只有一条小缝,也会刮进嗖嗖的冷风。同样的纱窗,感觉怎么就是不一样?

每到这时,就好怀念北方的母校。炎夏的日光下,哪怕热到三四十度,有着厚厚的隔空墙壁的屋子里,总是充满着舒适的凉意。白天再苦再累,睡觉还要盖棉被。一夜好觉睡醒,浑身都是精神。若是寒冬,开通了暖气,进房间就只需穿件单衣。

那里的冬,十月份就开始下小雪。虽然雪后有艳阳,地上的一层白雪就是不化。直到哪天夜晚下起鹅毛大雪,队长总会提前四十多分钟吹响紧急集合哨,我们打起背包在雪地里跑一圈回来,差不多就到起床时间了。

"路上的雪要趁早扫,如果被人踩实了,就要费时费力地铲。"队长也是为我们着想。校内的每段路都有卫生包干区,雪扫不干净,同样会纳入卫生评比。

从宿舍到教室，从教室到饭堂，学员的生活就是三点一线。走在路上，队列要整齐，歌声需嘹亮，口号震天响。除此，不得交头接耳。一次，从饭堂到教室，队长蹲在路边茂密的树丛中，远远地看着队列走过。

我们刚在教室坐定，队长就从后门进来，大声地问："刚才队列中的第X排、第X列的学员说了什么话？现在站起来重复一遍！"原来，人走路时正常呼吸的雾气是均匀的，如果讲话，会吐出一阵一阵不规律的白气。他虽然隔得远听不到声音，但能通过我们呼吸的气体，断定谁在队列中讲话。

到最后一个学期，主要是操作训练。在教导团的阵地上，要模拟实战进行演练。一天，教员要求我们将导弹内舱中的仪器拆下来，搬到地面分析一遍，再装回原处。而且要求一个区队由高到低排好队伍，个子小的学员先开始，那可是不轻的仪器啊！

炎炎烈日下，完成了训练任务。年轻小伙早已饥肠辘辘，谁都盼着能提前下课，外场到饭堂，至少还要走半小时的路。但教员严格按照大纲，对训练课目认真评讲，那样的一丝不苟，直到下课的点，才宣布可以带回。

学校的饭堂，除了高粱馍，吸引我们的就是那圆圆高高的巨型铝桶中的稀饭。勺子的柄短，只能盛到上面的稀汤，为了渴望够着下面的米粒，有的同学就将筷子插进木柄里。

第一碗稀汤喝完，去盛第二碗时，差不多才能获得少许米粒。有的一时没拿到勺子，就用碗直接进去盛。北方气候干燥，不少同学手上搽雪花膏，加上摸过仪器的机油，每喝第二碗稀饭时，总能品尝到那样奇特的香味和油味……

因为参加一次书法比赛,被同样喜欢书法的副校长欣赏,后来打听还是小老乡,便让队长带话要安排我留校。那时,能留校给人的感觉是挺有名气的。可快毕业时,想家的念头日甚,还是选择回南京。队长一直对我很关心,对此,他真的很不高兴。

这么些年,再也没回过母校。难忘的,是学校领导和教员严谨的作风。那时如果不严抠细训,就不可能学到业务本领。实战中,如果稍有马虎,导弹上天,差之毫厘,就会失之千里。

天一热,不由地就想起北方的母校,想起那里的冷暖,那里的严苛与温情,那里的整齐统一与勃然生机。

（2017年6月2日）

平常却韵味绵长

司金刚从银川远道而来,前晚相聚,说昨天就要回去。让他把票退了,又小聚一次。

他还喊我陈技师,听来很亲切。我军校毕业分到仪征那个营,第三年,我到新兵连当指导员,他就是那批新兵之一。新兵连结束后,他被分到我们连队。在那个小山包上,两幢小平房,隔窗相望。几个月后,他被分到炊事班,一直踏踏实实默默无闻地干活。

次年,我又出去读书,分到其他部队,再没相见,一别就是二十几年。听说金刚当了五年兵,一直干到班长,因为表现突出,超期服役了一年,部队要留他为志愿兵,但因离家太远,应父母要求还是退伍回家。

记得有天早餐,我因为吃雪里蕻,感觉那紧紧包裹的菜叶子没有清洗干净,恶心呕吐,卫生所诊断为急性肠胃炎,立即送到空军医院。医生不管三七二十一,马上收治住院。

在医院,一粒药也没给吃,只配了一瓶自产的药剂,要求饭后半小时喝一小杯。那药奇苦无比,尝过一次,根本无法下咽,就在每餐饭后分出一小杯,倒进水池。

入院第二天,我就要求出院,可主治医生说,进来了就得住满半个月。于是,被安排帮病区出黑板报,整整耗了两周才回部队。金刚以为我胃不好,他在厨房工作,负责买菜,到菜场请杀鸡的师傅将鸡肫外面那层黄色的皮给他,拿回来洗干净,晒干再给我,让我吃下,说对胃好。

后来,与家人谈起好多次,除了那份战友情外,还真不知道鸡肫皮到底怎么吃。昨晚又聊起,他还是那么斯文地说,晒干后要碾碎泡水喝,对胃有好处。

以前身材魁梧的小伙,却已发际斑白。说儿子已经二十三岁了,要急着赶回去,准备给他预订办理婚宴的酒席……

对酒,这些年已没多少兴趣;端杯,也只是为了一份情谊。他一脸朴质,轻轻一抿,满满一盅,杯杯见底。

他说到以前在连队时,银川和连云港的两个战友,将一块八毛钱一瓶的分金亭酒,分在两只军用茶杯里,啥菜没有,就那么边聊边喝。后面进来的一位泗阳籍战友,说磨蹭半天,那点酒还没喝完,随手从柜中取出一瓶洋河,对口咕嘟咕嘟,一饮而尽……

到了一定年龄,不能劝酒,大家量力而行。光阴在静静地流淌,直到夜深,大家都很尽兴。

战友情是一枚咸菜,虽然平常却韵味绵长。回首往昔,是部队让我们学会了独立生活,懂得了为人处世的道理,锻炼了我们统筹协调的能力。

与战友在一起,再次感到,部队把我们从懵懂的青年,培养成热爱祖国和人民、知荣辱明大义的人,互相之间,都要怀着感恩。愿把所有的感情融入对战友的祝福:快乐每一天!

(2019年4月14日)

并无半点恶意

傍晚时分,在社区偶遇一位居民,说以前也在江北当过兵。我又回想起自己从军校毕业,分到基层部队,是战友何长余骑自行车到仪征车站接的。在路边一个小店,他请我吃饭,每人喝了两瓶汽水,心里一直留存着那份甜甜的滋味。

当晚,住在他们二连。小何在炊事班工作,两名炊事员,宿舍有三张床。反正是炎夏,铺张席子,能睡就行。军校在西安,白天再怎么热,晚上睡觉还要盖毛毯,可来到部队,虽在江北,哪怕半夜,四处依然热浪滚滚。

炊事班旁边有个蓄水池,每天水车从县城拉来水灌进去。池外一个水龙头,只有细细的水流。餐后睡前,这里便成了热闹的所在。那个深夜被热醒,懵懵懂懂地找个脸盆,接了水就往身上冲,觉得清凉后,倒下又睡。

清晨醒来,到三连报到,分在三排五班。一个房间睡九个人,七个干部两个兵。两个战士,一个班长,一个副班长。我的行军床紧挨宿舍门旁。

那年,部队刚从前线轮战回来,营房损坏,房门残缺。床头有扇窗,想推开,那木质窗格随时要散架脱落。窗格里,要么没玻璃，若有也是破烂不堪，露出如刀锋一般尖锐的棱角。遇到下雨，室内一样风雨交加，雷电在地上打滚。夏天还好，最多把垫褥卷起来；到了冬天，刺骨的寒风直往里钻，糊上报纸，一吹就破。寒夜里，遇到大雪，雪花会湿破薄纸钻进来，房间里雪花漫舞，寒气袭人；晨起，被面上呈现一片洁白。

当时的部队，纪律变得松弛。晚上不熄灯、早晨睡懒觉、不请假往外跑等现象司空见惯。干部闹转业，战士不训练，有的出去玩，有的打架违纪违法。

冬夜，他们就窝在储藏室打牌，脚下烤着电炉。一人裤管被烧焦都没发现，直到冒烟起火，才开门跑出来直跺脚。

而我，那时不会玩牌也不会喝酒，就无法与战友打成一片，心里认为他们不喊我玩，是看不起我。当时没有书桌，只能借宿舍昏黄的灯光，坐着马扎，靠在床旁，听着储藏室里的吵闹，与书本和笔记相伴，孤独地读书思考。周末，如果到县城，也是直奔真州古塔下的图书馆或新华书店，从没进过什么歌舞厅和电影院。

军校毕业分到连队当技师，可导弹测试车上连电路图纸都找不到，遇到故障，无法排除。就试探着写信到贵州生产兵器的军工厂，半个月后，那边还真寄来了整套图纸。便如饥似渴地对照图纸进行研究，把电路跑得滚瓜烂熟，再发现故障，均能迎刃而解。

营区和阵地分散在一个小山坡上。每个清晨，我都在那小山的石子路上奔跑，再跑回连队，全连人员还在熟睡。后来，让我到新兵连当指导员，结束后大家分到各个连队。一晚，想去看看我带的新兵，可绕着山头一圈走下来，所见的都是空无一人的营房，只好又摸着漆黑的山路，回到房间，静心看书。

白天除了研究兵器理论，还将连队一面外墙上废弃多年的黑板重新刷漆，编辑素材，制作板报，作为宣传好人好事、鼓舞士气、传播正能量的一方小阵地。每月更换，定期出来时，都会被战友围观，也成为连队对外宣传的一个窗口……

之后，组织上安排我到桂林军校政工班学习。毕业后分到江南，就很少再回那个连队。听说，老部队经过整治，不仅环境变得很美，各项军事化建设上了台阶，一切都很正规。

经年已去，连队的老战友早已转业回到各自的家乡，若有见到，会笑着说当时大家都在混日子，但感情纯洁，互相并无恶意，没人有看不起谁的意思。而当时的我，因为不能一起玩，总感到很自卑。其实，只要坚持做好自己，一切想法都是多余的。

过去的点滴，时而还会想起，但从没与人谈及，听着窗外的雨声，随忆写来，也同样并无半点恶意。每逢静夜时光，或遇到什么不顺的事情，思绪还会飘到军营。因为靠部队的磨炼，在艰苦中成长，才有现在美好的生活，心里便始终怀着一份感恩。

（2020年3月21日）

人生要懂得惜缘

已是夜八点半了,外面的雨还在下,没法下楼散步,打开手机,看到微信:"欢迎来广东台山玩。"并有 12 秒的语音,说感谢热情接待,已到机场准备登机。

不由还是想到昨天,雨也是一直下,从早上我就讲要去理发,妻子说下着雨,急着去理什么发啊?可周末不去理,又要过去一周。这次理了,再理一次就要过年的。

午饭后,冒雨出门,坐地铁到江东门,再骑车去理发店。经过部队门口,见一位老领导手拎一瓶酒,正出小区门,说来战友了,一起喝酒去?我说不了,还要去理发。

虽住在奥体,每个月还是坚持到那儿去理发。深藏在海棠里小区的这家不起眼的小理发店,每次去,都要排队,进到屋内,边看报边等待,习以为常。理完发刚过四点,进地铁站,手机响了。

是老领导打来的,他说:"来吧来吧,就几个战友,又没外人。"本是准备理完发就回家,拗不过老领导一口山东话的真情。确实也巧,若上了往奥体方向的地铁也就罢了,我也如实地说正在地铁里等车,他说那就倒过来,往莫愁湖方向坐,一站就到了。

他戴着老花眼镜，一人坐在二楼大厅，对着菜单，选上一味菜，就一笔一划地在点菜纸上写一个名，那么认真。

点好，我们在包间聊天。聊念高中，聊上军校，聊到他现在两个女儿都有了幸福的家庭……人生最美的情感经常出现在回忆的时候。岁月悠悠，袅袅情怀，生命中总有一处怡人的风景，花开幽香，沁人心脾。

我一直倾听，并欣赏着那已有皱纹的脸上，总在闪耀着快乐的光芒。考军校前的补习班上，他曾经当过我们的语文教员，对我一直印象很深，呵护有加。

他当过教员后，回部队当连长，连队五年连续先进。再调皮的兵，也都很听他的话。这是力量，是来自道德的教化。"这些年，我连队的兵，基本都见到了，当然也是借着出差的机会。"他的脸上总带着迷人的笑容！

无论是在部队，还是之后，每次相见，总是那么亲切，嫂子也总那么慈祥。虽然曾住在一个院子，见面客气地招呼，但从没在一起喝过酒。军校毕业后，我们无缘在一起共事，他从副师级岗位上转业到地方，从一般小职员踏踏实实地做到办公室主任、公司总监，直干到总经理。

我在部队，也一直带兵，同样秉承着帮助人不害人的宗旨，但怎么也没达到他这样的水平，很是惭愧！

贫富只是身外之物的落差，不代表生存的价值。每个人的生活都不可能达到尽善尽美。奢求越多，快乐就越少，有的人过得很平凡，笑容却总挂在脸上，只因把得失看得很平淡。

接待的战友，也是他当连长时的兵。同样是一脸的憨厚，带着夫人和女儿从广东来玩，女儿已是大学生，富有爱心，上初中时就资助两名农村困难学生上学，这次刚从加拿大留学回来，谈吐文雅，举止端庄，体现着良好的家庭教养。

在这个世界上，人与人之间，擦肩而过的为路人，时牵时挂的叫友人，不离不弃的是亲人。

本想下午给昨晚这位战友发个微信问询一下送站事宜，却忙忘了。正自责时，打开手机收到他发来的信息。此刻，飞机应该已在广东安全降落。但愿，战友还有相遇的机缘。人生中，要守望情缘，爱护情谊，珍惜身边！

（2016年12月26日）

幸福会出现在前方

在外出差，小钱昨晚说，想上午来见个面。等到8点多还没收到消息，下楼吃早餐，手机在充电。边吃边想，他是福建人，上午也相当于早上，会不会正赶来？

一直的习惯，吃饭很快，不到十分钟，吃完就上楼。回房间赶紧打开手机，果然，里面有两个未接电话，真是他打来的。马上回过去，他说来过宾馆门口，看我没接电话，怕我忙，就返回南站，准备乘车到福建了，并一再说下次有见面的机会。

我说，不行，也就这么几分钟的光景，你腿再长能走到哪里呢？他才答应："好吧，那我就往回走。"下楼去接，在大厅相见，感觉28年没变。一米八几的个儿，瘦得玉树临风，保持着当兵时的寸发，依然那么精神。

他从福州来出差，恰巧知道我也在，相约见面。前晚，我说明天早上也不一定有空，要提前来电话哦。

习惯喊他小钱，其实小不了我两岁。他也一直喊我陈技师，并说："看到报纸上有陈技师写的文字，十分亲切。"那时，我在连队当技师，能操纵导弹自动驾驶，到沙漠实弹射击，看导弹腾空而起，直到击中目标爆炸为止。当时的开心，无以言表。

慢慢地感觉到，快乐，不在繁忙热闹中，而在内心的宁静。我们聊曾经在一起的连队，再聊后来各自的家庭——

那时，条件都很差，但精神上很充实，互相团结，官兵同乐，无私关爱，连队如同一个温暖的大家庭。

只记得小钱还当过连队给养员，每天清晨，都要骑着自行车到仪征市区买菜。连队在小山包的高处，阵地上所有的路，全铺满那种有棱有角的青石子。我每天也起得早，能看到他骑着车从连队沿山坡一路颠下去。返回时，他推着一大筐菜，再累，也都一直保持着满脸的笑。

再见到，还是那样乐观开朗的表情。说因为父辈在铁道上工作，退伍后就分到邵武铁路，后来又因工作突出受到上级信任，被调到福州铁路段。现在，妻子仍然在邵武铁道医院，女儿大学毕业后分到漳州工作，也在铁路上。

人的潜力是无穷的，只要善于挖掘，就能够将自己的能力发挥到极致。小钱高中毕业入伍，成绩很好，可以考军校，但他想回去能安排到"铁老大"的单位，就选择了退伍。但后来的铁路，同样走向了市场。不论怎样，只要勤恳踏实地坚守在自己的岗位上，个人职业都不会受到多大的影响。

在铁路上，同事都来自四面八方。小钱说，父母原籍分别在杭州的萧山和余杭，自己的五兄妹也在不同的城市工作。现在，八十多岁的父母与岳父岳母都生活在邵武，他每个周末从福州赶回去，忙着跑农贸市场，给双方家庭买菜。朴实的语言中，体现出那份孝心与善良。

任何一个人的身份，实际上都很复杂。从某种程度上说，谁都不再属于自己,而是某个人的孩子、某个人的丈夫、某个人的朋友。

为了这份友谊,他一早起来,从首都的城西赶到城南。我们又仿佛回到二十多岁,聊得欢天喜地。他也理解我们工作期间不能喝酒,所以,感觉差不多的时间,就起身决意离开,说下午的车要返回福州。

难得战友那么远来看我的这份真诚。送他到院外,一直看他向前行走。个子高,不仅脚步迈得大,也那么轻快,那步伐中透出一份自信,看得我心里十分欢欣。

都市的人流,熙熙攘攘,互不相识。每个人都是一个整体,他们的身后,有家庭、有同学、有朋友,还有所在的单位。很多人会将自己和单位融为一体,在铁路上,端着铁饭碗,同样要兢兢业业、任劳任怨,才能把碗端稳。

人生的路,深一脚浅一脚,艰难在路上,希望在路上,永远在路上……这路,不管有多艰辛,都得一步一步地走。坚持了,幸福才能出现在前方!

(2018年3月6日)

这就是简单平淡的生活

刚出差来这里时,与一位战友擦肩而过,只匆匆告诉了我住的地方,他答应到我房间来坐坐。一过就是好几天,又在吃工作餐的店里见了面,他记忆力真好,还一口报出我的房号,并说吃过就上来找我。

那晚,我回到房间,哪儿也没去,一直没听到叩门声,打开手机,里面没他的号码和微信。问南京的战友,收到一张截图照片,我怎么点也添加不了。

虽然我们不在一个连队,但相互都很熟悉。他大学毕业后分到那个连队,踏踏实实工作。但当时部队艰苦,加上两地分居,终是抵挡不住妻子的召唤,较早就转业回到了苏州。

这一晃,他离开部队就是二十多年,样子却丝毫没变。今晚,又在楼下店里,我们吃完出来,见他们刚坐下,说晚上来我这儿。

雪后,空气明显清新。几个同事吃过晚饭说一起转一圈。入夜后,外面还真是冷,将羽绒服拉链直拉到颈口,裹得再严实,也难抵逼人的寒气。

回到宾馆,才出电梯口,看到一个熟悉的人正站在走廊的尽头。是那位战友,他吃过饭后,真的上来了。幸好散步没走远,前两次说来没来，以为他这次又是随意说说而已。

开心地迎进房间，沏茶递烟，随意地聊各自的工作与生活。他转业后安排在公安部门，女儿大学毕业后，考进教师队伍，年前已经结婚成家。

家庭生活上，这战友不用烦神，过得十分幸福，难怪看起来，他还像小伙一般年轻。我的手机只会通话、写信息、发微信，有时拍拍照，其他功能从没碰过。上次手机没话费，还打电话回家让妻子帮充值。而这位战友，脑子灵活，稍加研究，就能让手机提供更多的服务。

互加微信，留下号码，并将他们连队的一位战友也拉成微信好友。他自拍合照发过去，那战友疑惑我们怎么坐在一起？

他又翻出很多照片，聊生活中开心的瞬间。我说这个月肯定用了好多流量。他帮我下载掌上营业厅，里面不仅有爱生活、滴滴出行、充话费等，而且可以直接办业务，还有活动奖励。他笑着说："过日子么，能省点就省点。"

这就是真实的生活，现实中，要认真做好每一天自己份内的事情，不索取目前与己无关的爱与愿景，也不纠缠多余的情绪与评论。简简单单地聊天，大家都不觉得累。送他下楼，看他过马路，互相招手，回来已十点。

洗完澡又洗衣。二十多分钟后，发微信问他可回到住处，收到回复说已经到了才放心。繁华的都市里，不是每个擦肩而过的人都会相识，也不是每个相识的人都让人牵挂……

（2018年3月17日）

激动得还像个小孩

原来在一个连队的老搭档昨天来电话，说来了位战友，今晚在一起小范围聚聚。曾经，在连队时，他当连长，我当指导员，共同生活了两年，感情很好。

下班后赶到饭店，他们都到了，互相十分客气地打着招呼。他把嫂子也带着，好久不见，正好能在一起聊聊天。

来的这位战友，家在惠州。开始时，我听成是贵州。他说见我面熟，我当时在三连当指导员，他在二连。连长曾经是他新兵连时的班长，因为与我没有在一起共事过，所以没什么印象。

他的身边，坐着一位老人。他说："这是我父亲，他四十岁生我，我今年五十岁了。"眼前的老人，已经九十岁高龄。

因为老人不说普通话，就一直不吭声。战友解释说："他听不懂，也不会说。"他先给老人盛上了一碗米饭，其他菜咬不动，只能吃鱼。虽然没牙齿，但能挑鱼刺。看一口鱼夹进嘴里，马上就有几根鱼刺露出嘴边，连长立即用手去取，还没等他捏到鱼刺，老人已经自己轻轻吐到盘里。

"因为他没牙齿，所以喜欢吃稀饭，经常煮肉稀饭或鱼稀饭。在家时，他自己每天早晨到菜场买肉或两条鱼，在家自己煮稀饭。"听战友这么介绍,应该是广东人的一种吃法。

"从我们老家到香港不远。我爸年轻时,经常挑东西走到香港,三天一个来回。后来口岸封闭,他就再没去过。"战友原来在连队当过文书,当年他的连队指导员晚上也请来了。虽然年过半百,但坐在老指导员身边,看上去,激动得还像个小孩。

他笑着跟当年的连长、指导员说:"真的感谢当时在连队给你们洗衣,学会了很多做人的道理。"所以,他退伍回家,靠自己踏踏实实地工作,成就了现在的事业。

能乘坐飞机带着九十岁的老人到处玩,是件很不容易的事情。"我上面还有三个哥哥、三个姐姐,大家只要有时间,每年都会带老人出来转转。"真是位孝子。为此,我多敬了这位战友一杯。

老人一大碗饭吃完,先回宾馆休息。其他人再想喝酒,我也没什么兴趣。今晚,有《攀登者》电影票,只能让妻子一人去观看。

(2019年10月24日)

但也在不断给予

时光如梭,到今天为止,2020年已经过半。回想这半年来,抗疫情,维稳定,日子过得也真是好快。自己养成了夜间写随感的习惯,只是在短时间内匆匆完成。

想起战友小林,当年从老家出来,在安庆同乘一条船到南京。我们都出生在农村,都只有初中文凭,都喜欢写写画画,都对未来充满美好的憧憬。不同的是,我被人劝导,为图一时功名,当兵第二年上了军校。而小林,当了五年兵,一心钻研书法,正要退伍回家,幸遇伯乐,拿来表格帮他填好,直接提干。

小林提干后,不为任何名利所动,依然沉浸在自己的爱好之中。他不仅研究书法,写得一手好字,还研究甲骨文、篆刻、绘画、写作。更为难得的是,他刻苦钻研,对所涉及的知识都颇有成就。

渐渐地,小林写的字、作的画、刻的章,在业界已经很有名气。于是,有人也想培养他进入仕途。到岗位后,顶头上司是老乡,平时关系很不错,一天,那人在酒场上听说有人提到小林,便夸海口说马上喊他来写字画画都行。然而,话说出去了,人却怎么也没等来……

我们好友在一起，若是谁将乔迁，想要一幅字挂在家里，他一秒钟也不会打顿，立即研墨铺纸。而有的老乡却打着他的招牌，在外面与人显摆，邀他参加相应聚会，目的却是想要字画。但逢此局，他哪怕装醉，也绝不试笔。为此，得罪了不少人。

有人带着目的向他要字画，得不到之后，便引来闲言碎语："还是老乡哩，一点面子不给，算什么东西？"还有的说得更难听："他自以为是，其实他的字根本不值钱……"别人再怎么说，也改变不了他怎么做——初心不改，谁能奈何？

从农村出来，如果不能留在部队，当几年兵回家，继续种田，娶妻生子，哪怕再有才华，平时写字画画，最多也只能是个人爱好。

小林成了部队保留性人才。人们只知道别人表面的名气，却不晓得人家背后的付出。他在做好本职工作的同时，并没有依靠舒适的平台，度过安逸的日子，而是从不懈怠。几十年来，每晚都学习、思考、练习，到凌晨三点开外，还笔耕不辍。

小林靠着孜孜以求的精神，虽然只有初中文凭，却具备博士文化。他在所涉及的行业里，样样都精通，且很有成就。提到他的名字，懂行的人都会竖大拇指。

只是，他爱喝酒，每晚都要喝。年轻时一瓶不在话下，现在两人也能分掉一斤。若是酒场远了，就乘地铁。一天晚上，接到他的电话："我从鼓楼地铁口出来，搞不清方向了。"明显酒已喝多，让他原地不动，赶去接回家中。

不少人都有书画之类的爱好，有的哪怕官再大，见到小林都喊老师。一天，他说有位朋友为了仕途上的事相托，当即被回得远远的:"又不是决定你的命运,要找什么人?"同时,还把那朋友好好数落一番:"如果我去为你升官找了你需要的人,他在业界本来是我的学生,若是我开口求了他,办妥了,是欠了人情,而且还可能违反规定。下次再见面,他肯定会低看我一眼,在无形中不就降低了我的人格?"

岁月不饶人,小林已是满头华发,在业内,成为全国知名的专家。每个人的成才,虽有外部因素,但更主要的还是靠着自身的勤奋与刻苦。而我,空有一腔热血,在学业上却毫无成就……时光偷走了应该得到的东西,但也在不断给予。想想自己的收获,再展望未来的目标,依然应继续踏实前行!

(2020年6月30日)

想起"钉耙"政委

在社区,我们参加门岗值守的同时,还要巡查沿街店面,如果有外地返宁居家观察的人员,需要陪同网格员上门了解情况。

基层各项事务十分繁杂,接触的单位和人员多了,在比较中就有区别。有的能说会道,但矛盾依然不少;有的只埋头苦干,却能有效发挥其他人员的积极性,各项工作有条不紊。

突然想起在桂林上军校时,我们那位老政委。政委姓任,是江苏淮安人,看我部队在南京,远隔千山万水,能有家乡来的人,明显感觉那发自内心的温情。

从随后的学习、工作和生活中,发现任政委很少说话,而且,若是开会布置任务,哪怕看着稿子,还带点结巴。有的同学就议论,不善言辞的人,怎么能胜任政委一职?

然而,政委以行动证明着自己的能力——每个清晨,他都会扛着钉耙,默默清理着绿篱下的垃圾,扒出里面的残叶,再夯实小树的根基。他以这微小的举动,无声地引领教职员工与学员一起,在业余时间,打扫卫生,清理环境,保持整个院校整齐划一,带动着军校正规化建设,教学水平也不断提升。

那年周边地区发生鼠疫,上级要求,每个学员在一周之内要上交 10 条老鼠尾巴。可校园里因为太干净，找不到老鼠的影子。我们只有在下晚自习后，七八个同学一组，到附近村庄用电猫抓老鼠。不论在哪个老百姓家，只需个把时辰，任务迅速完成。

政委的爱人是校卫生院的军医。在军校里，也很少有人天天去看病，当医生护士的，自然很轻松。嫂子也就时而早点下班，回家烧晚饭。为这，卫生院连续几年报她为发展对象，到后面都被否决了。

后来，才听人说，是任政委不同意。会上，政委结结巴巴地发言，说她经常下班早退，虽然不是什么大的违纪行为，但影响不好，这样的人怎么能入党？如果成为党的一分子，哪能发挥先锋模范带头作用？其他人也就不好再说什么。

天赐食于鸟，而不投食于巢。不论什么天气，政委每天早晨都会扛着钉耙，在校园各个角落里忙碌。时间久了，人们在背地里都称呼他为"钉耙政委"。

政委虽然话很少，但常能看到他写的一些政治理论文章在报刊上发表。他正是用那把钉耙，保持着校园整个院子的洁净，也在无声地教育着我们，做任何事情，都要踏实认真。

有的人讲话虽然流利，未必言之有理。发言不怕结巴，还是要以实际行动说话。没谁十全十美，不可能做到自己所希望做的一切，但应当去做能够完成的事情。

（2020 年 3 月 5 日）

总会在耳畔回响

我的家乡在皖南一个静谧的小村庄。村后是连绵起伏的高山，村前，有条奔腾不息的大河，河水滋润着两岸肥沃的良田。良田，也就成了我们公社的名称。

那年，我从良田初中考入县城一中读书，一心梦想着将来当数学家。可是，只读了高一，就辍学返乡务农。回到农村，大多数时间，都是白天干活，晚上自学课本知识。还用母亲卖鸡蛋的钱，订了《中国青年报》《文汇报》《大地》等报刊，通过阅读，了解村外形势。年底，民兵营长动员我报名参军。当时，抱着试试看的心态，参加体检，身体合格后，又通过了政审。

在家乡的小山村，我是第一个参军。离家前，很多外地亲戚都赶过来。入伍那天，我身穿绿军装，胸戴大红花，光荣感油然而生。从家到县城的十多里小路上，送行的队伍拉得很长。耳畔，除了欢腾的锣鼓声，还有亲人无尽的叮咛："到部队后，要好好工作，争取早日入党。"

从到部队的第一天起，就发誓要甩开膀子拼命干。当时的想法很简单："要干出好样子，不能给家乡亲人丢脸。"在新兵连，从叠被子到走队列，从学条令到言行举止，时时处处当标兵。身边有位战友因怕吃苦天天流泪，一心想回家，我便循循善诱地劝他只有积极投入到集体生活中，通过点滴进步，收获精神上的欢喜，慢慢地就不会那么想家。后来，这位战友也安下心来，积极工作，服役期满，又留队当了志愿兵。

分到连队，除了学习军事理论、参加兵器操作训练外，还坚持每天做好事。入伍第一年，受到两次嘉奖，并被授予"学习朱伯儒先进个人"荣誉称号。部队把喜报邮寄到家乡人武部，他们敲锣打鼓送到家里，贴在堂屋的墙上。

一年后，考上军校。在学员队，刻苦学习，积极工作，并向党组织递交了入党申请书。第二个学期的暑假前，在党的生日那天，我被吸收为中共预备党员。永远记得支部党员大会上，面对党旗庄严宣誓的神圣时刻，从那一刻开始，心中真正有了信仰，精神上增添了强大的力量。

宣誓后，上级党组织书记找我谈话。书记名叫徐世泽，是院系政委、师职干部，平时看到，满脸严肃。那天，我坐在他办公桌对面，听他讲党的发展史，讲军校建设史，讲国土防空史，说到深情处，他的双眼闪着泪光："过去，我们国家因为落后，才受到列强欺负，现在有了好条件，你们一定要刻苦学习，只有掌握了过硬的本领，才能守卫祖国领空的安宁。"最后，他加重语气，严肃地叮嘱："入党之后，你必须要有更高的觉悟，一心想着为人民服务，绝对不能叛党！"

心里认为，入党，不是为了谋利益，而是光荣的事情。入了党，就应该表现得更优秀，在各个方面做得都比别人好，否则，若是表现差了，人家哪怕当面不讲，背后肯定会指着骂。

在那批学员中，我第一个入党，也是家乡小村庄第一名党员。当晚，便无比激动地铺开信笺，将自己加入党组织的喜讯，分享给远在千里之外的父母及亲戚朋友。

这些年来，在党内，我先后担任组织委员、支部书记、党委书记，介绍入党或谈话的同志有两百多人。每次，我都用老政委的话，教育更多的年轻人要勤学知识，争做有品德、有文化、有能力的新时代建设者，为民服务，绝不叛党。

作为人，时刻需要支撑身体的精神力量。每当工作或生活中遇到挫折，思想上出现迷茫，在困难面前想打退堂鼓时，徐政委的叮嘱总会在耳畔回响。于是，及时调整心态，找回坐标，在组织需要时，坚决冲在前面。面对信访维稳、拆迁现场、财务审计、疫情防控、提级巡察等工作中的疑难复杂问题，坚持深入思考，勤勉踏实，敢于担当，积极完成组织交给的各项任务。

这些年来，无论是在部队还是转业到地方的各个岗位上，能忠于职守，多次获得各级奖励。但所有的奖励都属于过去，不能代表未来，只能是对往后工作的激励。

前行不忘宣誓景，初心伴我人生路。自己的点滴成长，都离不开组织的培养。在未来的岁月里，依然要践行党的宗旨，对标找差，忠诚履职，担当作为，无愧于组织的关怀和老政委的叮嘱。

（2021 年 4 月 8 日）

肯定会好起来

昨天他就一直坐在那里,面朝小河,个把小时,保持沉默。每天,在那桂花飘香的氛围里,总会有不同的人这样静静地坐着。

同样的时间,今天又看到他坐在那里。锻炼之前,便走进亭子,互相打个招呼。他用右手一直不停地揉着右眉骨,松开取香烟时,才发现他的右眼始终紧闭。

原来,我俩同龄,也是同年参军。一次训练,他被铁棒击中右眉骨,当时只破了点皮,没多作处理,继续参加训练。

他的家乡就在南京江东门,那时,附近有水塘有田地。从部队回来后,安稳地经营着自家的一片菜地,很快成家生子。上有老下有小,在家里,他是壮劳力,更是顶梁柱。可回家没两年时间,眉骨处开始发炎——

由眼球疼痛,到右半边头痛。"眼球总是针在刺的感觉,脑袋像鸡啄米一样的不断扎着痛……"一直痛着,大脑和小脑肌肉开始萎缩,右眼无法睁开,右脸逐渐变黑……右边身体从上到下失去知觉。

发病是在二十年前,从南京到上海,再到北京,看遍各大医院,花光了全家积蓄。他说:"在一家医院,一下就花了两万多,那时的钱多值钱啊！专家们都说，无法救治，回家等死。"

是在部队受的伤，但事情过去两年才发炎。他没去找部队，更没怨天尤人，而是以在军营培养的顽强毅力，坚持与病魔抗争。既然专家都说治不好，就再不去医院了，每天拖着病体，坚持下菜地做些力所能及的农活，回家坐下来就自己按摩，防止肌肉萎缩。

"白天还能拖着一条病腿走动，晚上睡觉后，如果起夜，两条腿都不听使唤，就找准穴位，一阵按摩后，才能慢慢起床。"听他说得轻淡，而当时的现实是怎般凄惨？

二十年的坚持，多么不易！人生中，都要以平常之心，接受已发生的事情。

几年前，江东门八百亩地块拆迁时，他家的房子也在被征收范围。在拆迁过程中，他没办残疾证，没提一点额外要求，也没要大病补助，只是默默地积极配合城市的建设与改造。

房屋拆迁了，明天再难，也要抬脚继续。他说："这几年，没地种了，就在外打零工，因为我有一套烧鱼技能，每月也有相应收入，全家就不愁穿不愁吃。"不种地，再没那么累，早晚就有固定的自我支配时间。他每天坚持锻炼，坚持按摩眉骨穴位，现在已能正常走路。

只是右眼依然闭合着，那些年，曾经深深地凹陷。他用大拇指比划着，说右眼里能塞进一根拇指头。并说："人的眼睛，只是个空洞，眼球如蝌蚪，可大可小。或者说如荷叶，薄薄的叶子下面是空的，只有根杆子在支撑。"

久病成医，他已掌握身体的很多穴位。现在人们为什么出现那么多的疾病？都是风扇、空调吹的，导致人体湿气太重，经脉不通，阻塞血液循环后，就出现三高了。

  看他一会儿又抽烟，一天一包还不够。而且每天晚上要喝酒，每次不止半斤。关于饮食，他说要想身体好，早上最重要。所以，把早饭吃好了，一天身体都会好。现在一些人靠节食减肥是很不恰当的，该吃就要吃，想吃什么就吃什么，才能增强抵抗力。

  在奥体，周边环境好，十多年前，他看准形势，购置了一套商品房。每天早上，在街边公园走走，偶尔坐到这亭子里，望着碧绿的河水与岸边青翠的垂柳，向往着平安健康的生活。

  他通过自我按摩，不仅大小脑肌肉已经恢复，右眼也慢慢趋平。我说再坚持一段时间，眼睛一定会睁开的。他也坚定地说："对，相信肯定会好起来的！"对这样有毅力的人，哪需要多余的鼓励？

  八百亩的拆迁是原地安置，那儿的经济适用房年底竣工，他将搬迁到新居……昨天的太阳，永远晒不干今天的衣裳。三分靠运，七分靠自己的努力。勇于与命运抗争的人，总会保持阳光心态，拥有更加美好的未来！

（2017年9月17日）

更要留心的是盲区

一早起床，在阳台，看太阳正从东方冉冉升起。快过年了，幸逢周末连着好天，抓紧时机，昨天洗晒了很多。妻子又洗被单，我得忙着晒褥子。

晒好，拖地。昨天拖过，一收拾东西，地上又是一层纤细的灰尘。拉开卧室挂衣架，下面浮动着厚厚的一层。城市还在建设中，只要窗子打开，风会引进尘埃。

有灰尘不怕，怕就怕自己懒得去清理。只要不是真空，任何一个角落，哪怕再怎么封闭，日积月累，同样也会洒满灰尘。平时搞卫生，拖把横扫几下，很快搞定。周末，就要特意关照一些角角落落。

角落就是盲区。搞卫生如此，生活中很多方面也是。若不注意盲区，很容易出问题。

昨晚，一位战友家有好事，邀请好友迎新。我到得最晚。上楼，要穿过长长的走道，再右拐才到。心想不能让人等，到拐弯口，左拐就是盲区。突然，一位服务员迎面而来，吓得我连退几步，差点撞个满怀。如果人家端着盘啊碟的，那还不洒了一地？

走路都如此，骑车或开车更要注意。每个拐弯处，视线不及的地方,都是盲区。凡遇盲区,都要放慢速度,备加关注。

工作中同样,盲区就是灯下黑。有的人表面上看似乎表现很好,却是当面一套背后一套,要关注这样的"灯下黑"。关注就是关心,也是及时提醒校正,防止他跑偏了。

还记得小学时,暑假到龙王湖参加集体劳动。那时,没有机器,全靠人工。看着一望无际的稻浪在艳阳下翻滚,边低头割稻边想着这样弯腰的劳累之苦,何时是个尽头?工棚旁边有条小河,收工后,就跳进去,身上的汗和痒全没了,那又是种多么美好的回忆。河水很浑浊,但长辈们说,只有人弄脏水,水再脏也脏不到人。

现在想来,长辈说的话不无道理。海棠含苞待放,荷花出污泥而不染,腊梅迎寒风尽吐清香,都是那样默默无闻,向世间呈现着洁美的画面。人们总在埋怨环境,其实,环境不会污染人,只有人在不断地污染着环境。

也会听到有人埋怨工作环境,这就是思想意识上的盲区,是因为不懂感恩不自量力,这山望着那山高,才会自寻烦恼。那山再高,仅仅望着没用,要靠自己双脚走上去。

能在单位有份工作,每月有薪水,要思考自己干的活,是否对得起领取的工资。应该要以知足的心去努力,以感恩的心去报答单位才是。

朝阳升起,普照万物。不论在哪里,更要留心的是盲区。不仅要清扫看得见的污迹,也要经常清扫心灵上的灰尘,这样,才能保持头脑的清醒。

(2017年1月15日)

温和地接纳

接到邮政快递人员打电话问我的具体地址,说有我的包裹,才感觉快过中秋节了。

转眼就是一年,一晃又到中秋。流年易逝,单位换了,地址变了,可湖北恩施的战友小谭还是一如既往地寄来月饼,这一寄,就是十几个年头。

取月饼时,碰到熟人。见我抱着一个大包裹,听说是战友寄来的,调侃说:"肯定是当年在部队搞了不正之风,照顾人家,给了嘉奖立了功。"我只是笑笑。有啥好解释?很多事都是一人道虚,千人传实。小谭在部队服役两年,当过我的文书和驾驶员,没立过功,但表现优秀,要求进步,正常程序发展加入了党组织。

退伍时,我只是一再交待他,要趁年轻,争取机会学习,才能不断提高自己。

他回到湖北恩施,被安排到邮政局当了一名普通职工。之后,停薪留职,到武汉大学读书。毕业回去后,通过踏踏实实地工作,逐步成长为一名优秀的邮储银行行长。

常常,为很多勤奋上进的战士感到由衷地高兴。离别后的战友,有的很老实不愿与人接触,有的太聪明不知道滑到哪里去了,能再见到面的是极少数。但凡返回军营看看的，都是在部队比较调皮、明白分寸、懂得敬畏的战士。

正常情况，只要有朋自远方来，都要开心相待。小谭上个月来南京时，那晚我刚从外出差回来，且到家才知道老母亲腰扭伤，卧床不起。所以，他们再怎么喊，那晚还是没出门。

打开月饼，图案十分丰富。有玉兔，天宫中的玉兔是长生不老的象征。有二龙戏珠，圆圆的月饼表面上，两条龙盘旋着，感觉在托着一只大大的蜘蛛。这蜘蛛应该包含着知足常乐的意思。

除了浑圆的，还有月牙型，这表示世上万事万物都有缺陷，但现实中的人们却一直向往着完满。

小时，一块月饼切开，全家分着吃。生活不断改善，如今，图案精美的月饼，让人浮想联翩，一块块小小的月饼糅合了中国人千年不老的情怀。从不同形状及动物的谐音中，代表着人们的生活追求与情感寄托，也在潜意识里起到教化的作用。

中秋是中华民族的传统佳节。人们在皎洁的月光下品尝月饼，欣赏祝福短信，互寄中秋团圆吉祥的永恒主题。

白露秋分夜，一夜冷一夜。秋天是从喧嚣走向宁静的起点，是冷暖分界的中点，也是从播种守候到收获的终点。不论时节如何，都要温和地接纳，温柔地远送，心平气和地过好每一天。

愿光阴含笑，月饼凝香，祝所有年轻人都能不负韶华，珍惜时光，积极拼搏，努力撷取丰收的喜悦。

（2018年9月23日）

又涌现在心头

昨天偶然的机会，在一个特殊的场合，碰到原来部队的老领导。我军校毕业时，他是干部科长，负责将毕业学员分配到各基层部队。

看到他，突然就想到远在厦门的苏主任，一位我当战士时有幸认识的深受大家尊敬的好领导。他当时从军区空军机关来团政治处任职，到部队讲哲学课。30岁的人，很清秀极斯文，把那么高深莫测的哲学讲得让干部战士听得全神贯注，无人不佩服。

苏主任作风扎实，平易近人。来导弹营蹲点，白天找官兵谈心，半夜会打着手电，沿着大平山上的崎岖小道，到连队每个宿舍查铺。冬天，发现哪个战士睡觉蹬被子，他会细心地帮人掖好被角。那时，哨兵还背着沉重的老式步枪站岗，一站就是两小时。他到各个岗亭查哨，在交谈过程中，要帮战士背一会儿枪。若是山间流动哨，他同样也要帮哨兵背枪，与战士在阵地上巡查，寒夜里，总能给年轻士兵带来特有的温情。

一次，他到连队检查时，看我出黑板报、教唱歌、拉手风琴，就鼓励我考军校。

要知道，我高二没念就回家务农，而且高一下学期读的是文科,哪有考军校的信心和勇气？但经他这么一鼓励,我真的找来高中的数理化书籍,利用业余时间专心学习。

当兵第二年,顺利考上军校。在军校期间,我写信给苏主任,他那么忙,但一直都是我寄一封信就能收到一封回信,字里行间总是备致的关怀。也使我在军校时,保持上进心,多次受嘉奖,顺利取得文凭。

从西北院校毕业回来,去位于北京东路的苏主任家拜访。他亲自下厨,和嫂子一起忙了一桌菜。他们老家在福建漳州,待人十分热情,我第一次吃到那么好的菜,也是唯一一次去过他的家。

铁打的营盘流水的兵。后来,部队整编,苏主任到其他部队任职,并不断高升,早已是师政委。偶尔,在参加会议时碰到,总是感到那么亲切！再后来,首长调到江西樟树,离得更远,只有打听,没再接触。

我到地方工作后,听说苏主任也转业了。并听说他离开部队时说过:"将来不论到哪里工作,我会一直关心着中国空军建设的！"

一晃,我转业都已10年。有空时,或碰到相关人员,总会打听他的消息,都没获得联系方式。在战友群中,联系到福建的战友,说首长官很大,没有给他们号码。若有,也能打个电话向他问个好。

昨晚在外散步时,微信中收到白天碰到的那位老科长发来的信息,告诉了苏主任的号码,并说不知道是否换过,让我试试。很激动,但考虑太晚没好打过去。

今天上午,安排过手头工作,马上打过去,可传来声音说是空号,一阵茫然。过了一会儿,想想不甘心,也许是号码拨错了？再拨过去，通了。可响了一声之后，就提示对方正在通话中。通了就好，便发去一条信息。

很快，苏主任将电话打了过来，嗓音依然。还没等我问候，他就亲切地问我目前工作环境怎样，关心家庭情况，并邀我去厦门。我们聊了很久，放下手机，又处理其他工作。到夜晚，过去的一幕幕，又涌现在心头。

联系上就好，如果有机会，一定要专程到厦门去拜访他！

（2014年4月14日）

人/间/真/情

辑二　感受爱的甘露

想起父辈诗一般的人生

下午,与同事对小区周边"九小场所"进行巡查。边走,他边断断续续地聊到自己的父亲,说父亲年轻时没吃什么苦,先在公社学校教书,又到供销社做保管员,接着当主任。在那个艰苦的年代,因为父亲在供销社工作,保证了全家老小基本上没挨过饿,但年老时,一直守着孤独,一人生活在农村的老屋。提起父亲,同事的回忆滔滔不绝——

就是不让子女进自己单位

能在供销社工作,是多少农村人梦寐以求的。大姐比我大十五岁,高中毕业后可以安排到供销社上班,但父亲认为这是走后门,让她考中专,毕业后留在扬州当了老师。她去学校报到时,我刚上小学一年级。

大哥比我大九岁,他高中毕业,邻居都认为肯定能进供销社,可父亲仍然没同意。说因为自己是主任就把自家子女安排进来,群众会怎么看?因此,大哥考上师范,毕业留在淮安。他离开老家时,我上初中。

二哥比我大五岁,还是没能安排到供销社工作。他高中毕业复习一年，考到南京的本科师范学校，毕业本可留在省城，可父亲说不能都跑出去了，家里总要有人照顾，还是要求他回到县城。二哥来县中教书时，我刚上高中。

上高中时，我的吃住都有人照应，学习更加认真。到高二，也许是学习太紧张，总感觉体质虚弱。二哥怕我有什么毛病，正好碰到部队到学校招飞行员，就让我去体检，看能不能查出什么问题。没想到，还真被验上了，真是有心栽花花不发，无意插柳柳成荫。

周末回家告诉父母。他们责怪二哥说，让老小体检当兵这么大的事情，之前为啥不商量一下……说归说，好在两位老人通情达理，同时也认为年轻人到军营大熔炉里接受磨练也是好事，便愉快地把我交给了接兵营长。

我从部队考上军校，就留在了南京，也只有利用每年的探亲假才能回家看望父母亲。母亲比父亲大一岁，父亲在外忙工作，根本顾不上家。母亲除了参加集体劳动外，还要抚养四个小孩，一直勤俭朴实，任劳任怨，最后积劳成疾……

重病后天天喝酒还写诗

父亲在63岁时被接到大姐家，生活6年后，突然说做了个梦，要回老家居住。于是，只好把多年无人居住的农村老房子收拾出来，买了冰箱、装上空调，他开始过上独居的生活。

70岁时，他感觉不舒服，到医院检查，癌症中晚期。住院第三天就动了手术，腹腔打开，刀口很长。做了一次化疗，感觉吃不消，征求医生意见，再没做化疗。当年坚持每月检查，次年每季检查，之后就没再检查。

觉得好了后，他打电话来说想喝酒了。先买啤酒喝，一买就是一箱，让开小店的朋友送到家中。啤酒喝着不过瘾，又要喝白酒，还是一搬就是一箱。他从不多喝，一天喝二两，一箱六瓶酒正好管一个月。喝完，就给我们几个弟兄打电话。

农村的老房子里，经常看到巴壁虎。父亲随手能抓到一只，不作清洗，就直接丢进酒瓶里，泡两个月后再喝。酒瓶整齐摆放，标注着开始浸泡的日期。巴壁虎泡酒属凉性，对抑制癌细胞肯定有一定的疗效。如此往复，直到83岁。

父亲除了照顾好自己的一日三餐外，就是喜欢与人下象棋，参加镇上比赛，还拿过第三名。没人陪下棋时，就是练毛笔字，还坚持写诗。过80岁前，我们请一位老师帮忙，从老屋那一堆草稿纸中分门别类地整理，出了一本诗集，作为他的生日礼物。

难忘那两棵银杏树

祖屋的院子里，有两棵银杏，听父亲说那是我刚出生时栽的。几十年过去，已成参天大树。巧的是，两棵银杏，一雄一雌，主干笔直。雄的树体高大但瘦，树姿直立；雌的树体稍矮小却粗，树姿开张，枝条四面叉开，形成巨大的树冠，长果实时，枝头挂满了银杏。

在授粉时节，附近四里八乡，还有上百公里外的人都来我们家，从雄树上取花粉。一种方法是在地面铺上大塑料布，用竹竿拍打树枝，落下花粉。还有就是用高压水枪对上面打，树下放着很多盆，接取带有花粉的水滴。

每年，从枝头冒出嫩芽，长叶、结果，到深秋，一片金黄，吸引很多人前来观赏。上世纪末，有个老板出价八千块钱要买，说要运到北京供人观看。父亲一口回绝，说自己在家还没看够呢！

既然有人想买，就年年会来打听，父亲一直都没答应。他临走前的那个春节，突然跟我们说两棵银杏树要卖了，否则后面还会被人挖走。大姐联系人，对方报价4万，与父亲谈妥。二哥回家说太少了，这两棵树运出去，至少能卖到二十万。可父亲说已经在电话里说好了，人还是要讲个信用。

老板安排人来挖树时，从东、南、西、北方向各拍了照，包括两棵树的间距与相邻部分树枝都标识好。付款时，多给了五千块钱。也不知那两棵银杏树，栽在何处，活得可好？

且无挂碍地安详离去

那年春节假期结束，我们四个子女又都各自回到自己的小家。半个月后，父亲给大姐打电话说："我已卧床不起，不能自理，你们看谁能回来照应一下。"当时大姐已退休，说除了自己还能喊谁呢？马上赶回去。一周后，才通知大哥回家。当问及是否要两个小的回家时，他马上制止："不需要，他们还在岗位上，我没事，让他们忙。"父亲的头脑还清醒。

因为听说父亲已经不能进食，那个周末，我便开车回家。他躺在床上处于昏迷状态，醒来交待后事，只断断续续地说了三句话，一是不许哭喊，二是不请人念经，三是不能烧纸。交待完，再没说话。二哥在县中带毕业班，还在教书，匆匆赶回家，父亲最后睁了睁眼，算是见了最后一面，然后安详离去。

如今，父亲已故去十多年，老家的祖屋早被拆迁，原来的小镇，已成为一片经济开发区。每到清明，又想起父亲。他为人师表，一生清贫，要求子女必须清清白白，当是自己的就要，不是自己的不取分文。我们一直铭记在心。

（2020 年 3 月 19 日）

僵柔松沉稳

"僵柔松沉稳"不是一个完整的词组,却拟为标题,若不解释清楚,肯定十分唐突。

昨晚与妻子散步,一直走到奥体中心里面,再到群众运动场,看到师傅在教人练拳,我便跟着学。我们打过一套后,妻说了句,看师傅打拳,站在那里像是钉在地上一般,而你们只是花拳绣腿,比划得东摇西晃,被人一推,肯定就倒。

想想她虽然没练过,但说得真有道理。早上再看师傅打拳,要么如行云流水、风驰电掣、猛虎下山;要么似入地三尺、平步湖面、稳如泰山。一套拳打下来,大汗淋漓。而我们,没有基础,只想着练套路,这样急于求成,不扎实练功,必然没有效果。

师傅刚开始就教我们要化僵变柔,柔则松,松则沉,沉则稳。不仅打拳需要这样,平时的生活、工作和学习同样也是这样。僵硬则毫无生机,便谈不上创新思维。温柔则美好,柔软则妩媚,则能承受外界的各种打击。心态放松后人自然就会沉静,心静则安然,一切事情在安稳中就会妥善地处理好。

师傅还说,平时练的不是力量,而是劲道,需要发力时,浑身都是劲。在攻防过程中,全身都是拳头!人生也是这样,若是博士，知识渊博，在那个领域里则能任其驰骋；如果年少时不扎实学习，目光短浅，没有技能，则难以谋生。

常言虽说："繁华三千，看淡即是浮云；烦恼无数，想开就是晴天。"世俗中人，能真正看淡想开的有几个？

任何人，喜欢放弃，借口就越来越多。喜欢拼搏，成功就越来越多。喜欢感恩，顺利就越来越多。喜欢抱怨，烦恼就越来越多。喜欢阳光，笑容就越来越多。

班主任老师来电话说高考"三模"成绩出来了，女儿保持正常。之前，女儿电话中说过还是有不该丢的分丢了。我们则安慰，考过就算，重点是查漏补缺，主要是保持好的心态。

微信中看到老家已经开始栽秧，那一棵棵柔嫩的秧苗绿着一片片田野，很美。想想农民对待秧苗的态度，决定了一季水稻的命运。同样，父母对待孩子的态度，往往决定了孩子的命运。农民希望庄稼快快成长的心情和父母希望孩子早日成才的心情是完全一样的，做法却往往不同。

农民日思夜想的是庄稼需要什么、怎样满足庄稼的需求。庄稼长势不好时，农民从不埋怨庄稼，相反，总是从自己身上找原因。而父母为教育孩子，有没有想到孩子心灵深处需求什么呢？家庭教育，细细品味——孩子命，父母定。

世界上的事情，最忌讳的就是十全十美。想那天上的月亮，几天前又圆又亮，可一旦圆满了，马上就要亏缺。楼下树上挂满枝头的无数枇杷，近日渐渐由黄变红而熟透，马上就将坠落。凡事总要稍留欠缺，才能保持平衡。

虽晓得练拳化僵变柔不易，但还要坚持练习。人生就像一只储蓄罐，投入的每一分努力，都会在未来的某一天，回馈于你。而自己所要做的，就是每天多努力一点点。

要相信：越努力越幸运，别人拥有的，不必羡慕。只要努力，时间都会给你。努力了才叫梦想，若放弃了，就只能是妄想！在紧张的时候，想象着自己定会化僵变柔，放松心情，安静沉稳地应对面临的一切。

（2015年5月8日）

取舍间必有得失

　　说出的话如泼出去的水,是收不回来的。话在人说,有的说得让人笑,有的则说得让人跳。这两天,我在想,自己怎么没忍住呢?居然说了些不中听的话,其实,不好的想法都不应该有,说出来就更不应该了!

　　人生中,每个人都可能会受一阵苦,谁也没法代替。如母亲意外受伤,躺在病床上是件多么痛苦的事情,我们也只能早晚去一下医院,送点吃的。妹妹从老家赶来,在医院陪护,肯定感觉辛苦。昨晚侄儿到医院想换妹妹回来,她不愿意。

　　知道母亲很着急,她是怕麻烦我们。只能劝说不能急,放宽心,躺躺就好了。说是这么说,没经历过的肯定都不知道那份痛苦。人世间,多少人在颠沛流离,谁都希望能有人陪着。如果没有,在漫漫长夜,肯定难以安稳地睡个好觉。

　　早上医生查房,说本周末可以出院。我们都要上班,母亲出院后怎么安排呢?母亲以为出院就能好,医生要求必须卧床静养三个月。老人说:"怎么可能啊,我出院就能起来走,很快会好。两个多月也就会提前好的。"以前总是感觉一年转眼就没了,现在怎么觉得这时间走得这么慢?盼着,这三个月也能转眼而去。

在世间行走着，右脚是自己的人生，左脚是别人眼中你的人生。别人不是自己，怎知自己走过的路，以及心中的乐与苦。

是位盲人阿姨下台阶时双脚踩空，双手无意中搭在母亲的肩上，造成老人腰部粉碎性骨折。盲人要去医院看望，母亲一再交待我不要告诉人家是哪个医院，并说她也不是故意的，本身就看不见，多可怜。昨天我战友找到医院，母亲晚上把我训了一顿，说大家都忙，千万不能讲。

这些日子，为了生活，起得很早，以后如果能坚持早起、勤奋、谨慎，应该不会抱怨命运不好。平时，应该宁愿花时间去修炼不完美的自己，也不要浪费时间去期待完美的别人。

母亲住了一个礼拜院就急着要回家，是怕我早晚来回跑影响工作，安慰说不要为她担心，还是工作要紧。事一多，心就烦躁，说的话就可能不好听。

奥里森·马登里说过："任何时候，一个人都不应该做自己情绪的奴隶，不应该使一切行动都受制于自己的情绪，而应该反过来控制情绪。无论境况多么糟糕，都应该努力去支配你的环境。"

每晚睡前，闭上眼睛，原谅所有的人和事，过去的就让它过去吧。无论今天发生多么糟糕的事，都不应该感到悲伤。再大的伤痛，睡一觉就把它淡忘。每个清晨都要微笑着迎接新的一天。

（2015 年 12 月 13 日）

幸福有它的两重性

周末晚上，突然接到一位家乡人的电话，说到我家门口了。以为说的是老家，没想到他们夫妇俩已来南京，到了小区门外。

迎到家来，坐下叙谈，说是为了家里拆迁的事情，唉声叹气地拿出房契、协议等一摞资料。

这位朋友年轻时就走出大山，到县城务工，做小生意，慢慢积攒后，就在城边购买地基，盖起了一幢三层楼房。随着县城不断向外扩张，去年就曾来过电话，说房子要拆迁。

"我现在有多大的房子，就补偿多少面积，如果达不到条件，反正就是不同意拆！只要家中有人，就不信他们敢推倒房子不成？"电话中听了这话，记得当时我就说个人是无法阻挡城市的发展，各地都有相应规定，还是放平心态，认真商谈达成协议为好。

之后，也与县城职能部门联系，了解相应政策。这次是拆迁组上门说必须要动迁了。"我急得昨晚一夜翻来覆去地睡不着觉，想想一早乘坐长途汽车来南京了。"他话不多，夫人倒是挺能说，"我们没有文化，不懂什么政策，他们拆迁办的人，一个个能说会道的，全凭他们讲，我哪能搞得清楚啊？是不是越往后拖就能多要面积、多得补偿款呢？"

翻看他家房子的面积、结构和补偿协议，感觉应该还行。便与他们聊到，拆迁拆的就是心态，不能跟别人家比。人家拿得多，是因为他们人口和房子结构不一样，每家都有不同的情况。拆迁办的人与拆迁户无怨无仇，按政策该给的，又不能装进他们私人腰包，为什么不给呢？

快乐不在事情，而在于我们自己。凭心而论，不论住的房子怎么样，况且是那么好的一幢楼，那是他们一生的心血，说拆就拆了，于心肯定不忍。

看他们还是犹豫不决，我又说，欲望永无止境，只要有个大差不差就行。谈着谈着，感觉他们笑了，说明两人心里也已逐渐舒坦。不觉已是很晚，都起身说要去找旅馆。我说就住家里吧，母亲回老家后，房间和床铺一直都保持很干净的。

一早起床，他们要赶早班车回去。在家吃早点，我说家里就这简单的条件。他妻子笑着说："哪里啊？虽然床小，但他昨晚睡得很安稳，一觉呼噜到大天亮。"

下午就接到电话，他说："字签了，心也就定了，否则，整天心里慌慌的，什么事都做不了。"

冯塔纳有段话说得很好："幸福有它的两重性，一方面在于福至心灵，时来运至……另一方面，也是最实际的方面，就是知足常乐地安度日常生活，这也就是说，头脑清醒，不干蠢事。"

（2017年4月17日）

感受爱的甘露

天天挺忙，弄得心里总有怪怪的感觉，似乎老在发慌。下班时，看手机，微信里有条信息，告诉说我们的黄老师找到了，但因为老人有点耳背，就细心附上老师女儿的手机。

我马上打过去，她在下班的路上，告诉了老师的号码，说如果手机在口袋，电话铃的响声，不一定能听清，要么她到家后再给我打过来。

等了一会儿，想想还是拨通了老师的号码。说上名字，老师还记得，很是激动。

一晃，已过去三十多年。黄老师从江苏启东下放到我们公社中学，说是中学，只有三幢小平房，开着三个班。十多位老师，来自上海、合肥、南通、桐城等不同地方，有从清华毕业打成"臭老九"不拿薪水来教书的，也有从县城高中毕业后就分配来代课的。虽然老师说着不同的方言，拥有不一样的水平，但都同样揣着爱岗敬业之心、教书育人之情。

老师和学生日夜在一起，感情都十分融洽。黄老师教语文，厚厚的眼镜后面，闪烁着深邃的眼神，说话常常严肃，有时表情又十分慈祥。上课时，老师那一手遒劲有力、端庄有致的粉笔板书，至今还留在脑海中。

那时还没自行车。若是家长要孩子在家做农活，或者是学生调皮自己逃课，黄老师会步行五六公里，找到学生家中，耐心地做家长和学生的工作，一次不行两次，两次不行三次，直到把学生劝返上课为止。

当时，哥哥在县城上高中，家里生活极其贫困。记得有一次，我实在没钱交学费，学校让回家砍柴送到食堂，兑换学费也行。黄老师没让我离开，鼓励说安心上课。后来去学校会计那儿交学费时，才知黄老师帮缴纳过了。他工资也很微薄，上有老下有小，每月还要按时给启东老家寄钱。

后来，他落实政策回启东教书。我上高中又服役再上军校，一直再没见过，只是写信。"你最后一封信中，还寄了张照片。"老师这么说。写着写着，不知什么时候，不知是我单位来回调动，还是老师调动了单位，突然通信就中断了。

以前没有电话号码，更没手机。通信断了，就没了音讯。多少年来，有朋友到那边去，也托了不少人帮打听，总没线索。他们要么去办事要么去探亲，大家都忙，可以理解。

还要感恩如今发达的通讯，有了微信。偶尔在一个工作群里问那位同仁，他一口答应，说一定帮打听，若有消息，马上就回话。这位未曾谋面的同行，哪天相见，真要好好敬他几杯！

光阴似箭，转眼就是几十年。高兴的是，感觉老师的声音还没有变。聊当年，又说90年代去过我们家乡，现在还想再去看看……

时间过得好快，当年的老师年富力强，如今，老师女儿说，她的孩子都已在南京一所知名高校读大四，会常来南京的，哪天就把老师也带来，我说那太好了！

忙点，有事可做应该就是好事情。压力，有时也会让人烦闷。好在生活中总能寻找到快乐。听到老师的声音，开心过后，浑身轻松，这是因为心里有幸福在漾动。

每个人，都应该感恩帮过自己的人，因为他让自己获得爱与信任。既然联系上了，哪天有空，我应该先去拜访老师，奉上学生纯真的祝福。祝愿老师身体健康，生活幸福！爱就在身边，虽不曾见，却能感受到爱的甘露。

（2017年9月27日）

担心你找不到家

女儿周末回家,总想到要给奶奶打电话。她讲完,手机给我时,听到的都是一成不变的叮嘱,要注意身体、不要在外喝酒等等,我说已经好久都不出去吃饭了,要么在饭堂,要么回家下面条,吃过就看书、看电视或写文章。母亲会说:"那就好,那就好。"接着传来开心的欢笑。

如果不是女儿提醒,我只是偶尔想起给母亲打电话。每次,听到我在喊她,就能传来爽朗的答应。但我刚提醒她在家要保重身体、晚上莫出门时,就听老人问我们身体都好吧,在外做事要谨慎,交待一大篇后就说:"好了,你先按吧。"

儿女年龄再大,在母亲的心中,都只是孩子。昨天到江东门部队旁理发,碰到院子里的一位东北军嫂。她问老妈还在你那一起生活吧,我说去年回老家,今年让她来却一直没来。"随她自愿吧,老年人想在哪儿就让她在哪儿,只要过得舒心就好。"

回家的路上,遇见本小区的一位老人,他头发苍白,说七十多了,家在河南濮阳农村,有四个女儿,那三个全在老家。只有老幺读完大学读研究生,并在南京安家。

他说:"那三个女儿没读到书,天天做苦力,收入还很低,越有文化工资越高还越轻松。小女的孩子才上幼儿园,他们要忙工作,我们老两口就来帮忙。我只负责接送,家务活有老伴做。"

浓重的河南口音,开心说话时像唱歌似的。"在哪儿都一样过,只要不受气就行。不过,等女儿孩子大了,还是要回家,到农村生活才真的自在。"

在日本流传着一个儿子弃母的故事。有个男孩,三岁时爸爸去世,妈妈含辛茹苦把他抚养成人。后来,老人半身不遂瘫痪在床,由儿子一直伺候。娶了媳妇,刚开始还可以,但久病床前无孝子,媳妇老跟儿子说把老人扔了吧。时间一长,儿子被说动了。

老人虽然躺在床上,但要记住,妈妈的心是最敏感的。从你的一言一行、一个眼神就可以感受到,所以老人心知肚明。

有一天,天气晴朗,儿子说妈妈今天我带你出去玩玩吧,老人晓得要把她扔掉了,而且扔得越远越安全。所以儿子就背着妈妈往深山里走,一直走,越走越远。

老人在他的肩膀上时不时地够一根树枝,折断后往地下一扔。儿子开始没注意,时间长了以后,他问妈妈你老在扔树枝干嘛?妈妈说:"孩子,你离家这么远了,妈妈担心你回去的时候不认识路。你知道吗?顺着妈妈的树枝就可以找到家,明白吗?"儿子良心发现,又转身默默哭泣着把妈妈背回家。

普天之下,只有母爱最伟大,慈母的心,是最纯的金。在外游子想起母亲只是偶然的,而母亲思念他乡的儿女却如山里的小溪,每时每刻,永不停息。

(2018 年 5 月 28 日)

苦难不值得追求

"我暑假还要上课,没法回老家看您,还是奶奶过来吧。"拗不过女儿多次电话,二十多天前,在我外出培训的前一天,母亲从老家赶来,三个小时,一路风尘,算是方便。

次日一早,我即启程去了陕北,当晚,女儿还开心地要视频聊天。之后,微信就很少再联系。回来才知道,老人闲不住,到楼顶平台去收被子,下楼时,电梯突然出现问题。幸好还晓得摁报警按钮,对方却说正在吃饭,要等一会儿。

抱着晒得热乎乎的两床被子,在电梯里闷了半个多小时。当夜,老母亲突然就站不起来了,应该是腰部的老伤复发。

一周后的晚上我才回家,进小区前女儿才告诉我说奶奶腰闪了,一直卧床不起。我责怪她们怎么前面没跟我说。"是奶奶考虑路太远,叮嘱千万不要告诉你的。"妻子每天下班回家就忙着照顾,还请她同事来帮忙。

电话咨询医生朋友,说最好到医院检查,看是否需要住院治疗。母亲无法起来,下楼乘车就是问题。女儿打了120,医生护士很快就来了,并带来了担架,量血压,测体温,都正常。思考再三,还是在家休养方便一些,住到医院谁有空去照顾呢?就是找到护工，每天早晚也得送饭菜。

物业专门安排人员送来一盒酸奶，以表慰问。有人说应该去找物业，知道电梯关人了还因为要吃饭不及时处理。母亲知道后，立即劝止："就是自己该挨痛，不要去怪别人。人家师傅是讲在吃饭，但也很快就过来修电梯了。"她要我们把酸奶退回去。

日常生活中，很多人抱着"都是别人错"的心态，必然很难与身边人相处。倘若反观自身，看到自己的欠缺，不仅可"大事化小，小事化了"，也自然会赢得别人的尊重。

也是女儿的一片孝心，要奶奶来南京，哪知遭此不测？常年劳碌，突然日夜躺着，肯定十分痛苦。好在女儿天天陪伴，这个暑假天天在家，没与同学相聚。

一位有祖传中医技术的大姐知道后，每天不辞辛苦地来家里帮母亲艾灸，明显舒服得多。女儿今天开学，出门前到奶奶床边，看奶奶已能强撑着起床，便急急地说："奶奶，多躺才能好得快，莫急着起来走哦。"

二十多天都没写什么了，边坐边敲着键盘边与母亲聊天。人吃五谷杂粮，哪个没有三灾六病？苦难就是苦难，苦难不值得追求。有人说苦难能磨炼意志，听起来很有道理，那是因为苦难无法躲避……

（2018年9月3日）

感觉房间舒服就好

还是拗不过母亲的一再要求,周五匆匆打好书面报告,利用周末离开南京,开车送老人回家。

本来是准备等到过年时,再一起回家的。但母亲说,八月份来之前讲好只在这儿待一个月,哪知因为闪到腰,卧床不起,国庆节期间要回家,可我说不能离开南京,所以未能成行。一拖,又是二十多天。

当我们说再呆一个礼拜时,母亲急得要自己乘坐大巴车回家。想想也不可能,毕竟已经是八十多岁的人,而且腰疾没有痊愈。女儿从学校打电话给奶奶,一再讲不要走,再住一段时间。老人安慰孩子说没事,回去后,如果想来,再过来就是了。

简单收拾,就开车离开。女儿又来电话,一再叮嘱路上要慢点。真的能送母亲回家,老人倒成了开心的孩子,一路上不停地聊天,聊从前,哪有这么好的条件,那时从家到南京,要坐车再乘船,来一趟就得两天。

现在是全程高速,坐在车上也平稳。一直开得不是很快,比平时多用了近一小时,在车辆少的路段,最多只开到120码,不少轿车从旁边飞驰而过。母亲说,好些车子都跑掉了,感觉老人似乎归心似箭。我不讲,她肯定也不知道我们已快超速。

又讲到以前只有马路,哪有这样宽阔的高速。说过去,有人从老家靠肩膀将盐和茶叶挑到南京来卖,要走好多天。记得在我们老家,哪怕再穷,也没听说有人出去要饭。

但母亲说,村上有个人,他小时候放牛,大雪天还赤脚穿草鞋,只有带补丁的单衣单裤,膝盖破个洞,冷得可怜,但清早还要把牛放到塘边喝水。闲时谈到,家里没吃的,他娘带着到离村庄远点的地方要过饭。那时家家都穷,有的人家给口饭,有的给把米,也有的瞧不起,理都不理,甚至放狗咬。

选择一家服务区,下来休息一会。全程用了将近四个小时,一直听母亲聊天,不觉间,就到家了。

嫂子已将母亲的房间收拾得干净整齐。到家,吃点东西,就让老人先躺下休息。随意发了几句朋友圈,被战友发现,相约小聚,很开心。这几年,每次回家都没吭声,怕麻烦人。以后在朋友圈,真是不能发出行踪的照片!

今天上午离开家之前,母亲喊来堂叔帮忙,让我们将她房间里的桌子和箱子位置重新调整。嫂子说:"别看这房间小,那天收拾好床铺,站在里面,感觉真的很舒服。"

这话是不经意间说的,显得很自然且真实。东西搬好,又让母亲躺下,很安逸。依着老人的意愿,自己心里舒服就好。

(2018年10月28日)

可能就会成为路人

表弟昨天下午来南京,因为小姨肾结石,老家的医院不能做微创手术。生活在这个偌大的城市里,医疗行业我也不熟悉,只能托朋友帮忙介绍。表弟大老远地把检查的片子带来,可我没空陪他。

发了联系方式和地址的信息,小伙挺灵活,坐火车,乘地铁,再步行,按照手机导航,直接找到医院。让医生看过片子,再来我这儿,差不多已是华灯初上。

下楼接到他,一块到菜场,斩了盘盐水鸭,边聊边走着回家。他说不怕辣,冰箱里正巧还有妻子调好的辣油佐料,拿出包菜、西红柿和两只鸡蛋,下了一大碗面。

简单吃过,想带他看看新城的灯。还没到庐山路,感觉头上落下小雨点,很快,就听到树冠上滴滴答答的声音。这样的雨,树叶是遮不住的,想往回赶,根本来不及,只能在街边的屋檐下躲了半个多小时。夏夜的阵雨,已在地面留下一汪汪积水。

趁这个空,与表弟聊聊家里的情况。他与表妹过年后都到浙江湖州打工,听到小姨病痛后,立即往家赶。先是送到县城的一家小医院,挂了一个礼拜的水,不见好转。转到县医院,一串检查下来，说要去大医院治疗。

到了安庆市立医院，只住两天就花了两千多元。全面检查后，说不能做微创手术，建议转上级医院。这时，表弟才给我打电话，同时办了出院。询问朋友，在南京这只是小手术，但现在的医保，跨省还不能报销。

他们在老家去了三家医院，仅检查费就花了四五千。表弟昨天来，医生告诉他，那么多的检查化验没必要。隔这么远，来一次不容易。碎一次石两千多，还不知碎几次才能好。如果做微创手术，一次手术费就要两万多……

这也说明，咱们南京的医院还很文明，医生也很坦诚。建议应该到家乡省城医院，起码能报销大部分医疗费。这毕竟是现实，在医院，花钱如流水，可他们挣点钱，却要付出多少汗水！

小姨那一代人，在农村都吃了很多苦，一直默默无闻、辛辛苦苦地撑起一个家。不过，他们哪怕再苦再难，也从没给我打过电话。这次病了，如果来南京治疗，还能指望有个照应。

表弟一早就返回，说是不想影响我工作。热了两个包子，泡上一杯热茶，吃过，送他到站台。下午打电话，说已到家。

这两天，心里总在隐隐地痛。本不想写什么。但今天应该是六六顺的好日子，想想还是写几句。但愿小姨能去顺利治疗，尽早解除疾病的痛苦。

（2017年6月6日）

寒冬里的温情

应该是刚过6点钟，手机铃响，显示一个陌生又亲切的名字。陌生是因为记不清这名字什么时候输进了手机，而且从来没接打过一次，亲切是因为那两个字：满云。

赶紧接听，可手机里一直只能听到沙沙的响声，我再怎么喊，都没任何回音。只好挂断，用固话打过去。对着话筒，我使劲地喊了声："是亲娘吧？"接着，就一直听着那边传来好热烈且亲切的话语……

满云娘是哥哥小时候认的亲娘。在农村，亲娘，就是人们所说的干娘，为了让孩子好养大，所以要认亲爹亲娘。从小，好羡慕哥哥有那么好的亲娘，是因为从小到大，她每次见到我们兄弟俩，始终都是那样，带着对晚辈无法抗拒的亲切、真诚和关爱。

当兵后第一次休假，是从西安上军校时放寒假回家，仅半个月的时间，除了漫漫旅途，在家待不了几天。那时只有十八九岁，骑着自行车到处走亲戚，一天要走好多家，每家都要吃点心。点心就是鸡蛋。如果是正月，就是五香茶叶蛋，称之"元宝"。

在家乡，新年里到人家串门，都要客气地端上一碗开水泡"元宝"和米花当点心吃。"元宝"带壳，一碗盛三个，可以吃两个留一个,也可以吃一个留两个,不能一个不吃,更不能三个全吃光。印象最深的是到这位亲娘家,碗里有四个新鲜的荷包蛋,她就站在旁边,一定要看着我吃完。

当然是执拗不过她的热情,加上她家还有好几个弟弟妹妹在盯着看。一直记得,那天,一圈亲戚走过,吃了18个鸡蛋。第二天,肚子就开始找麻烦。

从那以后,每次休假,只到外婆和两个姨娘家,其他亲戚家都不去了,一来怕麻烦他们,二来怕自己肚子吃不消。

有一次休假,刚到县城,在大街上,碰到亲爷。我与朋友介绍说这是我哥哥的亲爷。老人的脸色很快有点不自然,立即感觉应该是我的话没说好。亲爷把我们兄弟俩都当一样的,哪能说是哥哥的不是自己的亲爷呢?

在老家,认的亲爹,都喊亲爷。亲爷言语不多,一直是默默无闻地干活。最近的一次,应该差不多在十多年前,休假时专程去过他们家,亲爷已在家病得很重。亲娘在外边干活听到消息,急急地赶回家,又立马要下厨房生火弄吃的……

人的性格无法改变,亲娘一直那么热情,说话让人结缘,做事令人感动。这次电话接通,"哎哟,报报,还想到给亲娘打电话啊。"说着说着,又说没事就过来戏吧。戏,在老家是"玩"的意思。从没给她打过电话,都没机会介绍自己是哪个,可能她也不知道我是谁,隔这么远,哪能有空说去戏就能去戏呢?

三四分钟的时间,一直听着亲娘在那边说话,只能不断欢笑地答应着,并在"就指望你们顺顺利利、健健康康、幸幸福福、高高兴兴的,我们就放心……"的声声嘱咐中挂断了电话。

应该是亲娘的手机里也存有我的号码,否则,她怎么能拨打过来呢?是她或者是哪个小孩子碰到了,铃声就传了过来。虽然天气这么寒冷,却让心底感受到无比的温情。

古人说:"善为至宝,一生用之不尽;心作良田,百世耗之有余。"亲娘早已儿孙满堂,生活应该十分幸福。过年若回家,一定要去看望她!

(2018年2月3日)

快乐也会繁衍

到了年初二，农村人就开始到处走亲戚。特别是嫁出去的女儿，都要回娘家，一直是家乡约定俗成的习俗。田野的小道和村庄里，到处呈现出人们走亲访友的欢欣。

总也忘不了，儿时母亲带着我们去外婆家的情景。从家出发，沿着千百年来形成的小道往山谷走。至少走十来里，走到一座山前，隔着一条河，河水清澈，鱼虾嬉戏。河上无桥，夏天蹚水，冬天水浅，就踩着水里的石头，在摇晃中跳过河岸。

过了小河，开始爬山。山再高，爬得再累，心里都是幸福的。爬上山脊，能听到另一侧更深的山谷中溪流潺潺的声音。那声音，哗然作响，终年不歇，铿锵有力。

在山坡上，一条羊肠小道一直通往更深的山里，远远看到河岸两侧高低不平、样式不一的房屋，炊烟袅袅，与山间云雾融为一体。近了，鸡犬相闻，小山村里充满了生机。

外婆家在山村河对岸的最高处、最尽头。进了村口，都是母亲熟悉的人，一家一家都客气地邀请进去坐会儿喝口茶。印象中，我们从没停歇过，就直奔外婆家……

离开家乡后，每次探亲哪怕只待一两天，首先也要去看外婆。

在一个大雪纷飞的冬夜，接到外婆走了的噩耗。次日一早乘坐长途车，到家已是夜幕降临，再深一脚浅一脚地赶到山里。

鹅毛般的大雪，伴着我们把外婆送到更高的山坡。那里，松林密布，山野一片洁白……十多年过去了，再没爬过那座山。

听人说，曾经那么热闹富裕的山村，现在只保留着空屋，除一位九十多岁的老人还在坚守外，所有人都搬到县城附近居住。

舅舅也不例外，搬到离县城不远的一个村庄。年初二，过年难得一个晴朗的艳阳天，带着母亲和妻子、女儿到他家去拜年。

新盖的三层楼房，装修得十分别致。房前有田地，屋后是竹林，侧院里养着一窝土鸡，撒一把米，便一窝蜂地拥来。一只大公鸡昂着脖子，为一群母鸡站岗放哨，偶尔瞄到远处散落的米粒，迅速啄一口，又抬头警觉地踱着步子，王者般傲视一切。

因为之前没打招呼，舅舅和舅妈急急地在厨房忙菜，一定要我们中午在那里吃饭。开车不能喝酒，加上安排中还要到妹妹家，呆了个把小时，菜也快忙好，我还是发动车辆离开了。

不在于吃什么，能见个面，拜个年就好，相信舅舅他们能理解。

孝悌忠信，礼义廉耻，是中华民族的传统美德。相信心中有美好，美好就能随缘；相信心里种下快乐，快乐就会繁衍。

（2018年2月24日）

学着跟自己和解

女儿早想回家看望奶奶了，因为受疫情影响，春节、清明都没回去成。准备利用"五一"小长假回家，下班后便给母亲拨通电话。那头，老人一再地交待："你们要根据情况，以工作为重，能回就回，不能回也没关系。我会注意身体的，你不要操心。"

听着母亲不停的叮嘱声，这心里时常涌出一种难言的滋味。离得也不远，却有一年多没回家，我是不是算得上不孝子孙了？

记得小时候，父母偶尔会为家务吵架，自己就会很担忧。心想，等自己有了家，一定不再争吵。其实，现实中有多少夫妻能过成举案齐眉、相敬如宾？若那样，反而不真实了。农村有人讲："从不争吵的夫妻，那才是真正没有感情。"家常生活，天天柴米油盐酱醋茶，锅碗瓢勺碰碰响，那是再自然不过的事情。

当然，生活中最好还是不要争吵，性格还是柔和些好。传说古时，孔子已是圣人，真正的儒学大教育家，他还很谦虚地去向老子讨教人生的道理。老子年岁大，但思维敏捷，也很傲慢，见孔子登门拜访，没有言语，只是张开大大的嘴巴。

孔子说："先生年岁大了，牙齿已经脱落或损坏。"老子闭上嘴，没吭声。一会儿，又将舌头伸出来。"从舌头看，比较红润，先生的身体还很健康。"听了孔子的话，老子开始闭目养神。

孔子心领神会，知道这次来求教的课程已结束，赶忙起身。返回途中，跟随的门徒不解地问："我们千里迢迢赶来，没得到老子任何指教，怎么就返回呢？"孔子则说："其实，老子已经给我们上了一堂深刻的哲理课啊！"

人身体上最坚硬的东西就是牙齿，却因为平时的摩擦碰撞，早早脱落了；而舌头呢？是最柔软的部分，偶尔还会被牙齿咬破，到老了，依然还是好好的。所以，待人温柔，处事平和，对个人、家庭、单位或国家都会有好处……

有了小孩，就应该要跟着孩子共同成长，才是生存之道。就说我写随感这个爱好，还在女儿上高二时，示范着写了鼓励她如何写作文的，没想到却写成了自己的爱好，只要不在外喝酒，晚上总会随意写上一篇，对自己，也是在坚持中的磨练。女儿很善良，性格质朴坦诚，对家长也很孝顺，只要一直在努力，年轻时多吃点苦，坚持学习，总会心想事成。

遇到烦恼时，要学着跟自己和解，但面对未来，绝不能轻易妥协。普通的人生，不是规划出来的，而是一步步走出来的。就像写小文章，占用不了多少时间，却能找到自己喜欢的事，每晚写一点，时间一长，肯定能看到一片美丽的霞光。

（2020 年 4 月 22 日）

当一个人开始向内看

原来在顺义工作的一位小表妹真是有心人，几天前就问我可到北京出差，并想安排周末带我到故宫去玩。我说没空。她又准备请我吃个饭。我说饭就不吃了，答应她七点左右可以来住处坐坐。

我们正在楼下吃工作餐时，收到信息说在地铁上了。饭后没出去散步，刚回房间，他们小两口就已到楼下。

小表妹喊我老哥，我也真的是老了。她爸爸是我初中同学，好像没在一起上多少时间就辍学了。但他人很聪明，没拜师就精通了木匠手艺，很快成家，又早早有了一双懂事的儿女。

这个舅舅的儿女都挺能干，女儿从小是我外婆带大，她喊奶奶。我们聊那个热闹的小山村，明显感到她对那里的感情比我还深。

她带来的一位小伙是顺义人，很厚道，去年就见过。他很少说话，提到过年回我们家乡，才激动地说："大家一起吃饭，一句话听不懂。有人要跟我喝酒，端杯就干。一顿饭要吃好长时间。大冷天，家里大门还开着，冻得直哆嗦也不能到房间的床上躺下取暖。"

小表妹口齿伶俐,三个多小时基本就是她在讲话。如果不是小伙看时间已经快十一点,看她没搭理,继续在聊,催着她说明天还要上班,她还是不愿起身。

谈起以前外婆家里的生活,谈到上学工作,到北京来奋斗的经历,感觉这位小表妹是继承了外婆的聪慧与能干。她说:"学校毕业后在县城打工,一个月六百多块钱,除了供给弟弟上学,爸爸老生病,剩下自己花的钱很少。"

到北京有稳定的工作后,自己严格要求,收入不断增长,几年打拼,家里一幢小楼房就是靠她寄回去的钱才盖起来的。以前,舅舅到县城旁边舅妈娘家那个村庄生活,住在一个土坯房里,十分穷苦。表妹说:"我一定要在自己家里有房子后,才能风风光光地出嫁!"

有责任感的人就是不一样。当一个人开始向内看,为自己的感觉、情绪、身体、思想、行为、金钱、家庭等等所有部分负起责任的时候,"长大"这个词,就开始真正和这个生命相关。

(2019 年 3 月 4 日)

心怀善念

因为妹妹被人骑电瓶车撞了,踝骨受伤,妈妈回去照顾,上周联系,准备明天从老家回来。早晨打电话,迟迟未接,后得知妹妹脚还没好彻底,因不愿闲在家中,便购置三轮车到街上跑生意,前几天不小心撞到他人,自己吓得卧床不起,却一直没告诉我。

上午,电话响起,妹妹打过来的。"妈妈说今天是你的生日,祝你生日快乐!"我问有没有什么事情?她说没有,我问还好吧?说还好啊,只是说要让老妈多留一个礼拜,没再多说什么。

国庆前,她走在街上被人撞倒。对方家庭困难,电瓶车没办保险,医疗费都没能力支付。本安排找医生改病历可调整走医保,个人少掏点钱,妹妹听讲查出来这是违法的,马上说算了,就当自己倒霉不小心摔了一跤。有朋友说可以帮找辆机动车顶替报险,那样的伤情在南京这边可获赔十几万,她坚决不同意办理。

小时候,农村女孩很少上学,家里供两位兄长一直读到高中,就没送她到学校。当哥的,想想就感到很惭愧。妹妹虽然没文化,但很懂事理,性格倔强,不愿求人。自己开三轮车谋生,县城人流量大,交通秩序十分混杂,难免会出现碰擦。妹妹遇事总是为别人着想,生怕给人找麻烦,有苦水自己往肚里咽,连自家哥哥都不告诉。

走路时被电瓶车撞了还没好彻底，又急着开三轮车，却碰到别人。把人碰得怎样，她没说我也没追着问。但愿不严重，否则，对她的生活更是雪上加霜。其实，我就是知道了情况，也帮不上忙，就是回去，又能解决什么呢？

没想到妹妹身在苦处，老母亲在家陪着，还挂念着远方的我。中午，妻子也从单位来电话说："今天是你的生日，本准备早上下面条的，但你一早就去上班了。"按女儿交待的意思，晚上要烧一顿丰盛的菜。我说小孩住校，就两人在家，下碗面条吃就可以了。

想想，我们都应该努力把生活过好，少让亲朋好友为自己操心。每个人，不过像沙漠里的一粒尘埃，来是偶然，去是必然，无须埋怨。只管以最从容的姿态，安之若素，携一抹风轻云淡，笑看流年。

人生难免会遇到风雨和坎坷，对于生活中的很多不顺心的事情，不要心怀不满，一蹶不振。是福是祸，无法躲过，是好是坏，都会过去。在生活之中，幸福是相对的，痛苦是经常的。但也要明白，生命是无比美好的。

心怀善念，处处阳光。一个人哪怕遇到难处，只要保持快乐和满足，依然能远离痛苦。但愿妹妹走过流年的坎坷，在即将到来的羊年能健健康康、顺顺利利、平平安安！

（2015 年 1 月 15 日）

客走主人安

早晨,是请别人开车送那位小孩去南京站的。如果在南京南站上车,靠家近,我开车倒无妨。女儿昨天回学校前,安排了两套方案,要么乘坐地铁,要么与住海峡城那家的法国同学一道。我说,小孩有同学一起去车站当然最好。

女儿在微信群里已联系,发来号码,打过去,将小区地址告诉对方。妻子正好这两天休息,我们吃过早饭,把小孩送到小区门口。一辆豪车从奥体大街飞驰而来,打开车门的方式,是半边车顶整个掀开。

行李放进后备厢,与小孩握手道别。感觉他双眼深情地看着,握过手后,没想到他把我紧紧地抱着。

上车、关门、挥手,豪车一溜烟就消失在道路的尽头……

我就在门口骑共享自行车上班,妻子回家休息。五天来,虽然人家只是在家里住,吃过早餐就去参加集体活动,但家里突然多个人,总感到不自然,特别是语言不通的外国人。不过,无论怎样,我们都设法营造宾至如归的氛围。

好在学生有良好的习惯,洗漱用具全自带,用过就收好。不似西方人那么大大咧咧,表情总带着真诚、腼腆与羞涩。除第一天晚上到家，让他洗过澡睡觉外，之后他在外面集体活动回来，感觉挺晚，就进了卧室，次日清早起床，再洗澡出门。

只要他进了卧室，门就关上，打开门，里面一直保持得很整洁。行李箱打开着，除了一件件叠好的衣服，就是厚厚的书。被子虽然不叠，但铺得很平整。椅子上，撑着件白衬衣，平时没看他穿。前天晚上在南大参加酒会回来时，看他是一身笔挺的西装和锃亮的皮鞋。

而前天早晨出门时，是穿 T 恤和球鞋的，正装应该是放在双肩包里。问他是否有衣服要洗，第三天，拿出四件 T 恤衫。根据行程，他们要在外集体活动十多天，其他内衣和袜子呢？很可能都是一次性的，每天装进背包，外出时扔进了相应的垃圾桶里。

早饭后，因为快要启程，我打手势让把行李收拾一下。他进卧室，又关上门。这也是他们的好习惯，随手关门，可能在保护隐私的同时，也是在尊重他人。

除了昨天给他的礼物外，昨晚选择了六张照片，在一张 A3 纸上排列好打印出来，裁开就是两张同样的图画。过塑后，在那店里我说，学生从大洋彼岸来南京访学，以后可能再也见不到了，送张照片，也算留一份念想。早晨给他，听到兴奋的欢笑。

他整理好东西出来，看到客厅进门柜子上还有一张同样的照片，明显很诧异，又立即疑惑地返回卧室。打开行李箱检查后，出来与坐在客厅里的我会心一笑。

将上次从北京带回的两包香烟给他，"No、No"，他摇着手，我说着不太标准的"你父亲"英语单词，他似乎明白了是给谁的，就笑着接下放进背包里。

妻子又拿出香蕉和矿泉水，在火车上用。还有那天买的一小袋葵花子，带到汽车里，车停时我剥开吃，让他也吃。没想到他整粒放入口中咬。瓜子仁虽很香，但嚼那硬壳肯定也不好受。等红灯时，教他怎么吃。剩下的，也让他带路上与同伴品尝。

女儿不在家，没人当翻译，真是很别扭。妻子翻着法国的宣传画册，用英语讲着"比特佛"——真漂亮，学生听到很开心。问他的家在哪里，他就翻开一页，那城市也有石板路，房子顶上和墙上都栽着奇花异草，十分浪漫与美丽……

陪伴，不是谁有钱才追随，时间留下的，并非财富，而是真情。再看微信，女儿已留言："那边负责人说已经到了。"家里条件虽然有限，相信几天生活，应该给学生留下了中国人热情待客的美好印象。

也算是圆满完成了学校交给的一项任务。外籍学生在这儿住几天，在家一起包水饺，吃火锅，教他拿筷子；带他看南京眼，在国旗阵，他钻进去就到处找自己国家的国旗。孩子在外学习，最主要是安全，包括饮食和来回途中的安全。

客走主人安，晚上回家，少了一件事情，也多了一份牵挂。希望小孩在上海圆满完成访学活动，安全返回自己的家乡。

（2018年4月24日）

又想起兰玉娘

"五一"小长假,女儿要带奶奶到县城去补牙。医生做了模子,暂时不能离开,说还要再等一个多小时。趁这个空,难得陪母亲逛逛老街。街的两旁,全是小商场,挂满了五颜六色的服装。走到一个摊位前,摊主客气地打着招呼,并直呼我的姓名。

心里一愣,脑中搜索她是什么人。停下脚步,顺便看看可有适合母亲穿的衣裳。"不需要,家里还有夏天的衬衣。"连续找出几件,让母亲试穿,可母亲只是拿着比一下就说:"大了大了,家里衣服都是好好的,不要浪费钱。"

既然确实不想买,就接着往前逛。边走边问母亲摊主是谁?"她是毛女啊,我们一个小队的,她家住冯家墩,与你同年同月出生,小时候都在一起放牛,你怎么会不认识?"母亲不解地反问。继续回忆,小时候的毛女,头发泛黄,面带愁容,从不吭声。刚看到的,盘起卷发,打扮时髦,化着浓妆,哪能找到幼时的一点踪影?

"她是兰玉娘的大女儿,你还记得生产队的牛栏吗?"母亲这一问,打开了我尘封多年的记忆闸门——村旁,生产队有处牛栏,外部是砖砌的瓦房。瓦房里面有条长长的走廊,通向两端大门。

走廊两侧,是圆木搭建的一间间牛圈。傍晚,牛在外面吃饱返回,就进入各自的圈内。关上牛栏门,将木栓插紧,当天的放牛任务就算完成。

牛栏的上面是房梁。房梁与屋顶之间还有不少空隙,一般用来储藏稻草,那是寒冬雨雪天气时牛的口粮。常常,若是天还没黑,我们都要玩一会。当时的游戏,也就是爬上房梁,四处穿插,在稻草堆里捉迷藏。

十多个小孩,你藏我找,分工明确。躲的人钻进草堆,屏住呼吸,全身裹严。一旦被对方发现,立即不顾满头满身的稻草,只管一阵纵情的欢笑,那样的无拘无束,感觉涌动着能将屋顶掀翻般的浪潮。而下面,则是刚入圈的水牛,都会不解地抬起头,向上仰望,甩着尾巴,嘴里不停反刍,兴奋地"哞哞"直叫。

玩够了,大家会顺着牛栏的木柱滑下来。走廊正上方是尖尖的房顶,梁柱很高。一次,不知怎么,我一脚踏空,整个人四仰八叉横着就往下飘。心想,坏了,这样摔到地上,不残也伤。可万万没想到的是,不知不觉竟然掉进了一个人的怀抱!

睁眼一看,是兰玉娘。"把我吓一大跳,你们这些小伢,也真是想方设法地玩,如果不是我正好进来,你要真掉到地上,伤到哪里,怎么办哦!"她边把我轻轻地放下来,边笑着连声责怪。

记得毛女小时候体弱多病,瘦骨嶙峋。冯家墩虽然与我们是一个生产队,但相隔不少路,所以,她把牛关进圈,马上就要赶回家,从来不敢跟我们男孩在一起疯玩。那天,兰玉娘是担心毛女没把牛栏门关好,怕牛会跑掉,专门赶来检查栏栓是否插牢。哪知她才往里走,正巧上面掉下来个小孩,就伸出了双手。

好在孩童时候，个头瘦小，体重很轻，否则，兰玉娘不只是吓了一大跳，她两只胳膊肯定都会折掉。真算是万幸，打那以后，我再没上过牛栏里的房梁。

每次回乡探亲，都会在村旁走走。那幢牛栏瓦屋，一年比一年小。后来，耕种普遍机械化，田间地头，已看不到牛。不知何时，只剩下一小间牛棚，供村民堆放杂物。

陪母亲补好牙回家，又在村庄周围转转。走到牛栏那儿，驻足良久。曾在一起放过牛，却没了毛女的印象。听说，她一直在做生意，靠自己的勤劳与聪明才智，早已发家致富，生活过得很滋润，自然也就注重自己的模样。

如今，村庄右后方，高速枢纽在盘旋，大小车辆日夜川流不息，冯家墩也早已搬迁。脑海里，又想起了兰玉娘，依然记得她带着微笑的面容，传递给人的，总是温暖、善良与慈祥。

（2020年5月7日）

养好自己身上的风水

老家在皖南的一个小山村,山清水秀,风景怡人。十年前,一条高速公路从西北经村后呼啸而过。近年,又一条高速从西南远处高山里延伸到村前,在村的南侧空旷之地交汇成一个大枢纽。

村庄附近,便多了不少因高速拆迁而来盖房的邻村百姓。家乡,再也没了山村该有的宁静。每年偶尔回家一次,看到家家户户早都盖上了楼房,唯有我们家还是我当兵离家后那年砌的砖瓦房。自己虽在外工作多年,却比不上很多打工者回家那么风光。中秋节前,哥来电话说,因雨水多,屋后的厨房已坍塌,也准备要翻盖房子。

在农村,盖房是件大事,必然要请风水师。对风水,我一点都不懂,但信奉一条,哪怕不懂不信,也不能亵渎,毕竟,这是一门深奥的学问。但我认为只要平平安安,能踏踏实实地把家操持好,所处的房屋应该就是福地。

最留恋的,还是记忆中家里的老祖屋。那是典型的徽派古建筑,粉墙、青瓦、马头墙,门当与户对、砖木与石雕,以及层楼叠院、高脊飞檐、曲径回廊、天井望月等的和谐组合。特别好的是有个偌大的院子,高高的院墙上,夏季爬满了串串丰硕的小葡萄。听说以前院子里还有跑马场和油坊,战时,先后住过不同部队一个连的官兵。可到爷爷的父辈,因吸食鸦片,家居卖光,房子也差点落入他人之手。后来,全家都十分感谢这位曾祖父,为我们争取了贫农的身份,才有机会一直念书,然后当兵。

小时一直与贫穷、饥饿、劳累相伴,但家一直让我享受到无尽的乐趣与温馨。在院子里栽过一株株小白杨,看着它们一年一年茁壮成长。种过南瓜,为瓜苗浇水施肥,看着瓜藤伸展,绿叶变大,开花结蒂,瓜儿成熟。当我抱着一个足有20斤重的大南瓜时,母亲和家人都欣喜地笑了。

还养过小猪。放学回家,它就欢快地往我脚下一躺,是表示想要帮它挠痒。边写作业,脚边在它肚子上挠着,还边听着享受中哼哼唧唧的声音。它从小就睡在后面厨房的小窝里,无论寒暑,母亲半夜都会起来开门让它出去方便一次。纵然长到近300斤,我们还是喊着"小猪",还住在厨房里。它的小草窝干干净净,浑身毛发光亮齐整。小猪除了睡觉,没事只在房前屋后踱步,从不糟蹋邻居庄稼。我们吃饭时就在桌子下面转悠。到年底,已然长大,肥头大耳,还腆着大肚子艰难地迈过门坎。再到桌子下面寻吃时,会懂事地弯膝哈腰,否则,一不小心,会把八仙桌扛起来。腊月的一天,放学回家,没见小猪拱到我脚前,寻遍村内都不见,那份伤感,谁能解说?

从外婆家抱回一只小狗,长大后,父亲到100多公里外的龙王湖垦区种田,带它去作伴。它被装在尼龙袋子里背着乘车坐船,赶到那片一望无际的湖区。狗儿不在,心也空了。没想到第三天的傍晚,我放学坐在门坎上望着残阳发呆时,一道影子飞奔而来,狗儿的双爪已搭上我的双肩，来不及站起，已被它的舌头热辣辣地在脸上、脖子上使劲地舔着。累了，再看它，全身湿透。一百多公里，还要过一条宽阔的尧渡河，它是怎么认得回家的路？

当兵次年，家信中说，叔叔家要盖房子，将老屋老院一分为二。我们家只好也盖。后来听母亲说，家中没钱，全靠邻居帮工和资助。我那时每月 10 元津贴，还节余 5 元存活期，到年底寄回家 50 元。在军校放寒假回家，看到两幢两层的砖瓦结构房子都已新建完工，再也看不到以前那样大大的院落和高高的围墙。

曾经，跟叔叔说过，若再盖房两家一起盖，还是围个大院子，多好。这次，不知道家中会盖什么样的房子。动工时，好想请假回家看看，可还是没回成。电话中，只对哥哥说，地基该让就让点给叔叔家吧，千万不要争吵。本想约相关朋友设计个房型，后来还是哥说农村盖房子，适用就行。

至于风水，心里要尊重，不能不信，也不可全信。大家知道风水养人，同时也应该知道，人也要养风水。好风水靠自己修来的，要懂得严格要求自己，不做坏事，思人恩德，想人好处，为人造福。风水是福人居福地，你若是福人，所居住的地方就一定是福地。

（2014 年 9 月 28 日）

幸福应来自心间

乔迁新居，不仅在城市，在农村同样是大事。皖南家乡村庄那么美丽的河山与田地，因为成了几条高速公路的大枢纽，再看到已面目全非。由于拆迁，便盖新房，哥嫂在家也辛苦了一两年，终于完工，真不容易。

看日子，选在农历腊月十二进新屋。母亲腰伤还没完全好，我在犹豫是否回，但感觉老人很想回家看看，便决定请假。怕路上下雪，提前两天出门，驾车三小时即抵达家门口。一幢三层楼房，彻底改变了原来老房子的印象。

房子收拾得井井有条。前段时间舅舅忙着装修，每个房间都添置了新床新被褥，虽然气温骤降，但回到家里，心里立即感觉很温暖。哥嫂很善良，然而，再善良也难以做到尽如人意。

清早，见门口有人沿路叫卖从河里打的鱼，便买了一条大青混，让妻子烧酸菜鱼。我正在切鱼时，电话响了，三位战友开车赶来，要带我到县城吃饭。心想不妥，便留他们在家简单吃点家常菜。

幸福不是房子有多大，而是房子里的笑声有多甜。幸福不是开多豪华的车，而是开着车平安到家。幸福不是存了多少钱，而是天天身心自由，不停地干自己喜欢的事，有空能邀几位好友，聊聊关心的话题，多幸福！

一下午的时间过得好快。家乡风俗，进新房的头天晚上就安排晚餐，族里每户至少一人参加。近晚，来了不少人，屋外雪花飘飞，家里情意浓浓。时代变迁，这种纯朴的乡风依然未变。

客人离开后，哥哥取出几张大红纸，说要写对联。我没练过毛笔字，便不好在旁边打扰。夜间起床，看到客厅整齐地摆着三副对联，原创自写，对仗工整，字体端正，功底可见一斑，确有才气。

腊月十二，6点多开始放烟花爆竹，天还没大亮，一圈圈烟花在飞舞的雪花中伴着声声爆竹精彩绽放。这种氛围，乡村才有，感觉多好！瑞雪兆丰年，好日子天占，心中祈祷，今天，应该是个好日子。

上午，两位壮劳力挖回两棵带根、带土、带枝、带叶的竹子，红绸布绑着红年糕再对称地绑到竹子中段，多人齐力扶起，比三层楼还高的竹子立在大门两旁。

虽然气温创历史新低，寒风呼啸，大雪纷飞，但还是挡不住亲朋好友的脚步。很多亲戚，很久不见，让我勾起儿时艰难但美好的记忆。有来有往才会亲，若长期不走动，纵是至亲也会陌生。

晚上还有远亲来，热情相待。才想起，由于连续忙碌，还有原考虑过的具体事情没去办。一晃就到进新房的第二天，周五。后面连着周末，心里高兴地想，这次可以在家再多待两天了。

雪，还在飘，但地没上冻，听预报，明后天将大冻。如今都是卫星按时播报，科学的东西就得相信。真冻了，高速会封闭，

幸福应来自心间

哪天解冻心中没底。

　　人们都说,下雪天开车危险,我同样害怕。电话问朋友南京天气如何,说小雪,高速正常,便临时带妻女在风雪中启程。第一次超油罐大货车时,那飞溅的水花彻底挡住了视线,十分紧张。百码左右,低速前进,一路大雪纷飞,一直开到南京。

　　发信息报平安。再想想,人,总爱跟别人比较,看看有谁比自己好,又有谁比不上自己。而为自己的烦恼和忧伤垫底的,从来不是别人的不幸和痛苦,是自己的态度。

　　回家还偷闲下过两盘棋。其实,生活就是一盘棋,需要用心去下,当有资本的时候,才能赢。人越往前走,心应越往下沉,心里踏实了,脚下的路才能走得安稳。追求完满的人生,向往高质量的生活,愿望都是好的,但在前行的路上,别忘了带上知足的心。知足了,才会有来自心间的幸福。

（2016 年 1 月 26 日）

心中的尧城老街

无意之中,在县城悠闲地逛了一次尧渡老街。这条老街,依河而建,距今已有 2 400 多年的历史。古时尧渡河直通长江,击壤桥下设有商埠码头,相传老街因尧舜二帝由此过渡而得名。

老街分上、中、下街,长约 1.5 公里,两旁 1 000 多幢房屋,为徽派建筑的代表。清一色的粉墙黛瓦,屋连屋,一对一地排列着,大多是马头墙、鱼悬梁,房前有门当,有的墙面上还点缀着碧绿的青苔……

印象中的老街,古朴自然,路面铺着长条形光洁的青石板。从我们村庄到县城,都是沿着河边小道,一直步行七八华里,就到了老街的上街口。

村庄后面有一座高山。以前,农村家家都靠柴禾烧饭,离村庄近点的山上基本都被砍光。只有到离家远的山里,才能砍到带棍棒的干柴,扛回家比毛柴经烧。而村后的高山,除了青松,很少杂柴,是不会有人爬到山顶上去的,一来没那闲空,二来没有路径。

也就在七八岁的时候,一天,与一位小伙伴到村后的山上砍柴。砍好两捆毛柴,一时兴起,约他到山顶上去看看。我们拨开丛生的荆棘，奋力向上攀登。在山下看是尖尖的山峰，到顶上，一片树木掩映之下，是平整的场地，再细看，有战壕，这里曾经还是打仗的阵地。我们很好奇，小小的个儿，哧溜一下滑进沟里，再出来真是费了一番气力。

因为满眼都是树木和柴草，其他啥也看不到，便又寻一棵最粗、最高的松树，手脚并用，爬上树杈，四周遥望。除了山坳和零星村庄，在西北方向看到远处有楼房，那就是县城。我们看着聊着，在幼小的心中，盼着若能到城里去看看，该是件多么幸福的事情。

再下山，天已黑尽。挑着一担柴回家，让妈妈好一阵担心。

稍大点，要砍柴上街卖钱交学费。都是与本村孩子结伴。头天晚上把柴捆扎好，早晨四五点钟起床。年龄大的孩子在前面挑着柴，举着火把，我们踩着光影，沿着河边小道，从上街头的那个路口进城，将柴在街边排列摆好，天才慢慢破晓。

眼前，沿街的裁缝店、铁匠店、木匠店、染布店、杂货铺、中药店、糕饼店、豆腐店……在晨曦中纷纷开门。也开始有人来柴摊前光顾，有的问价后能顺利成交，有的到最后还没卖掉，有的孩子会急得直哭。

每次，我们都是等大家全部卖光后，再一起去买早点。老街的中心，有家国营面食店，循着袅袅炊烟，急切地找过去。平常，都是两分钱买个馒头充饥。有一天，因为柴卖得顺利，哥哥说就多花一分钱买个包子给我吃。服务员用蒸气熏得发黑的木夹子从笼屉里把包子夹出递来，那香味馋得我一时兴奋，马上伸手去接，当即烫得很疼，却不舍得放下，生怕包子放回笼屉就不是自己的了。只是大喊:"好烫,哥哥快来拿着。"引得柜台里几个女服务员哈哈大笑,至今,还记得她们开心的欢笑声。

17岁离开家乡,每次探亲都是来去匆匆,从没在县城久停。那天陪母亲补牙,偶尔置身老街,一种情感无边地袭来。眼前的老街两旁,都撑起尺寸和颜色不一的帆布棚,棚下挂满五颜六色的衣服和鞋帽,将老街的天空遮得严严实实。

有的老房子已被拆除,正在修建楼房,那房型的框架,与农村普遍建造的楼房没有什么两样。

走到中街口,还想看看那家面食店,可遍寻不见。到上街,印象中的青石板,已铺上水泥路面。初中时,张老师就住在老街上。曾经去拜访,她家临街的房子租给人开店,后面是住房。那一进几深带天井的徽派建筑,如色泽古朴的艺术品,在脑海里一直留存着美好的印象。

返回时,从尧渡新城经过。疫情似乎对小城没有什么影响,商业街竞相争艳,街头上,行人摩肩接踵,商场里,顾客人流如潮。改革开放四十多年,县城面貌已经发生巨变。一个充满活力、和谐宜居的新县城,一度赢得"江南一枝花"的美誉。有人说,若从高处看尧城,如同一大朵正在盛开的梅花,越开越鲜艳。

(2020年5月5日)

家／庭／生／活

辑三　家是藏爱的地方

又到开学的一天

女儿学校严格按照上级规定，虽是高三，寒假还是没补课，今天下午才开学。

昨晚小雨就在飘，飘到今天中午，雨渐大渐密，寒风裹挟着细小的冰粒，砸到脸上生疼。背着大包小包行李下楼时，听到叹息，妻子说去年寒假后开学时也是下雨夹雪，我便劝慰天气真好，说明风调雨顺啊！

车在行进中。半小时的车程，冰粒一直在前挡风玻璃上飞舞，刮雨器与雨水急速模糊争抢着透明的视线。在学校门口下车，到宿舍有好长的路程要走。好在雨变小，三个人撑两把雨伞，我敞开棉袄背行李，还是一身汗。

宿舍共四张床铺。一位家在附近的同学已先到，床铺全都整理好。她家两姐妹，她是姐姐，很懂事。我问寒假可认真学习了？她说肯定在刻苦地学啊，光补习班一次课两小时就600块。我说那不花了好几千啊？她说何止好几千哦！

这个寒假，女儿虽然没上补习班，但应该抓得也很紧。

没一会儿，又到了位同学，她父母和哥哥帮拎着东西。他们从苏北涟水赶来，路上要四个多小时。女生是来补习的，她妈妈帮收拾床铺，3人站下面观看。苏北的妇女很能干！宿舍收拾完，女生临去教室前，还紧紧地拥抱她爸爸，真是父女情深啊！

另一张床是空着的，听女儿说她家中也有两小孩，她是妹妹，这个学期要走读。客观规律就是这样，当姐的很懂事，会照顾人；当妹妹的，必然娇惯。两个妹妹在宿舍就互不相让，有时争得互不理睬。

路上，我还跟女儿说，宿舍不论是哪位同学，能住在一起都是缘分，任何事情都要多谦让。若其他同学之间有矛盾，也要帮助在中间多调和，将来长大了，再谈起同学之间的小事，都是很可笑的。女儿在班上当了三年生活委员，在照顾他人方面做得挺好，真不错。要想学习好，团结很重要！

归途中，雨已停。但机场高速车流滚滚，看着溅起的水花，如同穿梭在汹涌的波涛中。在守规则的同时，对那些疯狂抢道的，自然会生出责怪的念头，但转念一想，还是要怀一颗谦让的心。人生是条无名的河流，秋去冬来，风雨莫测，峰回路转，炎凉冷暖，得失中要懂得宽容，沉浮中要学会豁达。

一年又一年，又到新年开学的一天。路还很漫长，岁月也匆匆。如果有一天，生活褪去了所有的颜色，也只是让我们暂归平静，那么就由它将偶尔不开心的过去尘封，开始新的快乐旅程。

美好的一天从新的旅程开始！祝愿女儿尽快从寒假宽松愉悦的家庭环境里走出来，迅速进入校园紧张的学习中，健康快乐、满怀信心地面对高考前的百日冲刺！

（2015年2月27日）

相信美好就有美好

女儿爱吃鱼，尤其喜欢昂刺鱼，这种鱼无鳞也无太多刺。昨晚，饭后她说感觉嗓子里有小刺，灯光下张大嗓门，我还是没看到。依她说没事，正常返校。

一早，妻子接到电话，女儿说嗓子都咳出血丝了，这下才紧张。昨晚就该去医院，但这时后悔也没意义。

任何时候，都不必因生活中的一些细小过失而后悔，如果事事追悔，恐怕一辈子都会生活在数不清的悔恨之中。如果错已造成，且又无法弥补，要当机立断，汲取教训，以后不要再犯。这种很干脆的自我警告，比放在心里悔恨更有用。

联系朋友，说学校旁边就有一家很好的中西医结合三甲医院。而女儿说："我上午、下午都有课，请假要提前打申请，我怎么可能旷课呢？"听她的安排是要到晚上乘坐地铁回来到家附近的医院。鱼刺卡喉，经历过的就知道，吞空气都痛苦。

同事也说，还不赶紧去医院，孰轻孰重，你家长不清楚？于是，下班没吃午饭就去学校附近那医院。到六楼耳鼻喉科，一个女孩说："中午只有眼科医生值班，不过，学校就在这边上，可以带来看看，如果要用喉镜，就得等。"

问原在军区总院工作过的同事,说中午也没拔鱼刺的医生。12点半女儿才下课,两点又要上课,还是带到附近的这家医院。女儿笑着说:"让眼科医生拔鱼刺啊?"但没办法,大厅医生说先上去看,若能行再挂号。到六楼,没看到值班医生,叩急诊的门,刚才看到的那女孩出来。打扰她午休了。

让我去挂号,她先看看情况。跑到一楼,说挂号在二楼,挂好再到六楼时,女儿高兴地说鱼刺已取出来了,是鱼肚上的一根硬刺,医生说好在是斜扎进去,所以没怎么感到痛。真是厉害,因为经常值夜班,什么都得干,只要能手到病除,就是能力。

再将治疗费的收据送上去。电梯里见一位眼睛红红的中年人在同事陪同下也到六楼,说喝汤时被钢丝球卡喉。进到诊室,女孩头轻摇,可能这需要动用喉镜的专门喉医才行。

当时听那女孩说中午只有眼科医生值班,心里也很着急,很想责怪,还好没说出来,没想到她自己就是眼科医生。其实,很多担心都是多余的,信任会产生力量,也感恩同事的善意提醒。

相信美好,就会有美好。生活就像一枚硬币,快乐悲伤分占两边,一眼看去只是一面,但请记住,另一面也许在下次投掷后相见。如果中午不去,女儿午饭都没法吃,影响下午的上课和考试。如果不相信这位眼科医生而舍近求远,那肯定没午觉睡了。

(2016年5月16日)

无声的教诲

从小，我在长江边长大。父亲没读过书，生产队记工分都看不懂，吃了很多不识字的苦。三年自然灾害，包括之后很长时期，经常食不果腹，但父亲坚持要我们兄弟俩一直读到高中。

大哥高中毕业后，叔叔托人帮忙安排到县城制药厂实习。由于他有文化，肯吃苦，勤动脑，逐渐由临时工转正、当车间主任、提为副厂长。升任厂长后，赶上80年代初，改革开放正如火如荼，制药厂实行厂长承包责任制。当年，上交国家足额利润后，他获得政府发放的30万元奖金。

那天是大年三十，一家人正等着大哥吃团圆饭。他忙完厂里事情，怀揣10元钱一张的一万元现金回家，并欣喜地说政府给了一大笔奖金。

父亲听后，没见笑容，而是离开饭桌，坐到门坎上，点上旱烟，深吸一口，凝思片刻，对哥哥说："你每月的工资，比职工要高不少，那是正常领取，我没说过什么。"接着，将正吸着的旱烟筒在石板地上重重地一叩："但这笔钱不能拿，要还给国家。现在就得退，我们等你退好回来再吃年夜饭。如果不退，全家都别吃，这桌菜我就全倒掉喂猪！"大哥只好立即联系会计，返回厂里，将钱入账后再回家。

我高中没毕业就应征入伍，次年，考上军校，毕业分到消防武警部队，成了一名小排长。每逢过年，因为燃放鞭炮，南京城里都要发生多起火灾，很多市民受伤。年前，消防大队组织查缴无证贩卖疑似不合格的烟花爆竹，足足堆满了整整一个大仓库，准备找空地适时销毁。

也许是因为才二十多岁，考虑事情简单，依然天性爱玩，看着那么多鞭炮将销毁，觉得好可惜。就悄悄从朋友那里找辆大卡车，让战士装了满满一车厢，兴高采烈地开回农村家里，心里还美滋滋地想，一车鞭炮，这个年，肯定会过得无比热闹！

个把小时，卡车晃晃荡荡地开到家门口。父亲听清缘由，二话没说，只是闷声到水井边摇着辘轳，看那清泉汩汩地流向木桶，在我们都还没反应过来时，已近60岁的他吃力地将一大桶井水泼向车厢。一桶、两桶……直到把一车烟花爆竹全部浇透。

累了，他又吸了口旱烟，语重心长地说："我不识字，不明白很多事，所以一定要你们读书。不是自己的东西不能要，不能贪财好利，这都是基本道理。你们有文化，可这书都读到哪里去了？"

历经生活艰辛的父亲，眉头紧锁，突然严厉地手指一车报废的烟花爆竹，激动地大喊道："从今往后，我们家不论是过年过节，还是红白喜事，都不许放鞭炮！"

之后，大哥承包制药厂三十多年，保持勤勉工作、朴实生活，虽没发财，但光荣退休。我因为那车鞭炮，收敛性子，从排长、参谋、教导员……转业到地方，不论在哪儿工作，都坚持原则，勤于思考,在岗位上获得不少荣誉。

父亲早已故去。几十年来,每逢过年,哪怕送别父亲,我们家都没有爆竹声。在学习、工作和生活中,不怕不识字,就怕不懂事。这无声的教诲全家始终铭记着,也一直鞭策着我们及子女不改初心,严谨踏实,稳步前行。

(2016 年 9 月 4 日)

妻贤家自安

闲坐于此，偶然想起，妻子身上有很多优点。在这儿不妨简单聊聊，说来与女儿听听。

那年，妻子邮校刚毕业参加工作第一个月，拿到不满百元的工资，立即给外公寄去 50 块，不忘幼年在江西樟树老家的抚养之恩。老人年过九旬，逢人便开心地夸这孩子真懂事！妻子随军到南京，平时，隔三岔五地总会想到远在成都的父母，电话问候，寄点东西，表个心意。20 年前，我们部队在句容，我父亲在南京生活半年回老家经过邮局打招呼时，她急忙取出仅有的 1 000 多块钱。老人没舍得用，一直存在银行，直到故去前才跟我说起此事。母亲从农村来南京与我们共同生活 19 年，婆媳之间从没红过脸。

她在邮局从事邮政营业员工作，随着改制，工作量越来越大，但坚持任劳任怨，再苦再累，分内的事情都照样完成。每周休息两天，或者下班一回到家，总是忙着家务活，弄吃的，搞卫生，忙个不停。

在单位或小区，妻子总是与人为善，从不搬弄是非，不说长道短。看到谁身体不好，或者谁家有困难，总会设身处地力所能及地帮人一点。哪怕是我的同事病了，只要她知道，也会急急地说要陪着我去看望。

不论是对待工作，还是日常生活，她总是细心考虑。不像我，各项开支从不过问。虽然收入不高，但她从不抱怨，常说不是自己的绝对不能要，正常的工资收入，是单位给的，或高或低，人家能过我们也能过。家里必须用的，都能提前计划，生活过得依然井井有条。

当年，妻子初中毕业时在成都飞机公司子弟中学以很好的成绩考上了医校牙科专业，因害怕天天面对别人的大板牙，就选择了邮电学校。那时的邮局，是多么好的单位。家中还保存着她在邮校时的成绩单，期中是第二，期末就考了年级第一，高出第二名三十多分。这，对女儿是个很好的激励。

因为工作很辛苦，待遇又低，本想找人换岗位的，可她不愿求人，总认为若找人办事，会给别人添麻烦。年轻时，我们为点鸡毛蒜皮的小事吵过架，现在想起都感到可笑。当脾气来的时候，福气就走了！后来互相注意谦让，就很少红脸。

生活中很多事情都是通过摸索才会的，恋爱时，她对着图纸学，为我织了很多件十分漂亮的毛线衣。还记得那时她来部队探亲，水烧到什么程度能喝都不知道，连面条都不会下。买条鱼回家，居然清洗时不知取出鱼鳃，入锅时不知切开，起锅时肉烂如泥，只剩鱼头鱼刺。成家后，她买书自学，慢慢地，各种菜肴，只要尝试，便美味得令人咋舌，所以女儿长得那么壮实且健康。

虽然她从不化妆，但依然保持年轻。女儿高中住校，一次送东西到宿舍，男士止步。妻子上楼时，我说不急，上楼慢点。宿管老师转头对我说:"怎么?晚自习时间都到了!还慢点?她不去上自习?"人若单纯,品性善良,必会年轻,这是长期的心境与行为在脸上的投影。

越想越多,比如还有遇事沉稳、原则性强、专业扎实,以身作则地严格要求女儿,等等。其实,妻子十分柔弱,她只是把工作、生活、学习和家政等杂事重复做,就会都变成简单的事情,人也随之变得更简单了。

(2014年12月24日)

只要你不抛弃梦想

周六中午一点半,女儿学校在南大门对面的东南大学九龙湖校区举办本届高三毕业典礼。为了参加这次仪式,我们还纠结了好多天,因为妻子单位要上班,找同事调班又不行。善解人意的女儿怕影响妈妈的心情,之前电话中不断宽慰说来不了没关系,并示意我一人就别去了。

但明显感到,女儿还是多么希望我们都能去。周五晚上,女儿电话里说爸爸要来就早点到哦,她是怕我去晚了,找不到位子坐。于是,周六早早吃过午饭就出发。

学校安排得很周密,并协调家长的车子可开进东大校园。我应该提前了个把小时。车刚停稳,电话响了,女儿从宿舍打的,学生也将集中步行前来。她让我先到二楼去,那里是家长指定就座区域,结束时在礼堂门口等。馆外,巨大的弧形红色气球"热烈祝贺南京师大附中江宁分校 2015 届学生顺利毕业!"在碧蓝的天空下分外夺目。

仪式安排紧凑,先后播放了各班自编的精彩视频,校领导、教导主任、老师、学生和家长代表穿插着作了生动发言,高三全体老师集体朗诵的长诗《目光》,显示出他们的文采与水平,16

位班主任共同在台上先后对本班学生深情寄语和热烈互动，还有对优秀学生的颁奖，等等。整场典礼，充溢着满满的正能量和对毕业生的无限期望。

仪式结束后，礼堂外已铺就一条长长的红地毯，老师和家长分站两旁，共同迎接学生出场。穿着礼服的学生先后有序地井然而出，我站在远处焦急地等待。600多名学生，不少已穿过人墙，我还在耐心地张望。远远地看到女儿了，她穿着白色礼服衬衫，扎着小领带，从找寻的目光中，感觉是那么可爱！大了，就不怎么让拍照，但这次，还稍站，很耐心地抿着嘴，让相机定格好几张美丽的微笑。

结束后，女儿说："我想在东大校园里走走。"校园好大，一幢幢校舍、一片片树林、一个个充满青春活力的学子。穿过东门口的体育馆，往西，一条笔直宽阔的公路，一眼望不到底，那尽头，应是西大门。拨通妻子电话，女儿看着那些骄傲的学生，跟妈妈说他们好厉害哦。面对自己"考进东大"的理想，根据目前模考成绩，难以成真，定然失落。我们鼓励说，只要存有念想，大学四年继续努力，再考进东大读研，一样的。

典礼结束后，安排师生在饭堂会餐。因为午饭吃得早且少，胃里早都咕咕叫，想在校门外弄碗面吃。女儿说外面哪有饭堂卫生啊，便带我到食堂的三楼，说那里菜的味道比一楼和二楼都好。帮我打好菜，还端上一碗汤，看我开始吃后，她才下楼参加聚餐。

上天给了每个人一杯水，于是，我们从里面饮入了生活。还是女儿好，生活中处处能替家长着想。在学校，自愿要干的三年生活委员也没白当，通过自己的付出，也赢得了老师和同学的喜爱。生活要靠自己慢慢去品味，细细去咀嚼，用心去欣赏，才能发现，原来幸福的生活，就是在那如水的平淡中活出精彩。

之前，班主任刘老师还说班上有两个学生先回去了，让我也去参加聚餐。我在二楼餐厅门口，看着那么欢乐的气氛。师生感情最纯真，学生端着饮料敬老师，也都很真诚。可能是有同学发现了我，女儿便跑来，很大方地领着我，到教师餐桌上与高中三年每位曾任过课的老师打招呼。面对大餐厅那么多人，我都显得很腼腆。女儿的心中，将永远保存着一份对老师的感恩之情！

转眼，女儿高中就毕业了。人生，真的是一趟有去无回的旅程，有些事让我们刻骨，有些人令我们难忘，有些景让我们不舍。告别一段又一段路途，回首时才发现，我们苦苦追求的，并非辉煌，而是一种经历、一种无悔、一种做人的本色。

只想对女儿说：只要你不抛弃梦想，你的梦想就永远不会抛弃你。人生中没有十全十美的选择，只能靠努力和奋斗来使当初的选择显得正确。我们无力改变世界，只有努力改变自己。不是因为成功了才成长，而是因为成长了才成功。当你愿意帮助别人的时候，一定有人也愿意帮助你。记得快乐，记得感恩！

（2015年6月2日）

更是一个新的起点

延续着家乡的风俗,我们一直按农历过生日。转眼,女儿今天满十八岁了。

时光瞬间回到十八年前,孕检时,妻子的预产期应该是大年初一凌晨。很多战友都鼓励说一定要坚持到年三十晚上再生,那样,肯定有优惠政策。

那个春节前,部队难得发了一张100元的购物券,店在通往水西门的茶亭东街上。拿到卡的当天晚饭后,我们就循着店的方向,权当散步。可能是路走得太多,妻子半夜发作,我们手足无措。天还没亮,请女军医,要车,赶到市妇幼保健院。

妻子经过分娩前的剧烈疼痛,随着产房一声洪亮的啼哭,标志着女儿健康降临。从产房出来,护士把小襁褓抱到我怀里,说是可爱的千金。皮肤白嫩,几根黄发,多么兴奋。那天,腊月二十六,周六,清晨六点,六斤六两,健康评价满分。王军医建议,取名晨晨。若是男孩,肯定可取名小顺子。

女儿一岁多,我到基层部队工作,正常情况下,周末回南京或是司机将母女接到部队。一次,去西北戈壁滩参加野外实弹射击演习,三个多月后回来,那幼小的心里肯定在想,这个爸爸到哪里去了呢？

酷热的夏天，演习归来经过南京时，感觉那小脸小眼由一脸陌生到扑入怀中的激动。抱着坐在吉普车里回部队，看到我右手背上因沙子侵入皮肤而长出的一粒红点，她小手便轻轻地指着并抚摸。是否，女儿在想这个老爸除了在戈壁的风沙中变得又黑又瘦外，手上怎么多了粒红点？

那年，岳父家搬新居，要回去过年。我们带着两岁多的女儿赶往成都。列车上她吃个不停，遭到我的制止后就说："不让我吃，就不跟你姓了，我要跟我妈姓张。"不知哪个站上来一个小孩，两人有伴，要么爬上爬下，要么满车乱跑，快到终点，累得睡着了。下车抱着，出站抱着，打的抱着，半个多小时才到家，上楼还抱着，放床上继续睡。醒来，就在满屋找遍角角落落，是否，还在寻找列车上的那个玩伴？

基层部队文化生活枯燥，晚饭后就与战士打篮球。三步上篮时，看着球进篮筐，我却感觉左脚后跟被什么狠击一下，顿时眼冒金星，头晕目眩，到场边休息，却无力站起。到医院，说伤了跟腱，连夜转到南京空军医院。后来听妻子说，每次带女儿到医院，她总是不用抱，跟在后面跑着开心地说要去看爸爸了。一次，到病房后，她们去大姐郑主任值班室，女儿居然跳到她床上玩，把大姐的花床单裹到身上，舞动着说我像不像新娘啊？郑主任问她那新郎呢？女儿说新郎不是脚崴了躺在床上吗？多年后提起，还是忍俊不禁。

平时一直穿着军装。伤好后，我买了件红色的棉袄。一天，穿着红棉袄带女儿去省妇女儿童活动中心学书法。在康怡花园公交站台，不及我腰高的她抬起头盯着我说："爸爸，怎么看你像大哥哥啊？"

女儿上幼儿园时，因为我在基层部队，接送是个大问题，只能请机关一个连队安排人员。转业时，考虑不好再麻烦部队，幼儿园大班没上，就上小学，学校与小区隔条街，不用接送。

从上学第一天就叮嘱女儿，上课要专心听讲，回家要认真完成作业。每天都是早上出门从头到脚整理得清清爽爽，放学回家则是一头乱发满脸汗水。晚上问上学可高兴，回答都是很高兴。

而直到上初中时，才听女儿说记得一二年级时，每天都与另外两三个调皮同学一起，被老师安排站在后面上课。当时心里觉得很惭愧，不应该让她提前上学。人家不仅上了大班，还有幼小衔接班，那样，孩子才懂得应该坐在课堂上听课啊。

一直到中考前，模考不理想，所有想去的高中都不让签约，便打电话给班主任了解情况。老师说："你就是她家长啊？她上课讲话，不认真听课，不信现在你来，只要在走廊上看看就知道。"学校就在家门口，怪我与老师沟通太少。

"还有一个月就中考，我真的要好好学习了。"考前30天，女儿这样跟她妈妈说。于是，那个月，不再追星，不再看课外书，不再回家就想搞电脑，不再让心思放飞到窗外……中考那天，送到考点。女儿下车蹦蹦跳跳地进了校门，妻子却坐在车上流泪，怕她考不好，怕上不了高中。每天考完，女儿照样快快乐乐地回家，填报志愿时，却急得我们团团转。

与所报高中只差一分，报名时要交三万块钱，这对我们工薪阶层，是一笔不小的费用。交钱时犹豫过，钱交后，想上另外一所普通高中。与所报学校的招生人员联系,听到的是:"家长恭喜你,孩子已被统招录取。"钱退回来了。

初中学校很好,女儿是前 19 名考入的。十个平行班,三年没改变,成绩虽不理想,但收获了同学友谊,特别是 4 个小女生,感情纯真。中考后,我与家长们说高中就不要在一个学校了,分别上了一中、九中、中华,女儿还是选择了原体系的学校。高中三年,每个假期,哪怕高考前的那个寒假,4 人还是相约在一起聚了一天。

上高中住校后的女儿,真的懂事了。入学时,只能上普通的市招班,600 多名学生,上面有不少省招班,还有学霸型的两个课改班。周末开车接送,一次,女儿突然说终于知道学习好的原因了,我问是什么?回答的是从小学到初中我每天早晨叮嘱的那句话:"上课专心听讲,课后认真完成作业。"

高二分班前,有老师要我去教务处说一下,女儿在高一的期末统考成绩达到年级 31 名,可以进课改班。我没去,心想,还是顺其自然吧。幸运的是遇到好的班主任,还有不少敬业的好老师。哪怕中间成绩稍有起伏,但高考前的 4 次模考,与高考成绩一直保持在一个水平线上。

虽然离自己心仪的大学还有距离,但用女儿的话说:"上了一所还能说得出口的 211 大学。"也真是不容易,嘴上讲是不累不累,我们清楚,成绩不是凭空获取的,这背后,肯定还是付出了不少艰辛。高考志愿填得很轻松,第一批次,几天后就收到大红的录取通知书,便到成都走亲访友,登黄龙、游九寨沟,还去了包头,看大草原,赏碧蓝的天。说过,上大学,继续努力,哪怕不是读到高七。社会活动多,但不能影响学习。

昨天上午,女儿上完家教回来,说带的学生家长几次要给学费都没收,这次说年前怎么也要付的。女儿拿到自己第一次挣得的工钱,五张钞票虽不多,但捧在手上,感觉沉甸甸的,多么珍贵!之前问要买个什么礼物呢?回答说不需要,从小除正常的学杂费、生活费外,从没要什么零花钱。下午妻子带着她去买了件棉袄。回家说,一天过得好高兴。

腊月廿六,女儿的生日。今天立春,真是好日子。初中四个闺蜜早都约好,一早就出门,先在新街口见面,到星空错觉艺术馆参观,到万达广场品美食,再到量贩歌厅飙歌,傍晚才回。

晚饭后,与妻子边散步边去取蛋糕。周围如叶片般的巧克力、上面铺了一层草莓的蛋糕,红红火火,好。女儿说,我们刚下楼,奶奶就打来电话祝生日快乐了。老人回老家,心里总惦记,毕竟从小抱到大的。

女儿点燃蜡烛,关灯,说,每人可以许5个愿,愿许好后,吹蜡烛,齐唱祝你生日快乐歌。18岁啊,不由地哼起了"十八岁十八岁,我参军到部队……"

记得去年高考前,学校用了一天时间,为学生举办了一场别开生面、隆重热烈的十八岁成人礼仪式。其中要求家长与孩子互致一封信,并送个礼物。我们买了一把梳子,寓意"一梳百顺"。女儿开始以为就几块钱,一看品牌,知道价格不菲,责怪我们多花钱。

这次,没特意准备礼物送女儿,取出包中印好的出生证明。下班后去文印店,准备复印一下出生证拿回就行,那服务生认真地将封面与内页取照在一张纸上,以照片形式打印再过塑,很美。付款时,说就一张纸,不要交钱了,并说有意义的事做起来也有意思。女儿收藏好这帧精美的出生证明,心里应该清楚蕴含其中的深情。"妈妈生了你并抚养你,管生活管学习,由6斤6两长到一百多斤,由襁褓到大学生了!"

同时,本想买块手表的,上次妻子将20多年前给我的那块表装上电池让女儿用了,就没再买。是想告诉女儿,做人做事都要像钟表那样严格守时、有条不紊、始终如一、精益求精。

不管女儿愿不愿意长大,但真的已经长大了。因为,十八岁代表着成人,就是合法的公民,以后对自己的言行,都要承担相应的法律责任。生日只是一个新的起点,今后的命运得由自己掌握。人生道路肯定有挫折和失败,都要学会理性地接受。其实,天下没有免费的午餐,只要想做事情,常常先要遇到失败和挫折,其次才有成就和快乐。

说了这么多,我还是想说,女孩子不能太要强,更不能逞强。前几天中央六套放过电影《会撒娇的女人最幸福》,那喜剧中包含着多么深刻的道理,对人常怀感恩,说话委婉点。对家人,更要富有温情,因为人生更重要的还是要先经营好自己的小家庭,有了幸福的生活,才能安心地工作。

不忘初心,方得始终。祝愿女儿学习进步、健康成长、保持快乐!祝愿所有朋友的儿女都幸福快乐!

(2016年2月4日)

最温暖的地方

国庆节前,母亲想要回老家,说不需我送,只要与长途车司机联系好,三四个小时就到。我没肯,就没联系。

记得那天也是周六,却没送母亲往车站走。她没责怪,心里肯定知道我的挽留。妻子说,回老家也没事,过年以后再回去吧。

但,俗话说"老小孩老小孩",人老了,想的也如孩童般。在这里,我们每天上班,女儿在大学,城市的房子里,多的是孤寂。她说:"天要冷了,我还是要回家。"老家,应该是最温暖的地方。

母亲虽年过八旬,但记忆力还行,也许是参加识字班,脑子得到相应的锻炼。对一个没读过书的人,也认识那么多的字,能背下整段整章的诗文,需要怎样的毅力和勤奋!

那次没回成,她没说,心里肯定还是不舒服。母亲对每件事情都有条有理,说好哪天回家,她都早有安排,没让走,就打乱了她的计划。其实,对待老人,就应该要随其所愿,来去自由。

哥嫂新盖的房子去年也已入住,小孩都在外面工作,那么宽敞的三层楼房,有老人住,多些亲戚朋友来往,就能多添人气。家有一老,胜似一宝。就是总感觉农村的饮食习惯和条件比较差,母亲年前回去住一段时间,回来时明显感觉老了不少。

我说开车送回家，她说那会花很多汽油钱和过路费，坐长途车，现在路上人不多，大车坐得也宽敞。早上便与司机联系好，到铁心桥服务区上车。

提前半小时到，边等边聊天，我刚说回去后要注意身体，就听母亲嘱咐："身体是第一的，最重要的还是要开心。"同时，又叮嘱："下班就回家，不要在外面吃饭，吃人家的总是不好，处处要小心，不是自己的，更是一分钱都不能拿。"

难得这样静下心听母亲聊天，聊到她生活在解放前时的童年，虽有美好的亲情，更有当童养媳风俗的艰辛。解放后，挣脱封建枷锁，当妇女队长，憧憬新的生活，听着听着，车子很快就来了。

这些，以前我还从没听说过，感觉是辛酸的故事。只记得小时候没钱读书，母亲就带着我砍柴卖了交学费。高一辍学后，看我要订报纸学习，母亲就把鸡蛋一个又一个地积累着，卖几块钱，让我去邮局订⋯⋯

电话打来时，母亲中午已在妹妹家吃饭。现在的交通，全程高速，来去方便。人活着，便注定了这辈子的奔波与劳累，老人在我这儿住了几个月，肯定又想家里的儿女和亲戚朋友了。

母亲看似柔弱，而内心十分坚强。这个年纪的人，经受过多少痛苦，但她能调整心态，有些话，不该说的就烂在心里，有些痛苦，就默默地忘记。她总说，人在做，天在看，很多事情不需要哪个说，别人会看得到。

（2016 年 10 月 15 日）

女儿大学毕业了

晚饭后,去女儿学校,把行李运回来。上次带过去一只大箱子,装满书籍,车到宿舍楼下,电话联系,她从二楼拎了下来。说因为这几天搬运太多东西,电梯已坏。回来,已过九点半。

女儿大学毕业了!几天前,她就兴奋地告诉我今天将举行毕业典礼,考虑家长众多,每个班只分配了七张票,也就是允许七位家长进体育馆主会场。昨天,她开心地说因为早已预订,所以分给了我们一张。

通知家长七点半前必须进场完毕,不能进入会场的家长可以前往大学生活动中心观看直播。难得的机会,一定要珍惜,昨晚将闹钟调到五点半,虽然女儿叮嘱没必要起那么早,还是早早出发,一路大雨,七点就到了大学南门。

正赶上十几辆满载江北工学院毕业生的大巴车进校,因为雨太大,让学生进校门后靠近体育馆下车,只能依次静等。正好利用这样的机会,隔着车窗外的雨帘,从南门外拍下学校的门牌和办公大楼。

门卫保安师傅辛苦地维持着秩序,客气地引导车辆进入,帮助安排道路边的空位停下。接到女儿电话,约好到了后联系,交给我入场券。学生在一楼,六点半就到了。女儿穿着学士服,笑着迎出来,细心地带我到二楼家长观礼区找好座位。

毕业典礼暨学位授予仪式八点举行,一楼早已坐满了学生,三面墙上的大屏滚动播放着各班拍摄毕业照时的精彩镜头。现场摄像机在轮番抓取同学的笑脸。在等待的时间,馆内的欢呼声此起彼伏,荡漾着青春蓬勃的热浪,成了一片欢乐的海洋。

坐我身旁的是一位来自河北廊坊的家长,笑着介绍,四年前女儿在当地以优异成绩考到南农,父母开车送来,转眼间,仿佛就在昨天。"女儿学的是金融专业,很好就业。"这位家长十分自豪地说,"大学期间,孩子各方面都得到锻炼,下一步是工作还是读书,随她自己。回家先让休息一段时间,二十多年都养过来了,再养三四年也没关系……"

典礼在雄壮的国歌声中拉开帷幕。陈校长致辞,他1991年毕业于南京农业大学,留校任教,四年前,还是女儿所在的园艺学院院长,学生和老师都称赞他做事踏实,年富力强,敬业勤谨,富有创新精神。他带着一口福建沙县口音,勉励学生在个人成长的拔节孕穗期,要修身养德,做自身修行修为的终身园丁,用奋斗的底色书写靓丽的青春,让奋斗与家国情怀同频共振。"心中为念农桑苦,耳里如闻饥冻声",字字句句中,都饱含着校长对学生浓浓的关爱之情。

随后,安排优秀老师、校友和学生代表发言。细细听完,没有华丽的辞藻,朴实的语言中,有由衷的祝福、有殷切的期望、有真情的留恋,还有远方的理想,不断散发出满满的正能量。他们都认真准备发言稿,通过一个个鲜活的事例,阐述着做事与做学问都要从先做人开始的道理，引导学生常怀感恩之心，温柔对待世界，坚持终身学习，永续拼搏精神。

回想四年前，女儿与同学们一样，满怀理想考进这所享有学术盛誉的百年学府。在这里，经历了多彩的大学生活。学校是学生纯洁的家园，1 400多个日子，在争先恐后的学习氛围中，坚持勤学善思，以自己的成长，回报了老师和亲人的期盼——

女儿在校内，先后担任班长、团支书、班主任助理、学生会干事、副部长和部长；在校外，积极参加志愿服务活动，锻炼了综合能力。大二暑期，公派到日本学习，到苏北多处农业基地实习，开阔了视野。每学年都获得奖学金并被评为学校三好学生，光荣地加入党组织并转正。这次，荣获优秀大学毕业生称号。但，成绩只属于过去，全得益于学校老师的培养教育。今天，女儿怀着十分激动的心情，上台接受校领导"拨穗"，获得学士学位。

毕业典礼在3 300多名毕业生的铮铮誓词和青春为祖国歌唱的激扬校歌中结束。老天作美，雨后放晴，学生们纷纷出来与从全国各地赶来的家长一起拍照留影。来自浙江的一位同学，父母开车来南京，八十多岁的爷爷、奶奶由大伯、大妈搀扶着，乘坐高铁赶来，共同分享她毕业时的喜悦。

时间过得飞快，还记得四年前写过一篇《女儿开学了》的小文，被南农官网刊用。转眼间，就毕业了。晚上，只运回书籍等日常行李，女儿没跟我们回来。明天就要清空宿舍，与同学再同住一晚，南农难再见，心情能理解。

（2019年6月20日）

凭良心做事情

因为女儿预约晚上要去给学生上课,便利用中午时间赶到学校把她接回来。好在昨晚已搬回两箱书籍,今天又收拾出两大箱,外加两大包行李,她真是一点也没舍得丢弃。

还是开学第一天去过她们二楼的宿舍,四年期间再没上去过。箱子都很重,本想帮搬的,但两位宿管老师依然严肃地把着门,说孩子带着才可以上去。想想不方便,女儿也说有同学帮忙,就不去了。便利用空闲,到学校主楼附近转转。

路上,到处高高悬挂着祝福学生毕业的横幅,上大学报到时校园的景象还历历在目。附近的小学组织毕业学生穿戴学士服装,在活动中心举办典礼,很有教育意义。主楼广场前,很多中外学生与家长在一起拍照,开心地合影留念。

不少家长大老远赶来,肯定都想趁此机会,逛逛校园,学生也想留住离别前最后的瞬间。接到女儿电话,说行李已装好,正往楼下运。离得不远,马上走过去,一位新疆姑娘正帮着,她们各提一只大箱子下楼。

回来的路上,女儿说,自己生活在南京感觉不到,其他同学的家都路远迢迢,离别后,各自走上工作岗位,有的就很难再碰到面。话语中，带着对同学依依不舍的眷恋。

昨晚，大家在一起尽情聊天。今天一早，广西的同学就去赶火车，西藏的上午走了，东北的中午出发，还有新疆的下午也要离开。如果不是考虑晚上要给学生上课，肯定是将同学全部送离学校才回家。

这两天在学校，白天忙着参加毕业典礼，晚上要开党员会，大学期间，班上四位同学入了党，时时处处和言行举止都要做出榜样。

趁着空隙，还要忙着备课，为高中学生培训英语。女儿说："算了一下，人家每分钟交纳的费用将近六块钱。所以，上课时，我一句多余的话也不能讲，否则，就对不起学生背后辛苦付出的家长。"能凭良心做事情，就会让人放心。

要想把课讲好，前提是备好课，只要认真，家长和学生自然就会有好的反映。这也是在大学期间得到锻炼，担任低年级班主任助理，就学会了关心爱护人，也培养了相应的责任意识。

说是晚上六点到八点上课，可八点打电话关机，过了八点半还关着。没查询到那边的座机号码，地点在珠江路，一时没法赶过去，真是急得团团转。直到八点四十多，才收到微信说刚下课。电话接通，女儿说："因为这位学生第一次来上课，六点半才到。"叮嘱到地铁口去接，这颗牵挂的心才算放下。

今天已到夏至，是一年中最长的一天。因此，也就有"吃了夏至饭，一天短一线"的说法，夏至过后，天会一天比一天短。而每年的夏至，也是伏天的开始。

在此时节，农民要下田辛勤劳动，紧接着，需顶着烈日，起早贪黑地抢收抢种。窗外，传来蝉的鸣叫，真是"知了不知耕种苦，卧闲枝上唱开怀"。

人生面对的任何情境，态度都具有转变的力量。心中愉快，能使面容焕发；心情忧伤，则会困坐愁城；心胸舒畅，时时如享喜宴；心怀善意，才会温柔美丽。

任何人，都难以轻易踏上一蹴而就的捷径。有些路，要自己一步一步去走，苦也要一口一口去吃，脚踏实地努力前行，才是实现梦想最近的路径。

（2019年6月20日）

让生活多一种可能

上午女儿发来信息说,省建筑设计院有人打电话,通知她抽空去一下。那边要招收一名计划员,面试后就基本同意让她去,兼做些制作标书等方面的工作。才想起还是两个月前,去投过一次简历。设计院就在科技园区里,与我们小区一路之隔,当时想,如果能在这上班,靠家近,什么都很方便。

但女儿又参加了全省大学毕业生"三支一扶"招募考试,笔试面试,又去体检,被扬州市录取,也不容易。江都、高邮、宝应等,都在扬州城的北边,上月底岗前培训后,庆幸的是,她分在仪征,与其他地方相比,离南京最近。

利用周日休息时间,与妻子一起送女儿到仪征。单位分了间单身宿舍,前几年盖的,里面有一张床、一张桌、一个大立柜,墙上还挂着空调。只是长期没人居住,房门打开有股气味,地上积有灰尘。后侧的窗外爬满藤蔓,有好几枝已顺着边沿穿过纱窗,顽强地钻进屋来。那嫩嫩的枝头,正附着在墙边继续爬行生长。

去了就是搞卫生,赶紧行动。打开窗户,通风透气,几只花蚊趁机飞进屋来,再寻找,已无影无迹。将后窗的青藤扯下来,顺势再牵出去,让它们在外墙上自然生存。窗台上,也落满了枯叶,连同积累的尘土一并铲除。

对付地上的灰尘,先用干拖把一点点地拖,再轻轻地扫进畚箕,还是能闻到呛人的霉味,伴随的是肉眼难以看清的扑鼻灰尘。因为下午三点多才出发,到得比较晚,卫生没搞一半,就接到战友电话,要我们一起吃晚饭。

几家人聚一大桌。想当初,也就是二十一岁军校毕业分到仪征,营区就在市区附近,部队依然在,可自从离开再没去过。没想到时隔多年,女儿又分到仪征工作,她今年也才二十一岁。大家谈论过去和现在,无不欢乐开怀……

通知是让女儿周二上午去报到,所以周日晚还是随我们车一块回家。可能是酒反胃还是天气已转冷夜间睡凉席的缘故,那晚到后半夜,肠胃突然不适,到早晨真是顶不住。周一,妻子要上班,好在女儿在家,拿医保卡,挽我到小区门口打车去医院。

女儿帮着挂号取药,整整一个上午,挂了三瓶水,睡了三个多小时,醒来,水挂完,看女儿一直坐在床边。问她累吧,说不累,又打车挽着我的胳膊回家。睡了一中午,下午赶去上班。

昨天,开车送女儿去报到。单位领导和同事都很热情,说感觉像是送孩子来当兵,都表示让我们放宽心。

从仪征回来,把女儿放在那儿,妻子总感觉不放心。我嘴上不说,心里同样不舍,毕竟长这么大,一直没离开过南京。

时间不一定能证明很多东西,但一定会让人看透很多东西。努力,让自己的生活多一种可能,给自己的未来多一份惊喜。但愿女儿能尽快适应工作环境,提高综合能力,平安成长。

(2019年9月4日)

会带来意外之喜

女儿收到通知,让她去拿面试准考证。上次递交复审材料时去过一次,有八十多公里路程。女儿在微信里询问能否邮寄过来,对方表示必须本人去取,因为受疫情影响,还要了解考生近日是不是在南京。

既然这样,上午驱车前往。过石臼湖特大桥时,水位已经下降一两米,没了上次路过时那般触目惊心。那天,返回由女儿开车,一出高淳,就上了这座桥,当时阴雨绵绵,水天一色,眼前一片混沌。感觉水都快漫到桥面,仿佛车像船舶一样在水面上行驶了那么长时间。后来才知道,桥长近十三公里。

今天,晴空万里,蓝天白云与湖水泛起的清波交相辉映,令人心旷神怡。见前面车辆停下,有人下来拍照,我也选择一个合适的位置停靠。才下车,湖风呼啸,吹得我们发飞襟飘,似乎要把人刮跑。难怪湖面波涛滚滚。看我车停,随后,有十几辆车,停了一溜,大家都顶着大风尽情地拍照。在车内,开着空调,对外面的烈日狂风,真是一点也感觉不到。

到面试单位,女儿上楼去了,大厅里还是上次那位姓邢的保安,相互问好,给他递支香烟。他笑着说:"现在搞个饭碗不容易,前面可有人放弃的啊?如果有,能直接被录取就好了。"我告诉他没面试,还不清楚名次。

邢师傅聊起以前在另一个单位当保安时的一件事情:"有个山东女孩在上海读研究生,参加这边一个岗位的考试。结果出来,她第三名,单位只录取一个人,以为自己没有希望。"

老邢双手一拍,又说:"哪知道,第一名那个女孩跟男朋友出国了,第二名是个男孩,去了大公司,他想赚的是年薪。录用的名额自然就落到这个女孩头上了,她如果不来,就轮到第四名考生。那时,我们这儿还是县,离南京又远,她也犹豫,给我打电话。我就介绍这边情况,马上县改区会发展得很快,劝她女孩子有个稳定的工作多好啊!她听了我的话,因为路太远,跑一趟不容易,她那次来的时候,把材料分成几份,标明序号,存放在我这里。什么时间需要到哪个部门交哪份材料,只需要在电话里讲清楚,我帮着跑一趟,比她从外地来要方便得多。

她来上班后,非常开心。山东人喜欢喊叔,她多次打电话或跑过来说谢谢邢叔,并提着东西,我一样都没要。人家一个小姑娘在外地,平时生活也不容易。"

他本是当笑话讲讲,但其中不仅说明那女孩运气好,更说明自己努力并敢于拿决定更重要。事情已经过去五六年,区划调整时,当初的县已经升格为区,地铁轻轨直通南京,城区面貌焕然一新,那位山东姑娘应该早已适应这里安逸的生活和工作环境。

邢师傅总是面带笑容,平时为人也十分热情。对大楼进进出出的人,该问询的一个不漏,看到熟悉的人总以高淳话打招呼,那种特殊的语言,外乡人半句也听不懂。能无偿地帮助一位陌生女孩，真是一位乐于助人的好人。

心若美好，自有光芒。他虽然只是位保安，但所有人经过门口，对他都很客气，这应该是发自内心的善良在起作用。善良，是人身上最好的风水。点滴善行里，藏着他的运气，在不可预知的未来，往往会给他带来意外之喜。我们都应该努力做一个善良的人，只有善良的品行，才能塑造美好的形象。

返回途中，又过石臼湖特大桥。网上相传，这里是世界最美的地铁站。轻轨在桥上飞驰而过，仰望天边云卷云舒，俯看湖中碧波荡漾，心情格外舒畅，恍如走进美好的梦境之中。

（2020年8月12日）

万事只求半称心

如果自己不发文章，就难得翻看朋友圈。一是眼睛吃不消，二是里面信息量太大，知道不少内容都很好，可根本没精力阅读。

因为前面发过一篇，自然要看好友的留言，简单回复，也是个礼节。随手翻到中公培训班的一位老师晒出了自己的成绩，他是句容人，说难得回去办个培训班，应该是上周末的这次面试，通过他培训的班上有八人通知体检，开心地表示，难得回家乡办班，也对得起乡亲了。

早晨看过，没有吭声。清晨，洗漱后默默地去上班，看城市美丽的天空，看马路上车来车往，看匆匆赶路的行人，一切都是那么自然。心中止不住地在想，女儿也参加了这次面试，那个岗位录两人。前面笔试成绩她在第二名，与后面一名仅差0.3分，如果人家在面试中稍微多一点，就会被赶超。

前些日子，为了交材料及拿面试通知书，去过两次报考单位。路程是有点远，心中也犹豫不决，权当是锻炼。笔试没参加培训班，有幸进了面试，也征求过女儿意见，要不要报个班，最后她还是决定顺其自然，就没去交培训的钱。

面试结束的现场，女儿碰到笔试考第一的，年龄挺大，应该是当地人，具有一定的工作经验，在所有面试成绩中，分数到八十，他也是唯一。又想起上次去取通知书，还有人带着孩子去的，这样的考试，多么不容易。还是考虑远了点，要穿过被称为天空之镜的石臼湖大桥，同事则说："我那天到城里办事，车子一堵就是一个半小时，那点路算什么啊？"

也在想，句容那边都通知体检了，考上的人毕竟是少数，像女儿这样，没去培训，没接到通知也很正常。那样，可以一门心思考研，只要努力，照样有前途……

上午快十点，正上着班，女儿发来一条网址链接，并发来"考上了"三个字。打开网页，是参加体检的通知。我马上回了"恭喜恭喜"四个字。知道消息的同事，也开心地说恭喜恭喜。谁都知道，现在孩子找工作的难度。

人生就是这样，有时越想得到什么就越难以实现，而不去刻意追求，却在不经意之间得到了。古人有言："有心栽花花不发，无意插柳柳成荫"，说的也就是这个道理。只是，若想得到回报，都需要在不为人知时真心地付出。

一门不到一门黑，不经手就不懂其中的奥妙。以前，也曾怀疑，事情想要办成，后面都有关系。在中国传统世俗的社会里，似乎没关系就寸步难行。这次面试之前，我也问过一些人，但没得到任何有用的信息。

下午，到一个朋友办公室。他说周末两天，一直在考场当面试官，而之前他一直没说过。"小孩进考场，从举止动作，一看就知道是不是参加过培训，但这只是个印象，关键还是看答题。两道题答完，是不是说在点子上，就知道肚里有没有货，考官给的分数都大差不离。"

回家与女儿聊起,在考研和工作上,还是要尊重她的意见。她也清楚目前的就业形势,并说:"就是研究生读完,想选择单位,依然得考。可以边工作边学习,如果研究生考上了,还要等明年九月份才能开学。"现在的年轻人,考虑问题比我们周全,家长的操心真是多余。

"一切都是最好的安排。"而我,有时却很焦虑。其实,凡事要看远一些,万事只求半称心。每个人都不要在意一时的落后,跑得慢的不一定会输,而领先的也要保持警醒,再接再厉,为了更好地前进!

（2020 年 8 月 20 日）

来了就是情分

晚上散步到九点多,让妻子女儿先上楼,我还想在小区转几圈。

十点多的时候,见妻子急匆匆地从反道找来,说家里停电了,找了对门和楼下的问也没搞清什么情况。我看家家灯火通明,进门一看,家里照明灯也都是亮的,怎么会停电啊?

妻说,回家后用微波炉热牛奶,热到一半停了,紧接着听到冰箱也停了,再看空调、电扇都停了。这说明,所有插座的电都已切断。我搬来椅子,打开总闸,摇晃控制开关,企盼着奇迹出现。

无奈之下,只好给装修师傅打电话。他是苏北人,十多年前,一位朋友介绍说木工做得非常好,为我装修房子,那时,他两个儿子还在上学。五年前,还是请他装修,小儿子已是他身边的强劳力。我从没拖欠过他们,所以每次联系都很客气。去年一个水池上的龙头坏了,他儿子换了个比原来小的龙头,弄好后给我张收据,350元,后来,听人说30块就能买到。上次一个淋浴龙头出问题,便自己到五金店去买来,请他安装,明显感到他的不高兴。

所以,电话中,他叫我自己再将控制开关进行开合,无济于事。只好再打电话,他很不情愿地说这么晚了,你们找别人吧。

电的问题，没有图纸，请谁能干呢？物业肯定是解决不了。天很热，没电的话，热水器用不了，一家人都没法洗澡。

再次站到椅子上一个个地弄那控制开关，没一丝反应。烦闷地在屋里来回踱着步，怎么办？只好第三次拨通他的电话，还是不情愿，言语中我已表露出急躁与恼怒。这时，妻子把手机抓过去，客气地耐心劝说。师傅答应了，但要我开车去接。他住哪里不清楚，让他打车来我付费。

不到半小时，很快就听到敲门声。电笔测量，确定控制开关坏了。这么晚，到哪里买呢？记得附近街区有个卖水龙头的小五金店，便赶紧驱车前往，还真有。更换，通电，听到冰箱的响声，很是兴奋。

我问是打车回还是要我送，他说其实不远，但打的收了17块钱。给他100元，并提着下午买回的一个大西瓜陪他下楼，开车相送。路上，听说他晚上九点多才回家，两个孙子都在身边带，我打电话时刚上床休息，每天一早五点多就要起床赶往工地。

送他到住处，已是12点多。唉，他们也真不容易。再回想一下，如果带着怨气与愤怒来处理问题，肯定是于事无补的。生活中，当有一人发怒时，最好是有另一人能主动客气地劝导。不论对方做得怎样，自己的言语都不能故意伤害人家。

人人都希望获得尊重，来帮忙是他的情义，不来是他的本分，来了就是情分。来与不来都是他的权利，而不是谁命令的口气所能决定。

（2014年7月25日）

端稳手中的饭碗

家里原来用的是电信网络,每月包上网 150 个小时,与固话捆绑在一起,每年要交一千几百块钱。我是从不管家里的收支。每晚临睡前,妻子都要问电脑网络可关了?因为一旦超时,她就要多交不少的电话费。

听同事说,他们家的网从来不关闭,每年也只要两三百块钱的费用。前几天我回家说起此事,妻子咨询后,到移动营业厅预约昨天来安装,就可把电信的退掉。

她这两天休息,可等了一天也没人来安装,打了几次 10086 只是答应联系,却没下文。月底业务繁忙,可以理解。上午妻子又去移动营业厅,安装人员才接到通知中午就上门。看小伙辛苦地忙了半个多小时,茶都没顾上喝一口,装好,调试,一切正常。

两点多,妻子又匆匆赶到电信营业厅去退订网络,一直排到六点多才办好。今天是月末,将本月 99 块钱费用交清,二月份就不用再交这个钱。居家过日子,能省点就省点,只是家里的固话从此就用不起来了,当年可是花了三千多元安装的啊!

晚上边看新闻,边给朋友回个微信,网络显示是连接的,可消息怎么也发不出去。关闭电源,重启再试,照样没有反应。好在中午接过安装工人的电话，打过去，他说住在雨花台区，离得远，只有明天再来看看。接着，他又说可以按"猫"后面的提示，重新设置用户名和密码，还真连接上了。

一个人的知识，通过学习可以得到，一个人的成长，就必须通过磨练。小伙是淮安人，很年轻，他不仅很敬业，做事麻利，而且对业务十分熟悉。

不论什么人，不管做什么事，都应像这小伙一样，干一行爱一行专一行，常言道："端人家碗，受人家管。"做哪一行都难，安装工为了生活，不顾天寒地冻，风里来雨里去，他领着工资，一人在外独当一面，一言一行就必须都是为了公司。

不知小伙租住在雨花台区什么地方，晚上的通话中，还不断伴有老鹅或者老鸭的叫声。咨询他，一直在不厌其烦地解答，才让我能顺利上网。否则，只能是呆呆地看看电视，再到户外望望天狗食月，就早早入睡。

欧·梅雷迪思说过："我们的行动就是我们的最后审判人。"每个人都有两条路要走，一条是必须要走的，一条是自己想要走的，我们都要端稳自己手中的饭碗，先走好必须要走的路，才能接下来把想要走的路走好。

（2018年1月31日）

默默行动能诠释一切

下班回家，顺手将鞋子放阳台，借着灯光，看到鞋架下一汪水出来，还在往外漫溢。赶紧先出去关掉自来水总阀门，再回来移开鞋架，拿盆和抹布，一把把拧干，装了足有一大盆。

水是从阳台水池柜子下面冒出来的，手摸连接水池的三角阀和软管，都带着水。真应着水电工的预言，他曾经说过，几处的阀和水管都该换，有人在家还好，如果人不在家，麻烦可就大了。

联系物业管家，预约明天上午九点上门修理。可又一想，天这么热，晚上肯定要用水，总阀不能一直关着啊。而且，明天上午哪有空呢？还是请人家帮助及时维修。

新安江街上有一个小门市，专门卖装饰材料。先把东西买回来，再将师傅请进门。他姓唐，检查过后，说因为下面还通小热水器，需要三根软管，原来连接的其中一根旧的好像还能用，对付着也行。

唐师傅做事踏实，偌大的个子躺在地上，脸朝上钻进水池柜子里卸下软管和小厨宝。想起储藏室还有三个旧三角阀，其中一个虽然拆过但外表完全是新的，他就把这个认认真真地安装好，刚买回来的还可到店家退回几十块钱。

打开总阀门，发现还在滴水。他又将接头处重新拧紧，可水滴仍然没停，只好又卸下三角阀，"哎呀，这个是坏的。"没用的物品真应该及时扔掉，现在导致又要重新安装，平添不少麻烦。唐师傅满头是汗，没有一句怨言。

快妥时，他手机铃响，以为又有哪家要维修。他说："是朋友打来的，约着几家人今晚一起聚聚，他们都在饭店等我。"但他没有因此就着急，而是依次安装完毕，再仔细检查是否漏水，看柜子里接小厨宝的电线拉得零乱，又耐心地卷好，再从工具箱里找出胶带缠紧，一切收拾得妥妥帖帖才起身……

水火无情。唐师傅说："你家只是轻微滴水问题，去年小区里有一户因为没人在家，水从房里漫出，流到门外，淹到电梯井，烧坏电机，问题到现在都没解决。今天六幢那家厕所阀门爆裂，水喷得哗哗响，好在他家孩子在家，急忙给家长打电话。"

员工能力与责任的提高，是企业成功之源。唐师傅临走前还叮嘱："金属类东西，时间长了生锈腐烂，一定要提前检查，及时更换，防患于未然。"

从他身上能看出，把为别人做的事当成自己家的事去做，兢兢业业，就没有做不好的。每个人在各自岗位上尽职尽责，无须豪言壮语，默默行动会诠释一切。

（2019年7月3日）

懒惰时近弱智

梅雨过后，说热真的就酷热难耐了。

这几天，妻子总在催着我要请人来家里清洗空调，自从搬过来一直都没清洗过。记得去年的夏和冬，刚开空调时会有浓浓的焦糊味，我总是说开几次就会好的。果然，每次用过几天，也就没什么怪味，便习以为常了。

而这次，耳边总有妻子的催促声，她说女儿马上就要从学校回家，还说空调长期不清洗里面会有细菌的。

有件事情总被催促着，心里必然不耐烦。到办公室偶尔也就说了出来，同事小王说每年他都是自己动手，要清洗消毒两次，看上去大大咧咧的小伙，却将清洗方法讲解得既简单又详细，还说超市有空调消毒液销售。

忽然想起，住在以前那房子时，我每年也将挂机和柜机空调都打开清洗过的。搬到新房子后，房子还是新的，感觉空调也一直是新的，既然是新的，有什么好清洗？然而，光阴如风般飞去，转眼间，已搬来居住整整5年。

中午，我打开空调盖，取出过滤网，才知道那是怎样的一个脏字！网上已沉积了厚厚一层灰和絮，虽轻轻地取，仍纷纷地飘。

放在水池中泡，水立时成了黑色。几遍刷洗，才知道这网的原色也是这般洁白。

再看空调外壳或深或浅的图案，一直还以为外观的彩绘挺漂亮。没想到湿帕一抹，挂机外表除一商标，应是洁净的乳白色。擦拭挂机顶部时，才知道上面是空格，积尘纷纷落入加热片上。以为外壳封闭，开机时才打开，好无知。若知道上面是空的，怎么也得弄罩子哪怕一块布盖着。长年累月，有多少灰尘会落向过滤网啊！

妻子下班专门到超市买回清洗空调的消毒液，先对两个房间的空调进行消毒，安装已晾干的过滤网，开机，打开门窗通风，半小时后，消毒液挥发完毕，关机。

已到晚上不开空调则无法入睡的时节。伴着习习清凉，安然享受着盛夏夜晚的美好时光。

很多事，真想干总会有办法，不想干总会有理由。其实，还是潜意识里的懒惰在作怪，一旦懒惰，哪怕遇到再容易的事情也会推托。殊不知，在这样的推托中，不仅会一事无成，还会让自己渐渐地变得弱智、痴呆、愚蠢！

勤奋，能创造智慧。虽然在日常生活中没有多少智慧可言，但，再小再简单的事情，只要做成，同样也能收获一份快乐，或者得到家人一句赞誉的话语。

（2014年7月13日）

也不失为一种富有

对门是位已退休的老领导,看我在楼下球场运动,也走过来一起伸伸腿弯弯腰。虽然就住在对门,每天上班下班,门不同时开,就难碰到,更难得闲聊,所以见面就很亲切。

教他八段锦、六字诀,动作简单,做起来很方便,到太极拳的套路,只能做个摆手云手的动作。他做不起来,我也不好动,便停下来聊天。聊对小区管理的建议,聊他退休后的生活,也聊对社会的看法。

聊天,最浪费时间。感觉没一会工夫,一两个小时就没了。套路没打,还是打个招呼就离开了。每个周末,感觉某个时间段的事情都安排得满满的。

上楼吃早饭,妻子还是要正常上班,匆匆下楼去单位,女儿准备收拾好东西,就到金陵图书馆去看书。我还没吃完,肚子就开始从没有过的隐隐作痛,并逐渐加剧。可能昨晚吃的什么串串还有火锅惹的祸?或者是早上闲站在球场,肚子已受凉?应该躺一会就好。到卧室,默默地蜷缩在床上,盖薄被就出汗,掀开又感觉冷,反反复复,左右不是。妻子来电话,应该是安排我们中午吃什么的,知道我肚子不舒服,说赶紧服药。

女儿还没出门,应该也是接到她妈电话,进来问:"爸,你怎么了?"便去找药,把开水倒在大碗里凉了后端来,"把药吃下就会好的。"虽然肚子不舒服的感觉无法描述,但有女儿的一声"还疼吗"的问候,还有细心的端水递药,痛感明显减轻。

恍恍惚惚不少时间过去。"肚子不能受凉哦,如果盖被子嫌热,就盖件衣服吧。"女儿找了件薄衣搭在我腹部,不知不觉,就睡着了。偶尔听到进来的脚步声,但一直朦朦胧胧地睡着。

一阵紧似一阵的军号声响起,竟然是中午一点半的闹钟,赶紧爬起来。女儿看我睡得香,便没有喊醒,自己先吃过午饭。

一大碗面条被我消灭完,精神明显好多了。已快两点,女儿才睡午觉,并说外面好大的太阳,叫我下午别出去了。

人,真是很脆弱。无论哪个部位不舒服,那种无可抗拒的痛苦袭来时,却无能为力,顿时会感觉自己不过是一粒尘埃,微弱得无声无息。

好在有温暖的亲情。女儿没去图书馆,她的言行,对家长也是一份慰藉。生活在于知足,人,其实不需要太多的东西,只要健康地活着,真诚地面对着,也不失为一种富有。

每天,在外面做什么,面对满桌菜肴能吃什么,都不能太随意。人活着,有了健康,不一定会拥有一切,但是没有健康,一切都不属于自己!

(2017 年 5 月 28 日)

还是没有扔东西

法定三天假日过后，学校图书馆也开放了。女儿考虑在家学习效率低，昨天已返校，说班上的同学节日都没回家。同样是为了心中的目标，主动去拼搏，这样很好。

妻子今天上班，自己在家不能闲着，总要找点事干干。目标瞄向了女儿房间，简易书架、书桌，还有桌子与书柜之间形成的正方形墙角。那角落里，堆放了不少杂物，一放就没挪窝。

这老式木桌，还是装修时请师傅制作的，五个抽屉和右侧一个小柜，里面全装满了女儿从初中至今的东西。桌面，也堆满了书和本子，可能是在部队待久了，眼前，最看不惯的就是杂乱。

正好有个干净的大纸箱，先整理简易书架，由下而上，一层层理好，将不用的书籍全装进箱子。再整理桌面，将可能有用的书本全挪到书架上，没用的装箱。

桌面清理干净，再整理桌子旁边也是当年木匠师傅帮制作的书柜，里面的书籍摆放得都很整齐，不用翻动。只清理因为摆不下而横七竖八随意立在玻璃边上的书。

重点还有平时眼睛看不到的那个墙角。将里面东西一件件拿出来，有鱼竿、瓷瓶、雨伞，还有女儿幼儿园兴趣班练书法时的笔墨纸以及小毛毡，都积满了灰尘。一件件擦拭干净，有的摆进纸箱，有的又回放到角落。

为了保证东西随时能找到，除了真正没用的小纸盒、废弃的塑料袋、过期的糖果扔到纸篓里，其余东西都按序收集。旁边，多了满满一大纸箱书本，用胶带妥善地封存。

椅子下面，怕磨坏地板，放着一块小毛毯。以前都是将毯子表面拖干净，从没搬动木椅将毯子抽出来清理过。当掀开毯子时，才发现地板上积下厚厚一层细灰。将毯子放到阳台的水池，冲洗多少遍，还是一池黑水，无奈之下只好扔到外面。毯子下面真是藏污纳垢的地方，不要也罢，只是既浪费了水又浪费了时间。

可能是习惯，用过的东西总是舍不得扔，于是，家里的杂物越积越多。其实，有些书几年不看，在书架上只是个摆设，有些东西十年不用，留着要么占柜子要么积灰尘，最终就成了废物。

物要尽其用，长期闲置，会填塞屋子，影响心理。发挥物品最大的使用价值并爱惜着，就不会浪费。相反，保存着不需要的东西，让物品的价值在角落中荒废，那才是真正的可惜！

我的这个小书房，也是杂乱无章，想整理，却一直没有信心。还有两天假期，是否能扔点东西，让书房变个样？

生活中，应该定期扔掉三样东西：没用的物品、过期的感情和内心的自卑。物质上用心使用，不贪多不浪费；定期扫除精神上的灰尘，不让过期与变质之物腐蚀自己的生活；摆脱自卑，充满信心，就能轻松地面对一切。

（2018年10月5日）

终于不用擦水了

坐在电脑前,已经整十点。虽然今年还有最后两天,但这一年的工作日,到今晚下班已经截止。

回想这些天,真是心力交瘁。上着班,中午和晚上下班后就急着赶回家,进门就直接奔到厨房,要处理地上不断冒出来的水。

这地上莫名而来的水,前后有半个多月了,原来是打开热水器的龙头洗菜时,柜子里的板子上会积水。后来就不敢旋转那开关,柜子里是干净了,可地板上却有水。

那天,妻子起来看到厨房地面上积满了水,喊我赶紧起来。用毛巾挤出几盆子水,那水,冰冷刺骨。请物业的水电工来修,换了三角阀,当时感觉是好了,再也看不到有水滴,可燃气灶台下的地面瓷砖上却不断有少量的水漫出来。

于是,厨房里专门备了两条大毛巾,铺在地面,每天清晨看到毛巾已浸透,知道看不见的柜子下面瓷砖里又有水,总要挤出一大盆,中午和晚上回家同样如此。

又叫物业的水电工来看过两次,总查不出原因。昨天,只好打电话给原来装修的师傅,他二话没说,直接就从江北的工地上带一位工人赶来。看到水池下面的软管老化,以为会渗水,换好,等地面干了，他们才回去。

可我昨晚下班回家，地上又有水。只好擦干，到晚上睡觉前，再擦一次，出门将总阀门关闭。早晨到厨房看地面是干的，心想还是自来水管的问题。起床要用水，打开户外阀门，再看厨房地面，又有渗出的水！

又给师傅打电话，两人一早就赶过来。我要上班，留他们在家排查，中午下班回家，还没找出原因。师傅说可以排除是自来水管的问题，这就与昨晚关闭总阀后地面无渗水的现象相违背。

两人十分辛苦，拆卸柜子，轮流钻进去，砸开下面封闭的总下水管道，直到下午四五点钟，发现贴着管子的砖块早已湿透，时不时地有水从那总管边沿渗出，说明楼上有人在用水。他们又拆开天花板，顶部是干的。

还是当初装修的师傅想到，下水总管上面有接头，时间一久，可能腐蚀。两人又轮流砸上面包裹管道的墙体，才真正在那缝隙处找到了出水点。

回想一下，昨晚睡觉前擦干净后，如果上面人家没人再用水，地面肯定干净。忙了一天，最怕的是找不到原因。他们都说这是公共水管，物业应该要负责维修的。

小区引进的物业公司，每平方米每月要交三块钱的物业费。小管家知道后也很热心，但喊来水电工，以为我们会追究他什么，看到厨房乱七八糟的情景，当场就推卸责任。师傅与他吵了几句。我马上劝说，没让他们再争论，心想只要不再冒水，就谢天谢地。

进入这种整天冰都不化的寒冬，每天要抹干地上的水，是件很痛苦的事情。原来还以为是渗出的自来水，没想到竟然是楼上人家厨房下水管道的脏水！

  下班回家，看师傅用胶暂时将那渗水的地方封好，说晚上再观察。吃过晚饭回来，看地面是干的，把卫生彻底搞一遍，已是好晚。虽是寒夜，却忙了一身汗。

  再看一遍，地面洁净，终于不用擦水，今晚应该能睡个安稳觉。住过来有十多年了，与装修师傅没事也从不联系。感恩有这样的朋友，问题解决，很是开心。

（2018 年 12 月 29 日）

当思来之不易

为了不让我喝白酒，不知什么时候，妻子在网上查找资料，自己学会了酿酒。试验成功后，吃完就做，那酿出的米酒，又香又甜。从此，我也就不再饮用高度白酒了。

做米酒的原料，首选糯米。去年春节，女儿买了几袋上好的粳米，做的饭如糯米一般。工作日，我们就餐都在饭堂。于是，妻子便用那粳米做甜酒，一样的香甜可口。待那米做完之后，这次，又用我们买的一种"晶之华"米配制。到时间起窝，蒸过的米饭却没变成酒。

天气炎热，及时盛出来放冰箱里冷藏。连续回锅煮着吃了几天，总觉得味道怪怪的。心想，煮熟的米饭，在窝子里闷了两三天，又放回冰箱，该是要变质的。怕吃坏肚子，我说不行还是不要了。妻子说："这么好的大米饭，扔掉多可惜？"还是一次又一次地盛一小碗，回锅煮透再当早点吃，也没觉得有什么问题。

回想小时候，只有过年过节，才有白花花的大米饭吃。平时，锅里都是红薯米或青菜粥。上初中后，每周都要带米交到学校，伙房称过重量再换成饭票。哪怕家里米再少，母亲也要省出来。有时缸里真的粒米皆无，母亲就到邻居家借两三斤交到我手里。

初中三年，住校，带一小瓶咸菜，要吃一个礼拜。每天，早晨一两稀饭，中午和晚餐都是各二两干饭。有的同学要抄我作业，主动给我饭票，但我从来没要。有人就会在吃饭时多打二两，说吃不下倒掉会浪费，一定要拨给我。

学校离家有三四公里路，每天中午也会跑回家。到家就进厨房，不指望有大米饭，若有杂粮粥，能填饱肚子就很满足。有一次，灶上和锅里都是空空的，父母到地里干活去了，四处都没找到食物，只好又饿着回学校。

在路上，为了充饥，就采摘路边的野果。从家到校，要渡过一条河。那天，快到河边，肚子开始隐隐作痛，同时又饥又渴，到了水边，捧起河水就喝。没一会，胃里发痛，浑身直冒虚汗，双手捂住或紧掐肚子也止不住，根本没法游泳过河去上学。

当天下午，静等肚子能好，可趴在河边的草坪上，等到太阳偏西，依然无力站起。那天，实在没办法，一直从河边沿着田埂小道往家的方向爬。在村前田畈上的那条小道，抬头能看到家，平时跑着两分钟就能到达。可那天，爬了许久，仍感觉还在原地。幸好迎面遇到邻村的仁贵爹爹，他是收工后提着几个鸡蛋到枫树大队小卖部去换酒喝。

仁贵爹爹问："伢哪，这是怎么回事啊？"看我无力回答，他没去大队小卖部，而是二话没说，直接背起我。在回家的路上，因为肚子疼得控制不住双脚乱踹，到家时，他袋子里的鸡蛋全弄破了……

后来听人说，那次是因为吃野果，造成食物中毒。上军校时，吃桌餐，开始在班上，十个学员一桌，几个菜很快就一扫而光。

选到学员队里当文书,与三四个队领导一起,那个桌上常有剩菜。但打进碗里的米饭,肯定都是吃得一粒不剩。

在南京定居,生活条件越来越好。不过,多年的习惯,在单位饭堂,打进盘子里的饭菜,从不剩下一点。如果看到有人吃一半剩一半,十分反感,有时会当面直接不客气地讲。成家后,有了女儿,靠母亲一直在这儿带着,她更是一粒粮食都舍不得浪费。如果晚上家里有吃剩的饭菜,我们说要倒掉,老人会骂道:"你们不怕雷打哦!"总是装好放冰箱,第二天热了再吃。

一粥一饭当思来之不易。饱时省一口,积少成多,遇灾不愁。母亲常说:"一粒米要消耗农民九斤四两力,九粒米能救活一条命。"说的不知真假,我们无从考证,但节约粮食的观念在我们家已然形成。女儿也传承了这样的习惯,哪怕吃饭时有一粒饭掉到地上,都会捡起来用水冲一下再吃下去。

一大碗没做成米酒的白饭,哪怕放了好多天,还是舍不得倒掉。妻子说:"只要不坏肚子,煮着吃下去有什么关系?"

(2020年8月23日)

煎鸡蛋的香味

还是上周五下班时，经过超市，买了一塑料罐鲜牛奶。随后的周末两天女儿在家，我们一起喝了两碗，剩下的放冰箱。

一人在家，想起来就热了喝，直到昨晚，那罐牛奶倒出来还有一大碗。保质期是四天，女儿说肯定不能喝了。想想倒掉可惜，热过，一口喝了下去。

喝完，就有异样的感觉，又弄几口热水压压，心里想着肯定没啥问题。哪知睡到半夜肚子剧痛而醒，一身汗。胃真是很敏感，应该是急性肠胃炎。

一早起床，煎只鸡蛋，煎得比较老，加点盐，再加水煮沸，汤变白，趁热，连蛋带汤一同吃下，肚子就好了。这还是以前看母亲以此办法给家人治拉肚子的偏方，屡试不爽。

以前，谁有头痛脑热闹肚子等，家中都没有任何药品治疗，全凭土方子。记得小时候，大约也是这个季节，有一次父亲拉肚子，但因为是壮劳力，不能旷工，还得下田干活。

农忙时节，家长清早下田，家家户户的小孩要送早点。母亲在家煎了两个鸡蛋，连汤带面装满一大蓝边碗，放进一个小箩筐，吩咐我赶紧送到田间，让父亲趁热吃下。

不论送的是什么早点，大人们吃着吃着，总要剩一点，让小孩吃完再回家。出门时，妈妈交待说："让你爸一定要把两个煎鸡蛋吃下去，能止住拉肚子。"

人一旦拉肚子，再强的身体，也经受不起。可父亲递过来的碗里，还剩下一个鸡蛋，记着妈妈的话，就是不接碗，一定要他吃完。"这伢怎么不听话，我吃一个就好了，快点吃掉回家，早饭后还要上学去。"

对三个子女，父亲一直要求很严厉。到学校都很开心，回家见到他就像老鼠见到猫似的，很少有语言交流。既然他要我吃，哪敢不吃呢？

至今还记得，那煎鸡蛋的香味。而那时，鸡蛋都是送到供销社兑换油盐和针头线脑等生活必需品，或者卖钱积攒在那里，等着开学时交学费。除了过生日的早晨，一年到头也难得吃上一个。

都说孩子无假，如果身体不舒服马上会表现出来，若是假装，也难逃大人的眼睛。一天放学回家，实在是馋得想吃煎鸡蛋，双手抱着肚子说不舒服。正在烧晚饭的母亲摸摸我的脑门，再看看我的眼神，蹲下身来说："你爸每天要做重体力活，如果身体不好挣不到工分，我们吃什么？小孩千万不能说谎，身体好好的，哪能说不舒服呢？"听完很是羞愧，在幼小的心灵里挥之不去。

不过，如果我肚子真的不舒服，哪怕家里没有鸡蛋，母亲也会急急地跑到邻居家想法借两个回来，煎好后慈祥地看着我吃下……

女儿早上起床后，开心地祝父亲节快乐。我只记得一年三节，其余什么节，从没想过是什么日子。她找出黄连素给我，快到中

煎鸡蛋的香味 | 167

午,还回学校去参加同学聚会,出门前问我肚子可好点了?我说吃下煎鸡蛋,马上已正常。

耳畔,传来一首千百惠的《想你的时候》:"当我想你的时候,我的心在颤抖,当我想你的时候,泪水也悄悄地滑落……"这应该是一首经典爱情老歌,亲人之间,应该拥有更深一层的爱情!

(2018年6月17日)

留给鸟儿的食物

清晨拉开窗帘,屋外雾气一片。这样的天,就不能勉强去锻炼。临窗而望,各色小鸟正在楼下的树枝上欢快地摇头翘尾、叽叽喳喳、飞来飞去。

小区院里还有很多野梨树,这种梨子不能吃,熟透了就自然落地。鸟儿聪明,看人不吃的东西,也不会去碰的。枝间,一只只大大的野梨依然顽强地悬挂着。

一片枇杷树的枝梢,一朵朵含苞的小花结成一团又一团,正准备迎冬开放。待到冬去春来,枇杷果将会缀满枝头。初夏,果子刚泛黄,就有不少居民边摘边吃。看着高处的串串熟果,还会有人用长杆绑着钩子,双手高举,设法摘取。

看他们吃力地够着,本质上,是看到了人的贪心。其实,枇杷刚泛黄,还很酸涩,小鸟都知道,绝不会啄食。真正成熟是黄且泛红,甘甜可口,但只剩下长在高处枝头,唯有飞鸟才配享受。

在炎夏,特别是在枇杷真正成熟的季节,鸟儿叫得最欢快。

据载,韩国北部的乡村有很多柿子园。金秋时节,果农采摘结束后,有些熟透的红柿仍然留在树上,成为乡村一道特有的美景。很多过路人觉得可惜,当地人则说,无论留在树上的柿子多么诱人，都不会去摘，因为这是留给喜鹊的食物。

原来，这里是喜鹊栖息地，有年冬天下了很大的雪，几百只喜鹊找不到食物，一夜之间都冻死了。第二年，柿子树重新开花结果，但这时，一种不知名的毛虫泛滥成灾，造成柿子几乎绝产！

从那以后，果农每年秋天收获时都要特意留下一些柿子，作为过冬食物，吸引许多喜鹊来这里躲过冬天。喜鹊懂得感恩，春天也不急着飞走，整天忙着捕捉树上的害虫，从而保证了柿子的连年丰收。

在遥远的以色列，每当收割季节，靠近路边的庄稼地四个角都要留一部分不收割，任何人如果需要都可以享用。犹太民族认为，是神给了多灾多难的他们以幸福的生活。这种方式，既是报答神，更是为了拯救那些没饭吃的贫困路人。

自己种的庄稼，都能留一点给别人收割。因为他们懂得，给予能获得精神的快乐，分享是一种感恩和美德。

自然界的一切，都相互依存，大家一荣俱荣，一损俱损。小区公有的枇杷树，居民为何偏要极力去摘取呢？有的实在够不着，就生生地把树枝拽断，不仅伤了树，看着也不美观。愿我们都能爱护自然和环境，在这样雾霾重重的早晨，谁不向往蓝天白云的情景？

给鸟儿留点吃的，其实就是给自己留下希望和生机。每天清晨，听闻小鸟叽喳，是一种享受。各种小鸟此起彼伏的鸣叫声，是对这个美好世界的祝福和歌唱！

（2017年1月8日）

在米兰的清香中醒来

昨天下午,正接着电话,办公室门外的走廊上有人推着花卉,平板车上满满的绿植。师傅探进头来说:"你的两盆米兰送来了。"放下电话问多少钱,他已迅速搬进房间。

转念一想,虽然是个人买的花,如果自己从办公室往楼下搬,让人看到也不合适。便请师傅帮忙带下去。他答应送完车上的货马上过来。很快,他真就满头大汗地又到门口,说现在就搬吧。

问他是否可以微信支付,师傅说:"没关系,等会到车上用我女儿手机,应该可以。"匆忙下楼,还是到马路对面的邮局,从妻子那里取六十块钱现金,直接给他,避免手机支付的麻烦。师傅收钱后,看花摆楼下也不妥,问我住得有多远。得知开车也就两三分钟,他说干脆送回家。

路上,才晓得师傅姓王。他说:"我上午要忙一个单位饭堂,只有下午出来送送花。无论是送到办公楼还是送到家,都是我的职责。"这样一来,他一早就到市场采购,夫妇俩忙好食堂的早饭和午饭,又马不停蹄地操持着一个小花卉市场……

还是清明前,阳光正好,温度逐日升高。就匆匆地利用一个周六下午的空闲,将养了五六年的两盆米兰端到屋外空地上换盆。

因为去年偷懒没换土，长势明显不如之前几年。换好土，摆在内阳台，等待的却是枝叶日渐枯萎。

一次，在电梯里碰到师傅在搬花，随口问了句他那里可有米兰卖，说有。便请他下次来顺便带两盆，告诉了办公室的房间号。家中那两棵早已连根拔了扔掉。通过一位战友打听到这位师傅还在他们单位烧饭，说他家的花卖得不便宜，不如到花卉市场去买。

好几次也想到哪个市场去逛逛，还给安德门那位熟悉的花市老板去过电话，客气地答应让我去拿。但心想与这位师傅说过，如果哪天真送来呢？养两盆是个意思，多了也不能当饭吃。

小阳台上，一盆去年的荷花，又泛出葱郁的田田绿叶，其他花盆零乱，不少还空置。进入梅雨季节，闷热潮湿，更不想去收拾。

一晃，就过了好几个月，以为上次在电梯里只是随口说了一句，他没当回事。师傅笑着解释："我是等把米兰养开花了，才给你送来的。"没想到他那么讲信用，真是难为人家。更惊叹于他有那么好的记忆力，还能一直记得房间号。

王师傅做事利索，说话也很快。几分钟的路程，叮嘱说米兰必须在清明后半个月，也就是过了谷雨，不再有倒春寒才能换盆。而且，换盆时，土必须干燥，换好土再把水浇透。

回忆清明前，当时以为天暖和了就把花盆端出室外，又特意用水把土泡湿了才换盆。难怪，再怎么呵护，那两盆米兰也无力回天。好在等待之后，师傅还是送来一份惊喜。

临别时，王师傅给了几小瓶营养液，并一再交待，这两盆就放在客厅里，等过了三四天土质自然干透，再将塑料盆剪掉，直接装进自己的花盆里。空隙处，同样填上干土，压实后再浇水……

　　米兰没有鲜艳的花朵，只有那如小米般的朴素花粒。昨天下班回家，客厅清香四溢。为了减轻外面地铁施工的噪声，卧室窗户关闭，睡觉时打开房门。清晨，在一阵阵从客厅飘来的米兰香气中醒来。这样闷湿的季节，起床看一眼色彩金黄的米兰花，心情也自然能获得一份愉悦。

（2019 年 7 月 2 日）

一切美好事情的源泉

今天周四,是中华民族的传统佳节端午。昨天给母亲打电话,能感觉老人是想我们回家的,可这三天都要值班,要求人在南京,电话畅通就行。母亲听说我要值班,马上就说,工作上的事情要紧,有空再回家是一样的。

我也很想回家,毕竟妈妈已是八十多岁的人。可电话那头传来:"我身体好好的,觉也睡得好,你就不要操心了。你们自己要注意身体,把单位的事做好。假期不要到外面乱跑,就在家好好休息……有些事急不来,一定记着要保持好的心态。"听着母亲的嘱咐声,心里也能得到无比的宁静。

小长假的第一天,起床吃过妻子煮好的酒酿鸡蛋。按风俗,老家的端午节早餐要吃粽子、桃子、蒜子、鸭子(鸭蛋)、鸡子(鸡蛋),寓意五子登科,便与妻子说,她就马上要到菜场去,我本准备去买回来再锻炼。"算了吧,上周让你买三个红辣椒,就有两个是坏的。"听她这么一说,回想那天买辣椒时,还专门挑选过,应该都是好的啊!

正在晨练,女儿在楼上喊,要我回家吃饭。早饭的桌子上,真的什么都有,还多了妻子自己酿制的甜酒。门口,摆着她刚买回的菖蒲和艾草。

小时候,住的都是平房,容易孳生害虫,因此人们格外重视借端午来"败五毒"。节前,每家就将厅堂打扫干净,门旁或瓶中插上称为"蒲剑"的菖蒲和艾草,以消灾祛病;还要用雄黄酒在小孩额头上画"王",在耳、鼻孔处涂搽,以防害虫飞入。

既然今天休息,也要认真地搞一次卫生。吃过早饭,甩开膀子就干,从客厅到房间,从窗台到柜面,从上到下全部擦一遍。还是年三十那天匆匆抹过,"五一"回老家,劳动节也没干活。

全部抹完,最后拖地,才发现地角线上蒙着一层灰。印象中,一直没有专门擦过。取来抹布,抹与没抹处,颜色区别很明显。干脆,继续弯下腰,将所有地角线都抹了个遍。

东西归类,拖完地面,又想到米兰等花卉。前些日子,黄梅季节,暴雨不断,便端了一盆放在内阳台,每进家门,就能闻到扑鼻的清香。可十几天过去,开始落叶,另一盆放在外面的,叶片泛着青嫩的光泽,随枝干在风中招摇。

清理完家里,就开始清理外阳台。需要从阳台小门钻出去,近距离地看着红艳的海棠、田田的荷叶、笔直的芦荟,还有几棵正在结果的辣椒……都长得郁郁葱葱,可惜面积太小。每天回家到阳台向外张望,心情都会十分舒畅。

所有的植物都需要阳光和雨露,包括卧室外花架上的吊兰,置于外面,任其生长,一盆比一盆长得好。到了夏天,那扇通往外阳台的小门很少打开,怕蚊子飞进来。今天是难得开一下,钻出去,再退回来时,冷不丁的,头顶还是撞到门框,生疼,却没去顾及。一切全部收拾完,洗干净,才安心歇息。

劳动，是世界上一切欢乐和美好事情的源泉，平日不劳动的人，一生就没有节日过。四处看看自己的劳动成果，虽然房子不大，三个房间比较舒适，小书房自然整洁，客厅窗明几净，看着，很是赏心悦目。

妻子中午忙了一桌子菜。南京的习俗，"过端午、吃五红"，所谓"五红菜"，是指烤鸭、苋菜、红油鸭蛋、龙虾、黄鳝。端午节的"吉"时在午时，至少八成以上的家庭，在此时都会团聚在一起共进午餐，谓之"赏午"，吃"五红"，以防毒辟邪。

天下没有免费的午餐，辛勤耕作的农民能收获丰硕的庄稼，勤奋踏实的人，才能拥有美好的生活。只要付出了，必然会有相应的收获。

（2020 年 6 月 24 日）

给别人让路也是为自己

看完新闻,正常情况接着要下楼转几圈。考虑天太冷,加上女儿今天与同学相约登过紫金山,说感觉脚已不是自己的,不愿再去散步。正准备早点洗了睡的,忽然想,清晨是骑车到单位,早饭后再去了另一个地方。晚上下班,直接把车开了回来。那么,自行车还没回来。便赶紧下楼,到小区对面取公共自行车,直奔单位门口。

路的对面,停着我的自行车。曾经,在菜场、站台、地铁口等,丢过好几辆新买的自行车和电瓶车。这辆,是妻子调来南京后,她同事骑旧换新时送的,看着很旧,却十分好骑,来我们家,转眼又是二十年。

感觉这车是一份朋友间的礼品,而不是商品。也有丢的时候,但丢了却没放弃,都连夜满街找,找到半夜,好在总是失而复得。

寒冷的天,它孤零零地立在路边,赶紧骑着回家。人行道,小路口,总有行人穿梭,迎面走来一位怀坐孩子的妇女。

孩子的脸朝前,如同四川人的小背篓转到胸前来了,又似外国人将孩子绑在怀中。这位母亲很年轻,边走还一手捧着手机,一手吃着零食。

遇到这样的情景，立即紧抓刹把，让过行人。否则，自行车冲上去，非撞到不可。听到刹车声，明亮的路灯下，那母亲嫣然一笑，怀中的小宝，似乎也十分快乐，小脸欢笑，手舞足蹈……

很多时候，我们会抱怨生活的艰辛和境遇如此枯燥难堪，偶尔还会遇到满身负能量的人。其实，人的一生就像长途跋涉，旅途中并不缺少美，只是缺少发现美的眼睛。

骑到奥体大街，十分空旷。空气好冷，双手不由自主地放进口袋取暖，直行、转弯自如，车辆破旧，性能仍好。若是公共自行车，试了好多次，双手瞬间都没法离把的。

曾经，女儿看过我双手离把，立即大声叫停。这种行为，不做为好。不能心怀侥幸，虽有十分把握，但谁能保证路面没个石子或小坑？龙头歪斜，车辆倾倒，只在瞬间。若真的倒地，受伤害的只有自己。所以，还是一定要把稳。

一天一夜一事，最简单的骑车如此，开车时更不能马虎。人生也一样，每个人，每天都不能没有理想，但凭侥幸，怕吃苦，没有真才实学，却去投机取巧，再好的理想也实现不了。

一个人要懂得戒律，该让时一定要让，给别人让路也是为自己着想。该停时必须要停，否则撞到别人，平添麻烦，害己害人。若是开车，闯了红灯，不仅罚款，还会扣分。

好冷的夜，把车停稳，心自安宁。池水塘中，欣赏过莲花出淤泥而不染，纷扰世上，从无后悔药，三思而后行！

（2017年2月10日）

乘着公交去旅行

南京的春天,像孩子的脸,忽晴忽雨,忽冷忽热。头天才几摄氏度,次日就可能蹿到二十几度。下午,接女儿电话说昨晚因为蹬被子,扁桃体发炎了。她盖的还是冬天的厚被子。问我晚上可有事情,若有空,就帮忙送床薄被子到学校。

下班回家,妻子已把薄被准备好。我说吃过饭就开车送去吧。她说就一床薄被子,可以拎着乘公交去的。为节省开支,别说开车,地铁都觉得要多花好几块钱。

地铁二号线从奥体出发,20分钟就直达南农北门。后来发现,有306路公交车能到学校南门。这边离小区很近,饭后,不紧不慢地赶到站台,总认为乘公交要等的时间是无法预知,没想到,很快车就来了。

有了地铁,就难得乘坐公交,第一次这样去女儿学校。现在的公交,条件很好。车厢整洁明亮,座椅纳布软垫,环境十分舒适。经过南湖等闹市区,不断有人上来,有老人有孩子,看他们都很开心。小孩的笑和老人的笑都是纯真无邪的,前者人生起始,心无所存;后者看透人生,心无所碍。

厢顶有公交发展史的广告,才知道南京上世纪30年代就有公交,不过是私营公司,由国民党元老张静江、吴稚晖、李石曾等人发起设立,首任总经理吴琢之。

80多年来,经过木质车、进口车、辫子车、双层车,到现在的环保车,已形成主干道、支路、夜间、城郊相结合的运营路线。目前,全市公交行业有职工20 000余人,营运车辆接近6 000辆,有400多条线路,长度6 000多公里,年客运量近10亿人次。

一路上,经过茶亭、莫愁湖、王府大街、秣陵路、户部街、新街口、月牙湖,40多分钟才到后标营童卫路,驾驶员说下一站就到了。

刚来南京时,从江东门到水西门,是一条窄窄的石子路,只有一趟7路车,若到夫子庙,人都能被挤扁。很多人上不了车,有的到站挤不下去。车上遇小偷,上班迟到,下班回不了家,都是常有的事情。当时,车票根据站数计算,一般是5分钱,很远的才一毛。售票员在车厢里奋力穿行,时而还要查谁在逃票,那是一种怎般艰辛的场景。

女儿从图书馆里出来,交过被子,我们就急急地往回赶,生怕误了末班车。刚到站台,306路就尾随而来。往返不到两小时,一路看看城市的夜景,感受着发展带来的便捷出行。乘坐公交,乘客也以老幼居多,虽然偶尔要等,但不像在地铁里上下奔波。

社会在进步,人生在变化。一辈子是场修行,短的是旅途,长的是人生。旅行,哪怕很短暂,偶尔也会遇到从前的那个自己。我们不能改变过去,但可以让未来变得更美好。时间过得很快,眨眼几十年,平时不能虚度,时间浪费了,生命就浪费了。

行在旅途,若车没来,等就等会儿,不要抱怨。一个人经历得越多，抱怨就会越少。这是一个有趣的现象，因为与那些整天抱怨的人比起来，他经受的波折可能更多。优秀的人总能看到比自己更好的，而平庸的人总是看到比自己更差的。

  人生中，要把握正确的方向，坚守自己的原则。比如浪费，或者不懂珍惜和感恩，等等，若发现错了一定要止步。如同乘车，如果错了方向，停止就是进步。可是，人，也总是很难发现自己的错误，有时明知错了，却欲罢不能，一错再错，那样终将悔之晚矣。

  两人来回坐车，才花四块多钱。节约是一种习惯，收入不多，就应该降低消费，妻子这种节俭的思想，应该赞同。

（2016 年 4 月 15 日）

阳光会自然蔓延

"五一"小长假,女儿一直在家或到图书馆学习。要想学有所成,肯定很累。返校的路上,妻子表扬她爱学习真好,而女儿说,其实谁不想玩啊?但作为学生,不学习还能做什么呢?

就是成年人,哪个不想玩?因为玩是多么轻松!但,轻松以后换来的肯定是空虚。只有劳动,才能感受到充实,且能收获因为付出换来的成果。

安妮宝贝说得很好:"任何一件事,只要心甘情愿,总是能够变得简单,不会有任何复杂的借口和理由。"学习哪怕辛苦,只要成了自愿的行动,就不会找理由推脱,而是通过努力获得好成绩。提升真本领,就会简单地感受到幸福。

朋友聊天时,听人谈到如今的社会,有一点小权的人,都会把手上的权力用到极致。比如,现在大学生入党名额减少,辅导员的权利就很大。但事实并非如此,从女儿在校的学习生活可以感觉到,一切都有标准,而且要民主测评,必须做到公开公正。

反过来说,在民主意识不断增强的大学校园里,如果真的是有人打个招呼就能照顾哪个学生,不仅直接影响校风,对孩子思想的成长也不利。毕竟走上工作岗位,还是要看个人能力。将来能走多远，不光凭关系，更要看素质和实绩。

当然，对于不谙世事的孩子，从小要进行正确的引导。如同一株小树苗，在经风沐雨中，可能会歪斜或弯曲，我们就要及时培土、扶正和剪枝。当它根系扎稳、枝干挺直，就能自我吸收阳光雨露，在大自然中茁壮成长。

看女儿高中语文老师发的博文，谈到陪幼小的女儿游泳后的感悟："话说回来，谁学东西不是这样呢？联想到如今所谓的'起跑线'，都是家长给自己设的困局，娃娃从来都有自己的节奏。"

我们都应该依照节奏，不要违背客观规律，才能弹好人生的乐章。该玩时要有意义地玩，当读书时，就好好学习。衡量一个学生，首要的肯定是成绩。当工作时，就要好好工作，取得业绩。不要在最该奋斗的年轻时光里，想那些安逸的事情。

社会纷繁复杂，自己要有定力。耳听为虚，眼见为实，纵然亲耳所闻亲眼所见，但不该说的，就不要多说一字一句。闲暇时，要坚持做有用的事，说正能量的话，不要传递消极情绪，不要把光阴浪费在抱怨中，而要把时间花在点滴的进步上。

学习、工作与生活，都不是容易的事。烦恼的事情有很多，可要守住内心愉悦，只要一个理由就够了，那就是热爱。热爱是最好的老师，只要热爱学习，就会有好成绩，只要热爱工作，就能收获成功，只要热爱生活，就能感受美好。

在每一个充满希望的清晨，告诉自己：努力，就总能遇见更好的自己。

（2016年5月3日）

家是藏爱的地方

网上看到一则消息,在镇江扬中宜禾路附近,一对母子骑电瓶车时被疾驶的汽车撞飞,碎片四溅,骑车男子腿部反向90度折断,坐在车后的母亲被抛飞十米开外。轿车司机逃逸,民警和周围群众赶到现场时,儿子哭求:"先救我娘!"

事发路段没有监控,没谁知道肇事车辆的车牌。但第二天,一位事发时路过现场的车主给交警送来一份行车记录仪录像,使案件迎刃而解。那司机已经涉嫌肇事逃逸罪,将受到严厉处罚。

丑陋遭曝光,美好的人性也会闪光。曾经看过一个故事,一位母亲带着两个不到十岁的男孩小王和小田,一个亲生一个继子。亲生儿子小王虽比继子小两岁,但小王经常为小田不尊重自己的母亲而干架,闹得家里鸡犬不宁。

一次,一帮孩子下河学游泳,这两小孩溺水。听到消息,她拼命地跳入河里,先去救上小田,小王被赶到的乡邻救起。从此,继子开始喊妈,而亲生儿子却对亲娘一直怀恨在心。

小田长大后,十分懂事,成绩优异。为了给继母分担家庭困难,高考时故意把题目做错,落榜后外出打工,挣钱供养弟弟专心学习,考上大学。小王通过努力,留在大城市成家立业,极少回家，从不喊妈。

　　一天，农村的哥哥小田托人带话说娘生病了，让回家一趟。虽然对母亲的思念无时无刻不在侵蚀着他，但心中的怨恨依然无法释怀，小王没有回家。几天后，小田突然到访，让小王有些意外，"难道她不行了？"小田冲上来给了小王一拳："忘恩负义的东西，娘白生你了！"

　　这一拳激起了小王记忆里所有的恨意，两兄弟厮打起来，非要打个你死我活才肯罢休。小王的朋友费了半天劲才把两人拉开。安静下来后，小田丢给弟弟一封信就走了，这是落水那天晚上，母亲写的日记。

　　"儿子，娘今天没先救你上来，我知道你心中满是怨恨。只是，你还太小，有些事情不懂。如果你不在了，娘肯定也不愿意独活。你田伯伯和你爹是战友，曾经为救你爹的性命而牺牲在战场上。假如田伯伯的儿子没了，你叫我怎么对得起你爹啊？如果当时你田伯伯在场的话，他也会先救你，而不是他的儿子……"

　　这深深地刺痛了小王的内心，再也抑制不住自己，嚎啕大哭。他竟然用三十年的时间，去恨那个生他、养他、爱他的亲娘。当晚，他就带着老婆孩子连夜赶回家中。希望那一声"娘"不会太晚！

　　有些爱是深深潜入骨髓中的，如镇江的这位男子向人求着先救我娘。好人终有好报，受伤的母子已经脱离生命危险。

　　家是藏爱的地方。幸福的家庭，不论夫妻还是家长与子女，是应该不争对错。因为生活中的很多小事，不过是看法不同，只是或深或浅的误会。懂得退出家庭"战场"，绝不是逃兵，而是智者。

（2018 年 2 月 6 日）

滚到地上也照样睡得香

小区西门进来，原本是一块水塘，建筑设计的是从南门那边有条河水流过来。遇到暴雨，塘水会淹到路面。过了几年，因管理不善，杂草丛生，也集聚蚊蝇，每到夏天蛙鸣阵阵。

去年，业委会和物业联手，利用围墙外修挖地铁的泥土，将这处水塘填平，改造成小区的同心广场。那条弯弯曲曲的河流，也铺上了绿茵茵的草坪。

这样的夏夜，孩子们都由家长陪伴着，下楼玩耍，那广场便成了他们奔跑游戏的乐园。里面有脚踩独轮或双轮滑板车的，有骑二轮或四轮自行车的，还有小身体躺在手握方向盘的小四轮电动车内，晃动着骄傲的小脸蛋，在广场左右灵活冲刺……

爷爷奶奶们想追也没那气力，便三三两两地坐在旁边花坛石凳上。"现在的孩子，家里条件一个比一个好，要什么有什么，真如同生活在天堂里。"有的边看着孩子边聊天。

一位阿姨谈到自己小时候，吃不饱穿不暖，更别说有什么玩的。"那时，市中心也都是平房，最高就是邮局和银行，有四五层楼。能玩的就是在小巷子里打弹子、砸三角、滚钢圈……"

到80年代初，金陵饭店刚盖起来，成了南京真正的地标。我们来当兵时,晚上从中山码头下船,连夜坐闷罐车到六合平山头部队,等到新兵连快结束,才组织到南京,在长江大桥上一眼就望到金陵饭店。"到饭店旁边,抬头往上看楼顶,帽子都会掉的。"那时的新街口,也就这么一幢楼。

"你们到80年代生活已经好多了哦,我们经历五六十年代,才真的是可怜。快到过年,能买块豆腐回家,就算改善伙食。"那时,如果能在市场卖菜,是最吃香的职业。买菜的人都是排长队,到了跟前,如果是熟人,秤杆子往上多翘点,就会很开心。

对门的阿姨说:"我们家住在新街口,就是现在德基广场那块。过年前,为了买豆腐,要提前穿过两条街到进香河菜场去排队。在笔直的珠江路上,大家连夜通宵地排,有的身体实在吃不消,就找块砖头放地上做记号,自己回家睡觉。"那时的人都很纯朴,互相也不计较。"第二天一早来,哪块砖是哪个的,就站到那里,从不会搞错,更不会有人移动。"

进入炎夏,家里没法睡,孩子多的都是睡在外面。到傍晚时,家家户户便搬出凉床,一张接一张,排满整条小巷。"我家五个女孩,只有一张凉床,父母就把长凳短凳都靠在床旁边,我们挤在上面,睡到半夜,经常滚到地上,也照样睡得很香。"

"那时家里穷得连芭蕉扇都买不起,我家就只有两把,还是破的,大家轮着抓到手上。"南京城里,还流传着这样的民谣:"夏天虽然热,扇子借不得,虽是好朋友,你热我也热。"

到了冬天,很多人穷得没衣服穿。"有个拖板车走街串巷卖煤球的,冬天上身就裹一件棉衣,又脏又破,还没扣子,只用麻绳系着。到了夏天,将外壳和棉絮取下来,里子就成了衬衣。"

如今，屋外满眼高楼，家里满柜衣物，市场满目琳琅，孩子要摘星星家长都想法满足……改革开放四十年，一切都发生了巨变。物质虽过度丰富，但依然要取之有度，用之有节，则常足！

（2019年7月9日）

擦亮屋子的眼睛

雪后,连续几个好晴天。有阳光照到的地方,积雪早已融化,背阴处还能看到白皑皑的一片,水凝成的冰依然很厚。

这样的天气,哪儿也不想去玩。况且,要求不能出南京,三天假日,只能家里蹲。既然有这个空闲,就认真地搞一次卫生。去年,到年三十才擦窗户,时间紧张,手在擦,心里却想着其他事情,肯定擦不干净。

晨跑后回家,吃过早饭,一上午时间,可以不紧不慢地干。先擦各个门,从门框到门楣,再到里外门板。擦完,又擦所有柜面,这些,只有浮灰,抹布简单过一下就行。

抹完,开始擦窗。选择上,还是先易后难。客厅和主卧里面有飘窗,站在窗台上,里里外外都能擦到。阳台、厕所及小房间的窗子擦起来就没那么方便,必须要端来椅子,爬上爬下,有的角落,手再怎么伸,还是够不着。

最难对付的就是纱窗。十多年前,房子装修好,请人来安装纱窗。师傅做事麻利,为人厚道,装的纱窗实在,用了这些年,一直没发现哪里损坏,但清洗时,却怎么也取不下来。想当初,不知他是用多大的蛮劲才装上去的?每次,就只能用吸尘器在纱窗上来回摩擦，这样，粘在上面的灰尘正要飞扬，即被吸走。

这个老式吸尘器，威力一直很大，还是部队那套安置房装修结束搞卫生时买的，转眼间，用了二十多年。基本上一年也就派上一次用场，平时都躺在储藏间。这次拿出来时，感觉很重，打开，才发现"肚子"里还有往年积累的存货。而每次吸进去的，仅是些灰尘，积少存多，记不清几年没倒出来过。我戴着套袖、系着围裙，不方便出门，女儿提下楼进行了清理。

打开客厅窗户，正擦着玻璃的外面，被路上正抽烟聊天的两个人发现。他们是楼上的住户，都很熟悉，抬头张望，不解地问道："怎么要自己擦窗户？不是有好多做保洁的钟点工嘛？"我没说什么，只是对他们笑笑。

家里的卫生，一直都没请过保洁员来做。力所能及的事情，周末简单抹一下，屋里自然就能保持干净。河西新城的建筑工地一直没停，正在施工的地铁七号线就在小区围墙外面，无论刮西北风还是东南风，难免都会卷起尘埃，窗户哪怕擦得再干净，一阵风加上一阵雨，又会出现斑斑点点……

在卧室窗子顶端，够不着的地方，与擦过的玻璃相比，明显很刺眼，只得端来椅子站上去。全擦干净了，感觉才舒服。除了厨房，因为妻子要在里面忙午饭，其他的窗户全部擦好。地板拖一遍，浑身已汗湿。

歇下来，马上更衣。外面还十分寒冷，必须保暖。

这个假期，能有份空闲，全身心地投入到大扫除上，无疑，在感官上就大有所获。午饭前，看着变得明亮的窗户，一眼望出去，似乎没玻璃。女儿说："好好欣赏吧，下周可能又要下雨下雪了。"雨点或雪片落在窗外,玻璃上又会模糊起来。

眼睛是一个人心灵的窗户,眼明心情会好。而真实的窗户,就是屋子的眼睛,脏了就擦,保持明亮,住在里面也会舒服。

惟愿山河锦绣,国泰民安!惟愿和顺致祥,幸福美满!我们每个人,首先要爱家庭、爱家人,才能热爱单位、关爱同事,尊重认识或不认识的人,爱护环境,并与自然保持和谐相处。这样,社会将更加文明,祖国必将更加强盛!

（2020年12月3日）

不吃苦难尝鲜

假日期间,从老家返回前,妈妈就到菜地里摘了一筐蚕豆,一再交待:"回去剥好,水煮后,晾起来。等彻底凉了,再用保鲜袋包好,放冰箱冷冻。哪怕等到寒冷的冬天,拿出来炒了吃,仍然很新鲜。"

除了蚕豆,还装了一袋子竹笋。昨天与几样家乡土特产同时拿回来,因为高速车辆太多,路上拥堵,到家很累,东西摆在那儿,都没去整理。

上午闲来无事,便剥了一碗蚕豆。因为没经验,总用大拇指甲剜进豆荚的中缝,一剥就开,那也是为了图方便,几粒蚕豆迅速滚了出来。可前两天才把指甲修剪过,光秃秃的,剥了几粒,能看出指甲缝里进了绿色,再剥,已有痛的感觉。

洗过手,歇一会,接着再剥,感觉右拇指痛就换左拇指剥。有几次,感觉有什么东西直接钻进了肉里,撕裂般的疼痛。只好停下来,冲洗干净,涂点眼膏,以为能好。可十指连心,左右两个大拇指都一直火辣辣的,仿佛被灼伤。心想,再小的事情,若是蛮干,也会带来伤害。平时剥豆子都是妻子做的事情,她却从没吭过声。

午饭后，女儿和我们一起剥，很快就把一袋蚕豆剥完。她们说，都知道不能用指甲抠着剥，而是双手挤压，豆荚就会打开。稍试一下，横着一折，豆荚即断，蚕豆也就从里面蹦了出来。

从老家还带了一袋小竹笋。我剥出一碗蚕豆，下楼活动的时候，妻子在厨房剥笋子，中午和在鸡肉里炒着，口感透鲜。而妻子说笋的根部可能是泡过水，已腐烂变味，剩下的不想再剥，准备当垃圾扔掉。

竹笋怎么会泡水变味？我有点不信，从袋里取出一根，还没靠近，一股恶臭就扑鼻而来。

剩下的差不多还有一包，说就这么扔掉，我还真有点舍不得。家乡的小山边，到处都有细细的小毛竹。印象中的孩童年月，在这个时节，放学回家，总爱钻进一片小竹林里摘竹笋，不一会功夫，就能摘回一小捆，剥好就是一盘菜。母亲总喜欢把一根根竹笋切成一节节的小碎段，里面加点韭菜，青白相间，既香又鲜。那个年代，肚子里本来就没有油水，也不知道笋子可以刮油减肥，只晓得那味道无比鲜美。

前天，就在家门口的路边，陪母亲走走。老人看到新冒出的小竹笋，就跨到坡上，伸手去摘。我说那样不仅很危险，而且，让笋子长成小竹子不是很好吗？可母亲身手敏捷地摘下之后说："路边的竹子不能长得太多，如果竹叶茂密，会影响过路车辆的视线，别人路过，也会顺手摘掉的。"

要摘回那一大袋子小竹笋，肯定需要钻进竹林，花不少时间才行。如果就这么轻易扔掉，不是太可惜了？下午我试着剥了几根，因为拇指甲依然疼痛，只能用食指甲往里抠，除了根部有异

不吃苦难尝鲜

味，小心地不去碰它。剥开上面的笋衣，里面紧裹着的，细肉白嫩，凑近闻闻，依然清香。

  既然是好的，就接着剥。若仅靠这样一层层地剥开笋衣，指甲盖不坏，指肚也会掉层皮。突然想到将小笋子放在菜板上，用刀小心地从上往下拉一条口，再直接掰开，嫩笋也就暴露了出来。如此，一袋小竹笋，剥出的笋衣装了两袋，能吃的笋肉，可炒一大盘菜。

  前两天温度太高，竹笋在塑料袋里存放时间过长，才导致腐烂。笋子的根部气味太重，不敢接触，断然切除。摘完，收拾妥当，又想，竹笋如此鲜嫩，变质后怎么会有那样的味道？这世界上，可能越是鲜美的东西越容易腐烂，而且，越是清香才会变得越恶臭。难怪，竹林里的土质那么肥沃，一根根竹笋才能迅速拔节，茁壮成长。

（2020年5月5日）

安全才是回家最近的路

下班已是黑夜了。外面下着雨，刮着冷嗖嗖的风。回家虽然没多少路，步行或骑车都不方便，只能开车。

在高峰期，才出车库，就看到路上拥堵。慢慢地从新安江街开到与庐山路的交叉口，显示红灯，向右可行。前面车辆都转过去了，看斑马线上有行人，只好相让。人走过去了，又来骑车的，再让。已无人需让，但庐山路上直行的车辆正赶在绿灯时呼啸而过，右拐进去的道上停着一辆水泥搅拌车，所以不好硬往车流里挤。

正在路口等待时，突然感觉车子震了一下，还伴有碰撞的声音，以为自己脚底错踩到油门。应该是后面的车辆追尾，当然要下车看看。

吸引了路口的警察走过来说，如果碰到了，就把车开到那辆大车的前面。后车的驾驶员开门下来，不过立即辩驳说不会撞上的，他的车子前后都有提示音。

本来想轻微碰擦，关系不大，为不影响路口交通，赶紧离开了事。但听这人的话，心里不是滋味，还是按照交警说的将车开到水泥搅拌车前面。那辆车也跟着过来了。

下车一看，那车的前保险杠有碰擦痕迹，我车的后面也有明显划痕，他才承认。并说如果觉得报警或走保险麻烦，就给两百块钱让我去做漆……还没等他说完，我当即说算了，以后开车慢点吧，在路口又不是急的事情。

　　转身上车，关门就走。前后没停一分钟。如果时间长了，警察又会过来，会影响他在路口执勤。也许他是在后面等急了，但肯定不是故意撞的。只是小碰擦，我又不是缺那两百块钱用，哪会要呢？相信他经此事后，能想到在路口要礼让行人，且不能强行往前挤，去影响直行道上的车辆通行，也容易造成事故的发生。

　　上周四早晨骑共享自行车在路口右转弯，因为地上洒了水，突然车轮打滑，人是不知不觉地跳了下来，车子却旋转着滚到路中间。几天过去，腰腿还是不舒服。

　　在电梯里，我捂着腰说起这事。一个同事说早晨在路口看到一辆轿车撞倒电瓶车。轿车的引擎盖都掀翻了，撞得肯定不轻。车前骑电瓶车的妇女躺在地上，已经人事不省……

　　不论是开车还是骑车，经过路口时，真的要一看二慢三通过，千万不能抢。常常都是因为一时的侥幸，却导致无法挽回的不幸。

　　马上进入雨雪节气。去年雪后，就曾亲眼看过车辆在结冰的路上原地打转，十分惊险。当在冰冻的道路上遇到突发情况，不要采取紧急制动，需要保持良好心态，采取点制动方式，逐步降低车速，直至车辆完全停稳，同时开启后尾警示灯。

　　车在路上，该快才快，该慢则慢，该等就等，关键时候宁可停让十分钟，也不要去争抢一秒。每个人在一生的旅途中，同样也是时走时停，时快时慢，被人超越，也很正常。

无论路程长短，行进的过程中，谁也无法预知前面会遇见什么情形。因此，在任何时候，我们都需要保持头脑清醒，积极寻找解决问题的最佳路径。顺畅也好，路堵也罢，只有安全，才是回家最近的路！

（2019年11月26日）

世/事/万/象

辑四　每个人都是一本书

只有更努力地付出

小区原来的物业被业主炒走时，我就询问欠的物业费怎么办？不少邻居回答的是："赶都被赶走了，还交什么物业费啊？！"

后来，想想还是心存不安。老母亲也偶尔唠叨："欠人家的钱不能不给啊。"便抽空通过114查询到原物业公司电话，将我的小区名、房号和手机号码都告知那位女服务员。当天下午，手机传来一个粗声粗气的男高音，以为我要找他们退什么费，将情况与他说明，才听到客气的答应。

昨晚，刚吃过饭在家看新闻，有人叩门，说是来收物业费的。来者都是客，便请他落座，递烟沏茶。算好差价，不能刷卡，家中现金不够，只能让妻子到银行取钱。

在等待的时间，陪他抽香烟，随意聊着天。他右手一直插在裤袋里，左手抽烟、左手点火、左手用笔开收据，我坐到他右边的飘窗台子上，边问边答中才了解到，他家在洛阳农村，45岁，属猪的，20多岁在工地打工时，右手受伤小臂就没了。

有位姑娘走入了他的生活，成家后两人都在南京打工，育有两个可爱的女儿，大的上小学，小的上幼儿园。手机屏幕上有他两个可爱女儿的照片。缘来缘去，前年离婚，大女儿判给了他。

"我老婆很能干,在南京做味精销售生意,销到全国各地。她又结婚了,对方会开车,这样能帮到她。其实,两个女儿都跟她过,这样也好,我在物业公司每月就两三千块钱收入。只要她们过得幸福就行。她还经常喊我过去吃饭。那男的也好得很,还陪我喝酒。"谈这些的时候,他的脸上始终带着自然的笑意。

他服务的物业公司被一家上市公司收购后,要求员工每人买100块钱的股,现在每天投一块,每日有收益。他娴熟地操作手机,让我看他的理财,已有169块钱了。

看他虽然满脸沧桑,但掩不住年少时的英俊,并荡漾着艰辛生活打磨出的中年男子独有的满足与幸福。泡的茶怎么也不喝,剥开的香蕉就是不吃,烟抽了好几支。他还掏出几块钱一包的红双喜,我便接过一支。他说不能老抽你的,感觉很朴实。

妻子取款回来,他左手一张张清点,29张,撕下开好的收据,他说:"拿了公司的工钱,就要把事情做好。"再从几本账册中注明我家的物业费已交,那么一丝不苟。才看到,公司管理几十个小区,那些账目记得有条有理,字迹隽秀,十分整齐。看他开收据时左手一笔一画地写,心想,这是多么不易!

前几天,一位战友在工地上不小心造成右手拇指和食指都受伤,手术做了六个多小时。本来准备昨晚到空军医院看他,可妻子一天上班太累,临时安排明天周末再去看望。好在没去,否则,这位收费员白跑一趟,又要辛苦来一次。

之前,业委会要换物业,我曾规劝过,无论什么小区,物业越换越差。作为业委会,一定要协调好业主与物业之间的关系。物业要服务好,业主要按时交纳物业费,业主委员会成员处事要公正。否则，三个方面有一方没弄好，就会导致整个小区盘子的不稳定。

果然，原物业被敲锣打鼓地赶走，新的物业进来后，面上虽做了些事情，树球圆了、路牙漆了、楼道亮了，但重点在关注收费，划车位，车辆交费后才允许进入。人员进出的门禁卡与交物业费绑定，门口吵架现象常会发生，保安队长脸上时而挂彩。

没有最满意的服务，只有更努力的付出。做事千万不能有私心，新的业委会成员考虑动用小区房屋维修基金，无法得到业主理解。在为别人服务时，要把别人的事当作自己的事去做。很希望业委会和物业能把小区管理好，秉持公道，贴心服务。

我们在接受别人服务时，也要像尊重自己一样尊重别人。企业要有收入才能正常生存，业主应主动交纳物业费。互相支持，将心比心，多点关爱，这样，小区才能进入良性循环的状态。

（2015年10月23日）

感觉知足就很幸福

自从抽调到青奥工作,好久没有享受过周末了。因为青奥村内搜爆,通知全员休息半天。无疑,大家都十分兴奋。但,半天如何安排?想了很多想做的事情,送孩子到图书馆、理发、买菜、烧饭、再去图书馆接女儿回家吃饭……

因为多年养成的习惯,一直在原部队旁边海棠里小区院子内的那个店理发。后来虽然搬得远了,但每隔个把月,都要或骑或坐或开车赶去。眼见头发渐长,后面近一个月肯定更是没有休息时间。趁这个空儿,从金陵图书馆拐到奥体、梦都、江东、汉中门等大街。全城迎青奥,处处皆美景。

理过发,还要去买菜。车到茶亭东街,应向左到南湖菜场去买菜,这里买菜比家旁边每次都要便宜20多块。可在红绿灯三岔路口,还是忍不住右拐去看看朱师傅在不在。前面拆迁已无路可走,远远地看到路边摆摊的理发师傅与几人在闲聊。约有一年没找到他了。他不仅理发,更会采耳。

偶尔,会自己掏耳朵,耳扒轻轻进入时痒痒的感觉还挺好,但稍一用力,耳膜必生疼。自从不知哪年让那位朱师傅掏过一次后,才真正感受到那是一种多么奇妙的享受!

刚坐上那个破旧的方凳，就听雨点落到树叶上的声音。在炎热的夏天，听着这雨声，便感受到音乐般的清凉。只见朱师傅从筒里取出刀、扒、夹、刷，小刀被拇指和食指捏住时，另外三个器械被其他四指分别夹住。此景，像一朵美丽的花儿在他的手上静静地开放。小刀在耳孔边轻轻一旋，迅速换上耳扒。此刻，只有静心屏气地接受这种细腻小心的触碰，感觉有清澈悦耳的琴声在耳中轻扬，时而还伴着涓涓小溪在脑际间流淌。

不觉间，小樟树已挡不住渐密的雨珠，只好挪到一棵大点的树下。他从电瓶车上拿来雨伞，我撑着，他继续。因为久未清理，有粘得牢的，被他夹着往外拽拉时会隐隐地疼。感到疼时我会喊出声，朱师傅马上说："喊什么喊，是舒服的疼，没有疼哪有舒服啊？"当毛刷进入再出来时，顿感耳目一新，十分清爽。

雨更大了。给钱，递上支烟，并点着后，赶紧钻进车内躲雨。窗外，暴雨如注，再看树下的朱师傅，坐在小方凳上，蜷着身，撑着伞，吸着烟。车掉头离开时隔着玻璃外的倾盆大雨，看他微笑着轻轻地跟我摆手，清清的烟雾在雨柱中瞬间飘散。

每天，朱师傅在路边看人来人往，凭个人技艺做一份收获一份，虽只获取微薄收入，但感觉知足就很幸福。

每个人的生命中都有苦有乐，有得有失，无一例外。我们不羡慕命运给别人的多，也不抱怨命运给自己的少。幸福，如人饮水，冷暖自知。

（2014 年 8 月 9 日）

生活在如意里

还是去年初知道这家人的事情。男的当过保安,女主人一直靠摆摊为生,女儿上高中,成绩很好。记得当时女主人在电话中一直述说生活的艰辛,但提到女儿,便充满无比的骄傲。

多年前,小两口从苏北来南京打工,凭着辛勤劳动,在茶亭村旁搭个小棚,建起了小家庭。那时,江东门是个小镇,南湖一带遍布农田、水塘与村庄。通往水西门是条土路,车辆从门口驶过,扬起漫天灰尘。

有了女儿后,生活充满了希望。男方随着年龄的增长,因为积劳成疾,体质每况愈下,不能做体力活,只能当保安或打临工,没有固定收入。女方靠裁缝手艺,在狭窄的路边摆摊设点,供养孩子上学。

在时间的长河里,二十多年,也只是一瞬间。但对普通百姓家,通过点滴变化,生活已得到了极大改善。城中村改造,他们靠原来搭建的小屋,拆迁时原地安置,在茶南如意里小区分得一小套房子。

她在电话中,诉说社区不让摆摊设点,那样就断了全家人的生活来源。况且,女儿正冲刺高考,势必学习也会受到影响。她说："如果能让摆到女儿考上大学再搬走，我一点意见都没有。"听起来感觉也合乎情理。

便怀着一份同情，当时就给社区打电话，了解的情况却与她说的大相径庭。这对夫妻虽然还住在一个屋里，但早已离婚，目的是男方有大病，不仅获得低保收入，同时女方因无处居住，另外又申请分到一套经济适用房。

纵然这样，女方以新房子在郊外、环境不好、楼层又高等等理由为名，不愿过去，依然在小巷路边摆摊。城市在发展，小区在出新，不准倚门出摊，她在门口搭个棚子，明显违反规定。因为影响市容市貌和居民出行，有人投诉，城管队员就要拆除。她不仅不服从管理，还经常跑到社区胡闹。

闹得社区实在受不了，就联合城管，免费帮她搬家。摊位上的家具全搬到岱山经适房小区后，因为那边人生地不熟，做裁缝接不到活，很快她自己又搬了回来。

转而，给她回了个电话，告知如果家庭确实有困难，好好去协调，社区会给予相应的帮扶，靠胡闹是解决不了任何问题的。一年多过去，再无消息。

近日，听说因为社区停了她老公的低保，又开始瞎闹。以前，社区是照顾她家困难，才帮申请办理了低保。现在停掉，并非社区所为，是发放低保的部门通过大数据，综合分析她家的总体收入，不符合享受领取条件，网上才自动取消。

抽出下午的空闲，骑公共自行车到南湖找处停放点存下，就走到茶南那个小区。摊点仍在，门口还摆了豆腐和蔬菜。女主人在屋里踩着缝纫机，看到我打招呼，以为来了笔生意。

为供女儿读书，她说还要努力苦钱。摊点影响市容，将被关停，低保取消，是在执行规定。社区已通过劳动保障平台，尽快帮这对"夫妻"寻找合适的岗位。

生活在如意里，应该过得很如意。但，人生十有八九不如意，家家都有一本难念的经，得失尽在人心，事事周全圆满也不可能。她说女儿已是一所名牌大学的学生，脸上漾出幸福的表情。

行得春风，便得春雨。有人的地方必有矛盾，根源在于不同思想的分歧。若设身处地互相理解，应能春风化雨。

（2019年4月20日）

一起躲过雨的凉亭

周末,早晨下楼锻炼时,场地上有人,只好到奥体大街。街边,倚着河岸,建有美丽的花园。葱郁的绿植之中,还有一处大理石铺就的开阔空地,一座宽大的凉亭。

已有一位白发老人安详地坐在凉亭下的长木椅上休息,为免打扰他,马上绕到空地上锻炼。正在活动时,感觉有人在旁边盯着,本就不是很熟练的套路,更显得不自然或僵硬起来。

草在随意地长着它的绿意,风在自由地摇着树的嫩叶,我们都没说话,被人看着,有点紧张,但还是十分美好。

一套拳打完便停下,相互问候。原来,70多岁的老人来自湖北大别山区的英山县,与老伴一起来南京,给女儿带孩子。每天除接送上四年级的小外孙女上学外,烧饭洗衣叠被子,无所不包。

为了能做事,必须身体好。五年前,开始练习太极拳,听他讲,杨氏、陈式、武当等门派的拳、剑、棍,学了很多套路,由于太痴迷,每天练的时间过长,用力太猛,腰椎、膝盖、踝部多处受伤,现在只能坚持每天轻微活动。

聊起从前,什么苦都吃过。上山砍柴下河抓鱼,插秧锄草割稻,编箩筐扎扫帚,什么活都干过,就是没上过学。他说:"我

19岁参军,在部队上夜校学认字。会写字后,就帮着出黑板报,后来学写小报道,也写大字报。因为勤奋努力,直接提干。"

"那时部队转业,全是听从组织分配,一纸命令,说到哪里就到哪里。"入伍8年后,他转业没能回家乡县城,而是被分到大别山区的英山县,在一个工厂当分管生产供销的副厂长,与当地一位小学老师喜结连理。

故事长满天涯海角,包括老人的故乡。由于善思考勤动手,工厂业绩逐渐攀升。工业局又将他调整到别的厂,齿轮、模型、拖拉机、发动机……他自豪地说:"很多零部件,我不仅会动手制造,还会根据特点进行改良加工。"后来,又跑营销,促进工厂走向市场。

在好几个工厂干了11年,被调到县委办搞内勤,买菜烧饭招待,迎来送往,样样都做,领导也十分信任。"原南京军区的一位将军就是英山人,今年已是97岁高龄,在杭州他儿子那里生活。原来他回英山都是我负责招待并送回南京。"说起这些,他更是眉飞色舞。

"我的一个宗旨就是,不管在哪里做什么,都要做一行为一行,而且要想尽一切办法做得比别人好!"打太极也是,他就因为想打得更好,锻炼过度,身体受伤,现在蹲不下去了。

"我还有一个原则就是做事一是一,二是二,公家的东西一分都不占。"鲜衣怒马少年时,一日看尽长安花。在大别山的县委负责内勤,接待了从上到下无数人物。"我原来也风光过,去外地玩,还有领导安排警车开道。退下来就不去想了。"每个人都要善于调整并适应自己的交际圈子,才能更好地生活。

只要动手能力强，敢于吃苦，走到哪里都不怕。他说："女儿女婿在外资企业工作，总出差，常年天上飞，住五星级宾馆，想抓也抓不到。我们忙完家务，还要学习，否则没法辅导外孙女。有的作业不懂，只能到百度上去找。"

有小雨在轻飘，我们退到亭里。老人饶有兴致地打拳舞剑，那一招一式，安然自若，身心同行。最美的不是下雨天，是与老人的偶然相遇，并在一起躲过雨的凉亭。

（2017年3月19日）

内心的宁静与欢喜

假期过半,整天在家待着,哪儿也没去。上午在小区道路上,碰到从外面回来的六楼阿姨。他们老两口从兰州来给女儿带孩子。顺口问老刘呢?她说肯定在家玩手机。

老刘是她老伴,性格很好,互相见到,都随意地打招呼。还是刚搬来居住的时候,一个周末的晚上下楼,外面飘着雨,没法出门散步。老刘正与二楼老王在单元的屋檐下抽烟,说既然没法出去转,就到他家下棋吧。

那晚,真去了二楼老王家。摆上棋局,谁输谁下台,轮番作战。老王家就两口子住,阿姨默默地给我们沏好茶,自己先休息去了。

棋盘如战场,你来我往,时间过得飞快,也不知道是几点钟了。听到外面有人叩门,才晓得已是凌晨时分。因为我们下楼都没带手机,两家晚上一直冒雨在外面找人,后来成为笑谈。

从此,再也没与他们下过棋。二楼老王搬到其他小区去了,房子出租,屋里经常变换着不认识的年轻人。老刘除了暑假带外孙回兰州避暑,平时一直在小区。

碰到阿姨,她会笑着调侃:"喊老刘下棋啊?"并随口报出他的手机号码。拨通后，看是兰州的号，觉得长途话费高，没通话就挂断了。她说每分钟就一毛五分钱，早已不收长话费了。没再多说，还是去锻炼。运动场就在老刘家下面。没活动一会儿，六楼的窗子打开，他在上面喊着想要杀一盘。

体育场边有个象棋桌，还有四个连体铁椅。他很快下楼，端坐在那等我。北方人的性格，十分直爽，开场一会，两个车都已换光，稍不注意被他的炮打掉我一匹马。他大笑着说："好了好了，快收棋吧。"但他没想到，我连吃了他两个卒子。

棋盘上，虽然少个大子，却比他净多四个兵，而且稳稳地保护着三个兵顺利过河。然后，卒子又手拉着手，一步一步地向他老将逼近。牺牲一个兵破他双士，另两个兵联手直入而取胜。

"那再来一局吧？"不好扫他的兴，开局同样很快兑掉几个大子，又被他偷吃了一匹马，应该胜利在望。当发现我又多兵时，他就警惕地连续追兵吃。剩下一个兵能拱他死炮，吃掉就是和棋，我却选择横兵用后炮想将死他。这时，没注意兵根本就挪不开，他眼疾手快，大喊一声"杀"，以炮迅速地先吃掉了我的老将。

两局下过，打个平手。这样挺好。如果他两盘都输了，心里肯定不舒服。一同说笑着回家，感觉这样很快乐。

假期里，很多朋友出外旅游，看的全是人。人生旅途中，我们都在忙着认识各种人，以为这是在丰富自己的生命。可是，有价值的遇见，是在某一瞬间，重遇了自己，明白不论走到哪里，最重要的还是能得到内心的宁静与欢喜。

（2018年10月4日）

只有幸福与感恩

下午本是报名参加迎春趣味运动会,临时安排到基层慰问。社区旁的广场,曾经是浮雕墙,更新为电子大屏幕。这样,开展不同的活动主题,只需在电脑上操作,就可一目了然。舞台前,来了不少群众,一片喜气洋洋。

今天举办的是为居民写"福"字和对联,执笔者有小学生,也有小区书画班里的退休老人。敢于在大庭广众下书写,不仅需要勇气,更需要才气。他们都是书法爱好者,一个个身形端庄,握笔有力。一幅幅字儿,向人们传递着爱心,也送来浓浓的年意。

选择走访两个困难家庭。这房屋是上世纪90年代建造的,在当时,能住进这里,条件十分优越,如今,却成了老旧小区。狭窄的道路上挤满了车辆。一楼的单元门打开,穿过黑乎乎的过道,就到了第一家。

一位老爷爷满头白发,瘦弱的脸上始终带着笑,没说一句话。老人的女儿客气地招呼着,我们也都只能站在门内。那两室一厅的房子里,住着三代五口人。房内电线乱拉,有个微风吊扇还在转着。老式的客厅仅摆张餐桌,布沙发深陷一处小窝,扔着平板电脑。

与门相对的那间房，门开着，能看到里面摆满了棉被。忽而，从靠门的这间房子里窜出一个小男孩，"啪"，摁亮进厕所的电灯开关，出来后再摁一下，转身又进了房。

看那房，两张床，同样堆满东西，孩子只能侧身挤进去。但愿他能在房里安心写作业。相信通过努力学习，成长成才，到那时，书中自有黄金屋……离开后，听人介绍，老人患有痴呆症。

与这个小区隔一条小道，道边，有个小门面，倚门出摊，卖些烟酒之类小百货。没进门前，心想家里开小店，怎么会困难？

哪知，掀开门帘，有个人躺在屋内的床上。看我们进去，他想强撑着翻身起床，已经无能为力。我们站在他床前，让把被子掖好，免得受凉。枕边有包红塔山牌香烟，床头摆着烟灰缸。原来，他患病瘫痪在床，已经八年时光！

他的口中，不停地夸奖着自己的妻子："我卧病不起后，屎尿都在床上，全靠她用盆接，每天给我翻身擦洗……长期躺着不动，肌肉早已萎缩，她每天每夜还要抽空帮我按摩。要是没有她，哪还有我的今天啊！"他已经66岁，虽患绝症，但精神很好，谈起爱人夸个不停。

正说着，从里屋出来一位妇女，正是他的妻子。"她要忙里忙外，这个家一刻也离不开她。女儿嫁出去后，还要忙小孩，也没空回来。"男人满脸笑容，述说的是真情意。女人也没愁绪，笑着说，谁也不愿意得这种病，是他爷爷奶奶近亲结婚，家里兄弟姊妹不少人，就是传给他得了血液的不治之症。

这就是命。"但我有个好老婆，真是运气好。就像单位如果有个好领导，大家工作也会顺心。"他躺在床上，说起来条条是理。

面对这样的疾病，任何人看到都会生出同情心，而在他的眼中，却有满满的幸福与感恩。

　　幸福的家庭每家都相似，不幸的家庭各有不同。不幸的家庭肯定是在生活及情感方面存在缺憾，其方式和种类多种多样。无论在哪方面出现了问题，都将给家庭带来不幸。而这个家庭，夫妻俩脸上总带着无比感人的微笑，共同与命运进行不懈的抗争。

　　返回时，有人热情地送给我两张"福"字，并说这代表着美好与幸福。祝愿大家在来年都能过得平安且健康！

（2020年1月19日）

每个人都是一本书

下班经过邮局门口,妻子递给我一本《诗词三百首》,封面装帧精美,以为是唐诗三百首。"老龚来了,是他送给你的。"他出诗集了?边骑着车,一手边兴奋地翻开欣赏着。

老龚是张家港人,比我年长几岁,一米六的个子,日常穿着总十分得体。十多年前,我们在一个培训班学习,成为曾经的同学。打动我的,是他朴实的言行与真诚的笑意。通过后来的接触与了解,互相建立了亦师亦友的关系。

回想还在水西门老大楼工作时,每天午饭后,我们会不约而同地到莫愁公园去锻炼,向公园抖空竹的师傅学艺,增强了体质,远离了感冒。都是初学者,大家在一起谈笑风生,度过了一段最快乐的午间时光。

搬到新大楼,奥体附近一时寻不到如公园那么好的锻炼环境。老龚每天中午开着车出去找。一次在门口碰到,他开心地说在奥体中心内的群众运动场,有一块很好的地方。于是,跟着他,从一开始两三个人在那儿锻炼,逐步形成一片很热闹的场面。

除了抖空竹,还有人带着笛子和二胡,动静结合,其乐融融。老龚善于动脑,思维缜密,看人家抖嗡,很快悟出其中的门道,还能创新动作,令人称奇。他悟性极高,看别人吹笛子、拉二胡,也买来器材和书,稍微琢磨,竟然也能吹拉出动人的曲目。

不论是骄阳似火,还是雪花飞舞,每天中午,我们都如约而至。过了一两年,那里突然被铁丝网圈起,成了五人足球场,想进去要事先预约且交钱。后来,因为没有合适的场地,那支运动队伍已散去八九年。

老龚是改革开放后第一届大学生,先后从事职业教育、蔬菜技术推广、中小企业服务、城市发展研究和经济规划编制等工作,曾荣获国家科技进步二等奖及多项省市区科技成果奖,获评江苏省"333工程"培养对象和南京市中青年拔尖人才。

他的同学或学弟有的经商当了大老板,有的从政走上省部级领导岗位。对此他从不羡慕,一直默默无闻、尽职尽责、任劳任怨地做好本职工作。平时接触中,他为人随和,始终让人感觉是位值得信赖的老大哥,深受周围同事的好评……

转眼间,到新大楼上班已十多年。因为中午不再锻炼,虽然在一幢楼里,半年也难得在电梯里见一次面。但他业余时间喜欢动脑,从前年开始,通过日常观察与思考,学着撰写诗词,兼修摄影,陶冶情操,传播正能量。诗词和照片发在自己的QQ空间,图文并茂,欣赏之余,让人受益匪浅。

已是好久没见过他人,经打听,说几个月前已退居二线。有了空闲,就可以走出南京,尽情欣赏祖国大好河山。他做任何事,都有板有眼,细致周全。这次,真没料到,他能将积累的诗词编辑成书,突然呈现在眼前。

有人说,成功的标志,要做成三件事:栽一棵树,盖一幢房,出一本书。此三件事都不容易，前两项在一定物质条件下，倒还可以实现，而第三件，没一定的才华与勇气，确实很难。

人生中，有些事可以选择，有的别无选择。如果每个人是一本书，则每本书都不同，或波澜壮阔，或平淡无华，都靠自己言行举止写出。对每个人来说，不论贫穷或富有，只要坚持奋斗，保持积极心态，生活必然会更加精彩！

（2019年7月8日）

时代的另一个缩影

早晨下楼可能是稍晚了点，球场上有两人站在那儿闲聊，若再过去锻炼感觉不好，便取了车，骑到奥体大街。街边公园绿树葱郁，河畔有处长长的凉亭，附近没人，正好可静下心。

个把小时很快就过去了，准备收功回家。一位老人走到跟前的树下，放下似乎很重的菜篮，一直站在那看我将一套剑练完。听到伴着喊好的掌声，便转过脸说声谢谢。

她笑得很开心，边走过来边说："我二哥原来也打拳舞剑，还带了很多徒弟，但现在医生不让他练。上次看他走路都弯着腰，真的已是老态龙钟了。"

老人68岁，她说的那位二哥家在常州武进，已经86岁了。"我父母生了7个孩子，大哥88岁，我在家是老小，最小的哥哥也比我大7岁。"

逢年过节，全家人若能聚在一起，应该十分欢喜。她笑着说："大家都在天南地北，以前父母在的时候，还回武进去相聚，现在太难了。"

原来，她曾下放到湖南株洲农村，与当地人成家，有了一双儿女。女儿长大就留在株洲工作，因为家乡情结，想想还是让儿子到江苏来上大学，并在南京安了家。

在湖南一手把外孙女带大。"孩子不喊我们外公外婆，都是喊爷爷奶奶。"与她爷爷奶奶家都住在株洲建设路上，那条路很长。"我们家住在东关头，幼儿园靠得近，接送时，老师如果说是外婆来了，小姑娘立马就反驳：'不对，是奶奶，是东关头的奶奶！'"

转眼，外孙女今年马上要参加高考了。提起过去，老人笑得那么开心爽朗。

老人说："儿媳妇以前没有早点要小孩，三十多岁才生。孙女今年7岁，一出生就是我在这儿带。"以前的房子在奥体西边，为了小孩上学，只好卖房又到这儿买学区房。"南京的房价真是贵得吓人，现在一个平方都五万多了！屋子里一个小厕所就值好多钱哦！"

在这里，每天就是买菜烧饭洗衣。好邻居菜场离她家很近，但菜贵，特别是荤菜价格高。飞茂菜场在南边，那里的红头鸭子比这边每斤便宜一块钱。去了，也顺便把蔬菜全买了。满满一大篮，要穿过宽阔的奥体大街，再多走两个街区，难怪老人提得那么吃力。

孙女已经上小学一年级，儿子媳妇都上班，白天一个人在家，没事时就对着视频做做操。江西的绣荷包，还有快乐舞步健身操，都学会了。只要身体好，还能到处跑跑。

老伴七十好几了，留在湖南。"外孙女就喜欢吃他烧的菜。只要儿女需要，就一边一个。也只能生活上帮助他们。幸好只生了两个，如果有三个小孩，还不知道怎么分是好。小孩学习上的事我们管不了，人一老，我们的意见都靠边站，只能做个参考。"

一到暑假,老人就带孙女回去与老伴团聚。寒假只能一边过一年,要么回湖南,要么老伴过来。"我们老了,还满天飞。以前上山下乡满天飞的,也是我们,只不过那时都很年轻。"

老人那个大家庭,是那个时代的一个缩影。"哥哥姐姐们都老得走不动了,只能互相打电话问候。靠得近的两位,虽在南京,但一个在扬子石化,一个在尧化门,去一趟也不容易。但我还是会去看望他们。"

老人的人生态度,真如同美丽的春天。她经历过浓烈的夏、沉静的秋、萧瑟的冬,已然被大自然淬炼得温柔且极富力量。

俗话说:"只有气死人,没有累死人。"人们只要有希望,都是累并快乐着。生活美与热爱,不是眼前的苟且,还有诗和远方,但更多的普通人都不能常常走远,只能把平凡的日子过成诗,如这老人,有时只身在家中,也是别人向往的温柔而美好的远方。

(2017 年 4 月 30 日)

信任能拉近人的心灵

提前与医生联系好,早晨带女儿到附近医院开点药。原来是一家社区诊所,与一所学校大门相对,门口由庐山路岔开分出三条公路,岔路口连着学校和医院。

庐山路的右边是学校,左拐往正西的道口与这家医院紧靠。路边已成停车场,仅在道路中间留条窄窄的车道,车辆勉强可通往江东中路。因为医院很小,小得没有院子,只在东、南两边拉起栅栏门,技术好的人,勉强能把车子开到里面,停在墙角。我试了一下,保安就过来说没地方了,只好倒出来靠在马路边。

路边没划线,如果泊车,随时有交警贴单,上面还有电子眼。看好多车子都停着,也顾不了那么多。找个空处停好就去医院,医生很热心,女儿开好药迅速出来,我的车辆已被其他车包围,外侧的那辆做小工程的面包车更是紧贴而停。

看医院大厅在装修,请保安帮问问,说不是他们的,让报警。因为急着要回来上班,只好打110,当听到报浙C,话务员就说那是外地的,他们不管,可拨114查询。正疑惑间,看驾驶室的前挡风玻璃下面有张小纸条,上面不规则地写着手机号。

拨过去,他客气地说:"好的,马上通知人过来开。"还不是他本人？就叮嘱请那人快点。"他还在应天大街工地上，走过去需要一会儿时间，你如果急，那就自己开，钥匙在车里面。"这种车型，还从没开过，感觉肯定不妥。

可一直干等也不是个事情，就去拉车门，锁得紧紧的。他说："可以打开后备厢的门，从后面进去。"无奈之下，也只能这样。车内全是工具等杂物，只有前面两个座位，副驾驶的靠背直接放倒了，坐到驾驶位，却没找到钥匙。

再打电话询问，"钥匙在方向盘上面。"上下细看，没有。"要么放在仪表盘那儿，可能有东西盖着。"方向盘前的仪表盘下方，就那点空隙也被充分利用，一把钥匙在纸条等小东西的下面。

踩刹车，点火发动。十来年都是开自动挡的小车，对这手动挡，需要脚踩离合、手调挡位、协调配合才行，虽已发动，可手忙脚乱之中，不是调错挡就是离合松得太快，车往前冲一下就熄火。一辆轿车为抢前面一个空位，迅速往里插，险些发生碰擦。

如此几次，女儿说让她开，她才考的驾照，学的手动挡。但为了安全，看路上全是车，肯定不行，只让从外面将那高高翘起的后门关紧。

听女儿在外面喊："检查挡位要在空挡，右脚把刹车踩紧再转钥匙点火，起步前，左脚将离合踩下去，先调到一挡，双脚不要一下子松开，在慢慢松刹车的同时，离合松一半才能平稳起步。"这是驾校老师教的口诀。又试了两三次，终于将车往前挪到一个合适的位置。

钥匙取下放回原处。心想不能开门，怕出去后在外面不好锁，还是从后面出去。可后门推不开，女儿不知道那里的开关也拉不起来，还是请路人帮忙，我才跳出车外。折腾了十几分钟，太阳下的车内如同闷罐尤为闷热，身上早已汗湿。

做人，要让人放心。与那位车主互不相识，车辆移动一下位置。到晚上能安静地在家码字，没人来电话，应该很安全。如果发生碰擦，必定平添麻烦。

信任，坚固又脆弱。在这个纷繁复杂的世界，信任是一条纽带，可以拉近人们的心灵，让自己变得简单，把别人也看得简单。信任如同一杯好茶，清香扑鼻，淡而不涩，缓缓飘来，让人品味其中迷人的醇香。

（2019年7月5日）

说站就让人站起来了

最近，习惯性地周末早晨到一个固定的场地活动一会儿。今早赶到时，场地上有几个人正在做操，本想另选别处，见其中一位是以前认识的姜大姐。

差不多快一年没见过。听她说，就住在与我一河之隔的小区里，每天都是早早地出来锻炼，结束后去市场，买过菜就回家，还要为女儿家忙碌。

姜大姐是扬州人，40多岁从单位下岗。当时也很茫然，孩子尚小，总不能就这样窝在家里一直虚度。自己虽有祖传中医的技术，却没有行医资格证书，为了生活，就开了一家保健品商店。

卖保健品，其实只是表面上给人看的，实际上是利用中医疗法，通过点穴、扎针、艾灸等手艺，为人治病。因为技术好，每天问诊的人络绎不绝，渐渐地在附近很有名气。

因为女儿上大学后在南京工作，姜大姐便也来南京买房置业。有了外孙后，老两口将扬州的店转让给朋友经营，都到女儿家帮忙来了。

姜大姐年过花甲，但看上去十分精神，说话做事都很麻利，是个典型的热心肠。平时，除了锻炼，经常帮有需要的人解除病痛之苦。一天，有位朋友焦急地告诉她，说儿子打篮球，感觉三步上篮时，有人在小腿上狠踢了一脚，顿时不能动弹，被人抬着回家，已躺了两天。

为何不去医院？说去年也是同样的情况，但在医院躺了半个月，通过各种检查，没查出原因，接受多种治疗，花了一两万也没治好，还是回家休息两三个月才慢慢恢复。姜大姐赶到后，看小腿的青紫肿块，说是打球前没进行热身，剧烈运动时受外邪侵袭，经脉受伤堵塞，直接导致腰部神经瘫痪。

通过点穴按摩、艾灸化瘀、推拿活血，几下做完，说可以起床了。朋友的儿子疑惑地问："我真的就能坐起来了吗？"姜大姐又给了鼓励的语言："你可以自己起来去吃饭了。"他真的走到餐厅，次日就神奇地去单位上班了。

还有位从徐州来南京的王大姐，经常为学习成绩优异的女儿而自豪。女儿念的是医学本博连读，且学的专业就是生育研究，毕业后分配在南京一家大医院工作，女婿也在同一家医院，都很有出息。

唯一让老人操心的，就是女儿年已三十，却总怀不上孩子。去过不少医院，看过很多知名西医，都说身体没问题。

那天，两人一起打完拳，老人骑着电瓶车把姜大姐带到她家，一把脉，就知道缘由，经过一个疗程的艾灸和调理，很快就怀上了。之后，再也没看到王大姐去奥体中心打拳，说天天开心地在女儿家忙着带宝宝呢。

一次，有位70多岁的老奶奶走在大街上突然摔倒在地，正巧被姜大姐看到。她二话没说，马上跑到路边小店，跟老板说："这老奶奶应该是患低血糖,很危险,只要有杯糖水就能救她的命。"那些年,社会上到处疯传着老人讹人的话题,很多过路人都是多一事不如少一事。姜大姐不顾这些,只考虑救人要紧,立即掏钱买了瓶蜂蜜,并向老板要了碗温开水,迅速调成一杯糖水,将已瘫倒在地、软弱如泥的老人扶在怀中,一勺一勺地喂下……

老人苏醒后说:"你刚才讲的话我都能听到,就是感觉浑身无力,一切都不听使唤了。真谢谢你啊!"老人儿女知晓后,感激不尽,互相一直当亲戚般走动。姜大姐平淡地回忆这些事时说:"低血糖比高血糖还危险,稍不注意,如果抢救不及时,老人说没就没了。"

日常小事,见诸真情。社会上,还有很多这样看似十分平常的百姓,在平凡生活中,总以无私的情怀,急人之所急,解人之痛苦,救人于危难,续写着一幕幕令人无限感动的人间大爱!

(2017年6月3日)

幸福就在自己身边

闹钟一响,按时起床。洗漱完,依老师的要求锻炼前一定要吃点东西,便将昨晚的剩饭菜热了吃光。

雨已停,天很阴,随时都可能还下雨,不能骑车往远处,就在楼下锻炼……准备将那套不太熟练的剑打完就结束回家,一位小区保洁进了场地,挥着大笤帚开始扫落叶。

她笑着打招呼,我没搭理。锻炼进入套路,就要专心致志,不顾旁人,加上本来就不熟练,若一分神,手脚马上就乱了套。她动作麻利,边扫边说这叶子落得太快,一天要来扫两遍。

自从小区换了物业,新的保洁员一个都不认识。心里在埋怨,没看到我在锻炼?为何不能稍等一会再来扫?但一转念,这是人家的工作,清扫是她的职责,哪能责怪?便停下锻炼,收剑入鞘,接过大扫把。

"哪能让你扫啊?"一口河南话。说57岁了,与爱人同在南京打工,但还是只能各顾各的。他在奥体南边的一个工地,那里包吃包住,她跟老乡在西善桥合租在一起。

"俺原来也在那工地上干过活,虽然包吃住,但要给五六十号人烧饭,众口难调,盐放多了放少了,都会有人讲话。"她笑着说:"我受不了那份气,就自己找到这里,从早上七点到下午五点,扫扫地,只要把责任区弄干净了,就不会有人说我什么。"

扫完一片,又清扫另外一个羽毛球场,感觉手中的大扫把越来越重。她去垃圾车上取来簸箕,将一堆堆树叶清走。原来踩到树叶脚下打滑,再看,碧绿的塑胶地面,没一片落叶,很是清爽。

听她一脸幸福地介绍,家有一儿一女,儿子在常州,女儿在天津。儿女又各有一对儿女,现在都有十多岁。"帮他们带大,但我没文化,小孩上学后就不再带了。在家闲着也难受,出来找点事做,一个月还有两三千块钱的收入。"

为了生活,夫妻俩虽在一个城市,也难得见一次面,与子女更是天各一方。最开心的应该是盼着过年,一大家子十口人都回到信阳,才真正欢聚一堂。

锻炼没出汗,扫两块场地背心却已汗湿。一只大扫把,整天到处扫,那会有多累!突然,对之前没作搭理,居然还产生责怪她的心念而深深自责。问候她很辛苦吧,而她依然笑着说:"不苦不苦",场地扫完,她又紧接着就去清扫环道上的垃圾……

拥有快乐和健康是人生的最大幸福。在我们身边,有多少如她一样的普通人物在默默工作。从职业上感觉很苦,但她心中充满着对美好的向往和满足的快乐。这快乐,一瞬间再次感动了我。

面对命运,可能无法安排,但可以选择。她选择来扫地,肯定比烧饭更苦更累,但无怨无悔。没有谁注定就是怎么样,不管是贫穷或疾苦,都应该积极改变,生活就会变得越来越美好。

(2017年10月15日)

享受应有的自由

往常的周末，总是那位老者离开活动场地后，我才下楼锻炼。今天起得早了点，看到我，他边抖着空竹边打招呼。老人已七十多岁，头发雪白，眉心舒展，面带微笑，十分健谈。

说是两年前，一次看同学玩空竹，也跟着学的。他五十多年前从扬州考来南京，上的船舶中专学校。那时，学生都要上山下乡，同学毕业后全安排到船上。

工作期间，在长江或沿大陆的近海航行，来回运送货物，每天按部就班。直到十多年前退休，一位朋友看他有一套娴熟的技术，精力还旺盛，又返聘到船上。

从那以后，开始跑远洋。万吨巨轮，从上往下看，头都发晕。一次，正在航行中，遇到风浪，船舶尾部拳头般粗的钢丝连接绳居然瞬间被拉断，装货的驳子在大海上成了一片小舟，如小树叶般随风飘走。等掉转船头，在大海上，那价值上亿元货物的拖船驳子，早已不知去向。之后，只能通过卫星寻找。

有一次，货船进入越南西贡港口，通过交涉还能拉回来。有的遇到暗礁搁浅，就只能望洋兴叹，因为一旦遇到礁石，船底部受损，水进入舱体，货物基本报废。再修补拖回来，意义不大，大多是安排保险公司人员去定损了事。

还有一次，一阵海风吹来，一台价值几千万的巨型吊装设备，哪怕底部焊接在船体装载得再牢固，也只能是眼睁睁地看着它摇晃几下，一头栽进海里。

如果不是侥幸心理，正常都不会发生这样的事情。因为出海都要预先了解天气情况，掌握台风走向，计算起止时间，考虑从起点到下一个锚地航行过程中的安全。

那时，船到南海，海盗窜上拖船，他们搬不走设备，就割下很多电缆。卖不了多少钱，但这边公司要受到很大的损失。好在那些人没爬到主船上来，否则大家生命都可能会受伤害。这些年，祖国海上力量强大了，再没有海盗敢偷袭中国的货船，船员出海也都有了安全感。

老人说二十多岁时，一次在海边沙滩上捡海蛎子，有人喊起风了快走。他没当回事，还瞅着一个沙眼往里掏，突然海水就漫过膝盖。好在年轻，赶紧往海岸上奔，稍慢点就可能被海浪卷走，后来想想都害怕。

海蛎子很鲜，当地渔民捡到，有人当时剥开，生的就放嘴里吃。哪像我们通常还要清蒸、炒蛋、鲜炸、生炒或煮汤才能吃下。有时，船停在港口，船帮四周会爬满海蛎子，大家就用铁锹铲除，否则，会影响航行速度。

碧蓝海水，波光粼粼，一眼望去，总是闪着脉脉温情。进入海中，特别是到了茫茫无际的大洋上，才感觉到海水无风也起三尺浪。若是起风，大海更会立即变得无比凶险。

每次发生事故，都是老板认为风力不大，想尽快抵达。初衷是为了效益，结果总是因为心存侥幸而冒险，受到巨大损失。

在大海上航行，除了天气情况，更要掌握航向。如果方向有丝毫偏差，驶出去就不知到了哪里。船没有刹车，不像汽车带刹，好掉头。感觉上，在海上十分自由，其实，那必须是判明气候并在绝对正确方向指引下才能享受。

听完老人一席话，想想人生不也是吗？信念是灯塔，纪律是堤坝，不论是谁，只有遵章守纪才能享受应有的自由。

（2017年12月23日）

时间如同东流水

在小区里看见一位老人弓着身子,在一棵低矮的桂花树下修剪枯枝,细的用剪刀,粗的拿锯子。感觉钻在树下很是辛苦,让他歇一会儿。他微笑着,很随和地把剪刀交给了我。

那特制的"一把抓"剪刀,很是锋利,左手抓住要剪去的树枝,右手握住剪刀,对准枝条根部,"咔嚓"就断。人要理发,树也要经常修剪,不仅剪断枯枝,对那些影响美观或者中看不中用的都一律剪去,有利于通风和接受阳光。

边剪,边与老人聊天。看他上身穿着以前部队可佩戴肩章的长袖衬衣,问是不是小孩当过兵。"是的,我当过兵,儿子也当兵。"他是1971年兵,在部队服役13年后退伍回老家,一直在城建部门工作到退休。老人谦虚地说:"儿子2001年参军,现在已是副旅长,比士官强点。"

老人姓杜,今年67岁,老家在泗洪,有三个儿子、一个女儿,一儿一女在上海,另外两个儿子在南京。老伴在老家带孙子,隔一两个月他也会回去看看。

问老人原来部队在哪里,他说:"在北京杨庄,8341部队。"他用苏北家乡话说得很快,一时没听明白,以为是郊外的哪个导弹部队。"不是，我们是站岗的，当时，每天早晨都在天安门广场上出操跑步。"这才知道那是中央警卫团。

"8341"是中华人民共和国成立后组建的一支保卫党和国家领导人的特殊部队，关于这个代号，社会上议论很多，传说纷纭。其实，每一支部队都有一个代号，同时还有一个正式名称的番号。代号用过一个时期后要更换，"8341"已不再使用。

没想到眼前这位头戴草帽、衣衫不整、双脚泥泞的老人，曾经是一名保卫过毛主席的中央警卫团士兵！而且，还参加过对越反击战。"我在北京九年，广西两年，上海半年，最后在南京浦口炮兵营干了一年多才转业回家。"

一起从老家当兵的战友中，12人去参战。"当时，机关兵被安排在后方，让我做些整理文件的事情。基层兵要上前线，我们四个老乡再没回来，还有两人重伤。"说到这两位重伤战友，一位两只胳膊齐肩没了，另一位从大腿根部切断。"党和政府对他们安排得很好，都在福利院，长期有保障。"

那时，泗洪县妇联组织牵线搭桥，帮他俩介绍对象，现在也都儿孙满堂。后来，政府给他们装了假肢，断臂的那位，也能勉强用勺子吃饭。"他们名字挂在福利院，其实大部分时间都在家里生活……"

剪妥一棵，刚要直起身子站在树旁，蹲在花坛边的老杜突然跳下来，冲到我面前，是看到我颈脖上有小虫子在爬。他迅速抓到，说是只蚂蚁，蜇人也痛。老人眼尖手快，还是一副好身板。

"以前，六位战友经常会在一起聚聚。年轻时，每人起步都是一瓶二锅头，本地双沟酒喝个一斤更不在话下。"开心地忆起年轻

时间如同东流水 | 235

事，老人又陷入沉思："现在年龄大了，已不再喝酒，去年一位战友得病走了，大家就很少再聚……"

年近七旬的老人站起来，一米七几的个子，头发仍然乌黑，说话时露出一口整齐的牙齿。"我现在有养老金，政府对我们参战回来的老兵都很照顾。别人介绍来小区当绿化工人，包吃包住，每月还能拿3 500块钱，活也不是很累。趁身体能动，出来干干，比坐家里混日子要好，还能减轻儿女的负担。"

光阴荏苒，老杜大半辈子都已度过，但曾经的青春一直令人仰慕。"我已经有48年的党龄，还记得在部队时举起右手宣誓入党那一刻的情景。在职时，不论做什么事都要当先锋做表率。退休后，不能忘掉初心。凭体力做事，底线是不给社会添麻烦。"

时间如同东流水，只有流去无流回。如今，老杜依然在踏实工作，靠自己勤劳的双手，继续创造心中美好的生活。

（2019年6月30日）

一代人终将老去

他住的房子与我们家之间隔着一个羽毛球场，也是三单元。每个周末的晨练，都能看到他下楼，慢悠悠地点支香烟，就在单元门口来回踱步，仿佛总在思考着什么。有时也走得稍远点，从一单元那边再绕回来。

只要互相看见，都会点头或举手，客气地打个招呼。一直还不晓得他叫什么名，只是能感觉到他过得很悠闲，在悠闲之中，也把生活操持得十分从容。

这边的一大套房子，就老两口居住，儿子一家住在海峡城，每到周末，就会带孙子过来吃饭。"哪怕他们不来，我们每餐也会搞三四个菜。"除了早餐，他都要喝三四两酒。一口烟轻轻吐出，微笑着说："从早餐直到晚饭，凡是吃的都是我负责。"

清晨，他就到好邻居菜场，买豆浆、油条或包子之类的早点，并把一天的菜都买回来。去往菜场的路上，就开始思考一天买什么好，特别是周末，还要想着给孙子搞点什么好吃的。

很多退休的人都是跑到南湖或稍远点的菜场，要便宜得多，他们有的是时间，而且乘车不要钱。他不屑地说："那能贵到哪里去啊？吃的上面不要省，该吃的就要吃。"

问他中午准备些什么，说都是些家常菜："买两斤切好的年糕、两个西红柿、五六块钱的娃娃菜、三十多块钱的河虾，加在一起炒个年糕，小孩喜欢吃。烧法是先把虾子剥成虾仁，年糕和西红柿、娃娃菜先炒，最后放虾仁，爆炒几下就好。"

烧出来应该有一大盆，以为一家人就吃这个菜。"另外，再搭两条鱼，烧盘牛肉，弄个蔬菜就行了。"听他说得很简单，几个菜炒好，要耗费不少工夫，应该很不容易。

"小孙子马上要上初中了，因为是学区，就到新城中学这边上。"海峡城离这儿很远，孩子应该住过来。"不过来住，儿子每天接送。我们只在生活上提供点便利，教育小孩是父母自己的事情，谁听说哪家爷爷奶奶能把孩子带好的？"

"小孩还是要教育，靠打骂也不行。主要是我们老了，老年人的生活习惯不同。如果看小孩玩手机、看电视，是骂好还是不讲好呢？在父母身边，管得肯定要严点。"他慢条斯理地说着，句句讲得都很有道理。

生活中没有退步，到什么年龄段，所面临的任务不同。人生之路，从学生到成家立业，都在努力，总在赶超一些人，到了一定的年龄也总会被一些人超越。

一代人有一代人的任务，一代人终将老去，但总有人正年轻。如这位老人，恬淡生活，以自己严谨的言行引导并寄希望于儿孙，不过多要求，能愉悦接纳。

（2019 年 7 月 13 日）

我家就在这里

下班走回小区，到门卫室取快递。室内已亮起了灯，透过玻璃门，里面坐个人。轻轻推门一看，是老畅。

记得初次见面时，问他贵姓，他说："免贵姓畅，舒畅的畅。"之后，我们逐渐熟悉，他一头花白短发，眼角已爬满皱纹，互相见面，笑得都很开心。值班时，他总是兢兢业业，每天在西门口迎来送往，不厌其烦地帮业主开门关门。

老畅正安静地坐在墙角，低着头聚精会神地忙着手上的事情。走近一看，他左手捏着桃核，右手抓着细细的圆锉刀，原本十分丑陋粗糙的桃核，在他手上已然变成小巧玲珑的艺术品。

他还是那样憨憨地笑着打招呼。见我靠身旁坐下，他便停下手里的活，说刚吃过晚饭，闲着也是闲着，不如找点事做。"也就是现在的老桃子核才坚硬，吃过后洗干净，先把外表磨平。"他边说，边从裤子口袋里掏出两枚已磨得十分光滑的桃核展示着。

要雕刻成什么，需看核的大小和形状确定。他从腰带上取下钥匙串，上面挂着一只漂亮的小花篮，"这枚核比较大，要横着刻。"提手和篮筐，都有模有样。"核的里面，一点点地掏，也就空了。"正在锉的两个是圆圆的小水桶,形象逼真,基本成型。

他又掏出手机,翻出照片,让我欣赏以前雕刻的作品——有大小不一的小葫芦,有线条优美的长拐杖,还有各种形状的钟表……很是好奇,询问跟哪位师傅学的?他摇摇头,又翻出入伍通知书和退伍证的照片,专业栏填的是"仪表员"。

心灵手巧是仪表员的必备素质。"在部队,我为了能静下心来,就练习雕刻,刻的一架小飞机挺漂亮,被一位首长看到,拿回去当艺术品收藏。"

继续翻看他手机里的照片,有外孙女双腿跨在他肩头上开心的笑脸,有带着白发老妈开心地逛着牛首山公园的情景。"再给你看看这个,猜猜是谁?"以为是他岳母。"不对,是我外婆。"

稍估算一下,他外婆应该有九十多岁。"哈哈,不止,再看看照片里的蛋糕。"蛋糕上面写着数字,老人已经101岁!与谁在一起生活?"外公十年前95岁去世后,她一直都是自己一个人过。"

保安都来自各地,问老畅老家在哪里。他笑着说:"我家就在这里。当时叫沙洲青石村,我们拆迁搬走,新的小区建成,你们才住过来。"他外婆家是靠南边那个村,先拆迁,安置在春江新城。"我们分在莲花新村。"

因为拆迁,有的为多分补偿款办理假离婚;有的为财产分割闹得家庭不和,甚至诉诸公堂。老畅说:"我们家不存在这些事情,给多少算多少,没去斤斤计较,家庭内部更是互相谦让……"

从老畅身上,能看到很多。雕刻桃核的纤毫不乱,磨练着处理事务的一丝不苟；遇到变故的随遇而安，成就了知足常乐的祥和生活；亲友之间的和睦相处，营造着五世同堂的美满幸福！

（2019年8月19日）

靠自己良好的心态

以往,晚上散步时,都是妻子走几圈累了先回来,我继续走。昨晚没走一会,感觉好累,要回家休息。早睡本以为能早起,也许是感冒药的原因,早上还是起晚了。没晨练,吃过早饭就上班。

上午接到一个电话,之前打来好多次,听到是我的声音,他很高兴,讲了一些感谢的话语,表示等好了后一定要送锦旗来。我说绝对不要,其实也没什么,都是我们应该做的分内工作。

他65岁了,三个多月前,骑电瓶车在路上摔了一跤,腿被车压骨折。路人打120,送到附近一家不大的医院。当天就做手术,在手术台上,老人受到8个多小时的煎熬……

那段路,因一旁的楼房施工,路面有拱起的裂缝,老人在那里跌倒,便要管养道路的单位承担责任。仅住院二十天,医药费花了八万多元。医院不停催缴,可涉事单位无人过问,都表示让他上法院。

那时,他一再打电话,一打就是半个多小时,倾诉自己的痛苦,指责相关单位不作为,口气十分过激,并说如果不管,就让人抬到大楼门口。我语气也不是很好,直接说都是注定要倒霉。本来,摔倒骨折后可回家静躺,应该会慢慢自然长好,比到医院开刀受那么大的罪要好得多。当然，末了总是劝慰他要保持好的心态，也有利于伤口恢复。

为了解实情，便到那段路的现场查看。一段鼓起的面包路高低起伏，老人骑电瓶车经过，是容易摔倒。联系道路旁边盖楼的单位，到医院看望伤者。他左腿打着绷带，一脸的痛苦难耐。

心态安好，则幸福常存。当时劝老人，手术做过，待线拆好后就早点回家休养，把心放平和，才利于健康。

后来，依然多次接到他的电话。有一次，他说了一堆好话后，转而要求我办件事，帮忙给他写一份书面材料。当即回复不可能，因为我们有自己的工作规定。

一般性的骨折，两三万治疗费还不够了？医院怎么要那么高的费用呢？平时没什么手术可做的医院，以及在医院以揽医疗纠纷为生的律师，他们会共同认为，反正肯定会有单位买单。

律师应该是公平公正的，要读多少书，才能过司法考试那一关？记得我年轻时，认为当律师是多么圣洁的职业，买书回来一本一本地啃，也曾通过律考，拿到证书。

看过他寄来的材料，感觉是专人所写，问老人是不是律师想要的材料？他马上吞吞吐吐地说不是，只是自己想收集。躺在病床上的人，怎能写出条理那么清晰的文字？人遇到困难，能帮就帮人一把，但遇到困难的本人思想要正，不能一味地责怪。那么多人骑车都没摔倒，单单就他摔成那样？有人走路还跌跤，有人下个台阶摔骨折，还有人在家或在办公室搬个桌椅，稍不留意腰就折了，他们能怪谁？

三个多月过去，老人能下床走动了，事情得到妥善解决。天有不测风云，人有旦夕祸福。发生过的事，以后还会发生，太阳底下没有新的事。事情遇到了，首先要怪的应该是自己。遇到路况那么差，不能骑慢点吗？或者下来推着车走也免得吃那么大的苦头啊！事发后，就开始责怪人家，这种心态，会有什么好处？

  树欲静而风不止，能真正救赎自己的，还是要靠自我良好的心态。时间在变换，去了旧伤或许又来新疤，靠人家帮得了一时，帮不了一世。只有真正想通，指责他人的毛病才会根除。

（2017 年 8 月 9 日）

就这样扎下了根

又是好多天不下雨，真是辛苦了小区绿化工。他们每天顶着烈日，拖着长长的水管，给一棵棵树和一片片草坪浇水。看他们都是两人搭配，一人在地面拖动管子，一人抓管头喷洒。

移动水管的活稍轻松点，两人便自觉地轮流换着干。一位工人把水管挪好位置后，来到我近前，从口袋里摸出一包红南京香烟，打开，里面还有两支，掏出来。我说谢谢，不抽。两支烟又放回去，盖好，烟盒装进口袋。

他姓金，家在安徽泗县。"我都快七十了，出来搞着玩玩的。"边说边笑，满脸皱纹，说话时，露出一口整齐洁白的牙齿。

金师傅语速很快，如果不认真听，就很难听得明白。他今年虚68岁，有一个女儿。女儿来南京打工后，就在这儿成家了，住在育才公寓，外孙已经十五六岁。

"我摸不清育才公寓的方向。年前女儿要我过去玩，也不知在哪里坐公交，让我打的去。下车时，师傅要了七十块钱。我回老家也只要五十，怎么有那么远？"已是半年前的事，老人仍然耿耿于怀。到育才公寓，打车十几块钱也该够了，我没好讲。心想，的哥肯定是带着老人到处转了一圈。"就去过那一次，有时女儿也会来看望我。"老金笑着说。

他还有三个儿子,都在老家。"老大给老板跑车,二子在县城打小工,老小留在村里搞卫生。"没明白搞卫生是什么意思,以为他们那个村子里还设有保洁员。"我原来就在村里医务室工作,交给小儿子干,没事想出来转转。"

才晓得他应该是乡村医生。在农村,这职业很吃香,所以传承给小儿子。只要掌握一点基本医学常识,就能治疗一些小毛病,自己赢利,也方便了乡亲。

前些日子,因为天太热,物业公司有工人中暑。他说:"如果到大医院,要拍片化验,首先进行各项检查,病还没看,就要花上好几百。我们老板帮找家小诊所,让吊了两小瓶盐水,添进三小瓶药,收了他一两百块钱。"

后来,又有个工人感冒,头昏昏沉沉,不能干活。公司都是一个萝卜一个坑,少一个人,那块的事情就做不成。物业经理也着急,找到老金。"我就去药店买了药,两瓶盐水外加九小瓶药,挂一次水就好。不会像诊所那样,拖拖拉拉跑好几趟才行。"他很随意地说道。

那人不出门病就治好了,当然很感激。他说:"那人要给钱我没收,买了不少东西,我也没要。还是老板说药的成本钱要给,才收了他五十块钱。如果在小诊所,至少也要花三百多,更莫谈大医院了。"

"我是出来玩玩,碰到熟人做绿化工,拉着我一块干,说就是剪剪枝、浇浇水、拔拔草。没想到还要爬到大树上去砍枯枝。"这家物业在市区管理不少小区,老金吃住在光明城那边。"我就是瘦,身体没毛病。哪个小区有事都喊我,特别是用直梯子上大树,其他人都不敢登高,只有我不害怕,经常各个小区跑。"

老金有五个孙子,大的马上大学快毕业了。"上次回家,孙子要我帮他找工作,真找人联系好了单位。哪知道还有一年才毕业,这不是在糊弄我嘛!"看他全身上下都已湿透,有汗水,也有自来水,衬衣紧紧粘在身上,仍然那么开心地笑谈着……

现在老金的孙子辈都大了,老伴一人在家也没事做。他本想出来转转就回去,没想到老板看他这么能干,一直劝着不让走。是金子总会发光,不论在什么单位,只要能做实事,哪里都需要。

(2019 年 8 月 25 日)

度过了就岁月静好

上午去值班,刚在窗口坐下来,她就来到窗外。外面,有高脚椅子。看她很习惯地坐在那儿,是常客,且立即面相很凶地质问:"我的问题什么时候能解决?"说的是老话题,因为考虑一己私利,提的都是无理要求。凡是接触过她的人,打心眼里肯定都是瞧不起。

但那么大的年纪,头发已花白,脸上带着愁容。看在眼里,心中还是生出怜悯之情。问声王大姐好,刚起身,表示要给她倒杯水。"不需要,我带着杯子。"她从包中拿出保温杯,我说帮她加点,"里面是满的,谢谢!"那脸上的怨气明显要和缓些。

我说天这么热,还是要注意身体,少在外面跑。其实,她上午来,是被约的,只是时间还没到,看到我,就凑过来聊聊。

见我颈脖子上有好几个红点,她问:"是不是过敏?如果过敏,就是免疫力下降。"旁边桌上,有同事杯子里泡好的枸杞子茶,她指着说:"可以像人家那样,泡点枸杞当茶喝。也可以早晨起来洗几粒嚼着吃,能增强免疫力。"

我解释是前天晚上在小区散步时,因为一截路拉了围挡,只好走小道。在一棵树下,突然感觉右颈被什么虫子蜇到,没当回事。昨天早晨上班，同事看到，让到三楼医务室，医生帮搽上碘酒，红点也就消了。可昨晚觉得很痒，醒时能控制，睡着后被自己挠醒，以为抓出了血，让妻子开灯查看，好在并没流血。

"如果不是过敏，就是碰到了树上的毛毛虫。小区里不能散步，我都是一早就到青奥村去锻炼，那里四面开阔，不会有什么虫子。"她住在双和园，那是拆迁安置房，离青奥公园不远。而我们哪有那个条件？早晨起床，要赶着上班。"我除了晨练，白天在家什么事都不做，老公包揽了全部家务活。"她年近七十，把双手伸出来，并说："你看，我这手可像干过活的样子？"

问她家里其他事情都不用管了吗？"儿子成家好几年了，孙子已经两三岁，一直跟他外婆，我一天都没带过。如果来我们家，还嫌菜烧得不好吃，干脆就天天在那边。"我说自己家的孩子，不带也没了亲情。"怕什么，再怎么的，他还不照样是我孙子？"

她双眼很有神，盯着我颈脖上的红点，又说："要是感觉痒，可以抹点眼膏。你想啊，眼膏都能往眼里涂，眼睛多敏感，涂了可以消炎。你试试看，应该有效果。"

因为注重锻炼身体，所以她精神很好。"到晚上，我就要集中精力写材料。"说着，她从包里掏出一摞夹得整整齐齐写得密密麻麻的纸张，其中有四五页是昨晚写的，字迹清晰，内容相差无几。

能写出这样的材料，应该有些文化。"那是当然，我1978年参加高考，只差两分。当时，如果不填南大就好了，报南师大或其他什么院校都能录取。"这样一说，真是令人刮目相看。她接着说，"我家在上新河，那年高考后，对差五分以内的学生包分配，我被分到江心洲中学当老师。当时，夹江上没有桥，只能到棉花堤坐轮渡。我爸说，一个大姑娘，天天上班还要过江过水的，就没让我去。后来，招工到商场当了营业员……"

王大姐的身边还有根拐杖，腿脚不方便还这样跑。当年，如果她去当老师，应该能逐渐懂得为人处世的更多道理，四十多年，肯定早已桃李满天下，不至于走上这样的人生道路。

约定的时间马上要到了，劝她商谈时不要激动，有事正常反映，不要提些无理要求。她起身时，扶着拐杖，微笑着说："你放心，我会好好讲的。"约谈结束，快十一点半了，离开前，她心情平静地来窗口打招呼，并叮嘱："回家莫忘了涂眼膏。"到晚上，红点处抹过眼膏，还真不疼不痒，颜色也变淡了。

有时，想不开的结就是命中的劫，度过了就岁月静好。又想起那一瘸一拐的背影消失在正午的烈日下，但愿她沐浴阳光，早日解开心结，也能回归正常，共享安乐，感受含饴弄孙的美好生活。

（2020年8月11日）

都是真实的人间

昨晚又到江堤上检查值守情况。整夜的雨,时大时小,下个不停。早晨,想等雨稍小点,好走到菜场去。到八点半的光景,看窗外的雨点稀疏了些,便拿把雨伞,迅速下楼。

现在城市排水功能都很好。这样的雨,路面基本上没有积水。撑着伞,出小区,穿过马路,如同在雨中散步,再想着马上去菜场,中午就能吃到自己包的水饺,心里感觉很是舒畅。

进菜场,还是直接去了那家卖蔬菜的摊位。摊位前,挤满了人,只能隔人相问,包饺子买什么菜好?老板说:"有韭菜,我家芹菜包饺子也很好吃。"两年多没包过饺子了,以前都是韭菜肉馅,但最害怕理韭菜,清洗干净真不容易。既然芹菜也可以,摘洗便捷,何不尝试一下呢?

总共有四五平方米的摊位上,有序摆放着各样蔬菜,还有葡萄、香瓜、黄桃等水果,有人疑惑于他家怎么什么都有的卖?老板手上边忙,嘴上边说:"我家除了女儿没有,其余的哪样没有?"一口苏北话,刚说完,一个女顾客就接上:"没有女儿,再生一个就是了,多大事啊?"

原来,他们第二胎时,就是想要个女儿,哪知道孩子一出生又是个小子。正在捡菜的女顾客还在鼓励着:"如果想要女儿,就得再生一个,也能彰显你的实力。"老板则说:"如果再生一个还是儿子,日子怎么过?要是生个双胞胎小子,我们还活不活?"在另一边忙得一头汗的老板娘,身材瘦小,笑着感叹道:"再怎么想要女儿,可已经生不动了⋯⋯"

拿两小把芹菜、四根黄瓜,十八块钱。支付完成,马上转身去卖黑猪肉的摊位。原来四个台子的肉摊,只开了两个,也有不少人围着。让称两斤饺肉,小伙刀子轻轻一划,上秤,差一块钱两斤。排队等绞肉,有人切好,洗干净,添加姜、葱、木耳、香菇等,绞出的肉馅比自己回家剁要省事。饺肉三十五块钱一斤,看有人买了排骨又买饺肉,付款就是两百多。

到卖饺皮的店,也有人在窗口排队。一个胖胖的妇女可能是忙不过来,看有个小伙来帮忙,马上转身离开。细密的汗珠正从小伙的额上直冒,他用右手食指从左向右轻轻一抹,将汗珠甩到地上,避免汗水流进眼里。再看那光着的胳膊上,汗水也直淌。有人窃窃私语:"刚在里面搬面粉的。"玻璃窗里的店内应该开着空调,可他还热成那样,说明刚才干的体力活很重。

观察他给前面几位顾客取货,都是用塑料袋轻轻地包好,从窗口送出来。有位女顾客问她的烧卖皮子可好了?小伙找了一圈,原来已经摆在一旁的台子上。以前只知道饺子皮、包子皮或馄饨皮,还没听说卖烧卖皮的,便好奇地问:"这烧卖怎么做?"

一旁的女士热心地介绍:"做烧卖不用封口,比包饺子或包子都简单。我也是上个月来买饺子皮时跟别人学的。只要把糯米蒸熟,将香菇、木耳切碎,拌些小肉丁,倒些酱油,加点盐,一起放锅里炒,差不多熟了后盛出来,包好,在笼屉里蒸十分钟就可以了。"看她提着烧卖皮,比饺子皮的面积大一倍多。"一次包五十多个,两斤米,做好放冰箱,小孩特别喜欢吃……"

隔着玻璃,问老板两斤芹菜、两斤肉,包饺子要多少饺皮?他没急着回答,手擦着汗,直接提了满满三袋子。似乎太多,只要了两袋。又怕不够,再跑一趟好麻烦,便让另用个小袋子又装了两块钱的。饺子包好,正巧就多了那一小袋。放进冰箱,妻子说明天切成面条吃吧。

午觉刚醒,电话铃响。朋友知道我会养花,说盛夏时节,送两盆荷花。女儿听说,坚决不同意:"家里真的需要,你可以到花市去买啊,要人家的干什么啊?"话是有道理,可与这位朋友关系很纯粹,仅仅是一番情意。昨天来信息说:"荷花可观赏,荷叶晒干后可泡水喝,能治疗高血压。"看师傅从电梯搬出来两盆,我说只要一盆就行,待花开过就把盆还上。看三朵花苞正在碧绿的荷叶上亭亭玉立,拍张照发给朋友,表示真情的谢意。

下午趁雨小,出去散步。走到小区门口,想着可以去菜场将饺皮换成面条,又转回家取。可到那店的窗口,小伙不在,换成了胖乎乎的妇女。本来她收下了,但看旁边一个老太站在那盯着看,就笑着说:"卖出去的是不好退的,也不好再卖给别人是吧?"老太也笑着点头。"就是真退给我们了,也只能扔掉。"听她说得也有道理,但好好的饺皮扔掉多可惜?还是提了回来。

到小区,已近傍晚时分。一个扎羊角辫的小姑娘正在一汪水里踩着玩,个头不到一米高。经过时,被她踩得水花四溅,便说:"这样玩得真开心是吧?"她没愣一秒钟,看我离开了,就欢笑着说:"有水玩当然开心啊。我小的时候,在澡盆里把水玩了一地,那才叫好玩哩……"回头看时,她歪着脑袋,双手做着心型,双脚踩水,还在稚声稚气地说。

  从早到晚,出门所遇的,都是真实的人间。这梅雨,连续下了好多天。市民们能安然地居家过日子,孩子能在地上快乐地玩水,城市的一切功能都在正常运转,可秦淮河的水已漫到堤岸,城里城外所有江河的堤坝上,有多少人员正在辛苦值守,日夜奋战。我们,同样也在随时待命。

(2020年7月18日)

飘摇的生活

刚打标题,想输入"漂摇"两字的词组,却出来"灪",打了几遍,还是这个字。从没见过,当然不认识。一查,32笔画,读"玉"音,此字本意是指高峻,与瀚相连,则指大水茫茫的样子。

是我以为在水上生活就是"漂摇",用五笔输入法一敲,就出了这么一个极复杂的字。其实,根本不存在"漂摇"这个词组,而应该是飘摇。

巧在此文内容涉及水,还能搭点儿边。在车流滚滚的龙蟠中路旁,能有这样的一块清水塘,乍一看,似乎一望无际,真让人感觉到一片水茫茫的景象……

清晨,在塘边散步,看有位工人戴着草帽,划着小船,那长长竹竿的一头,装着网兜,不断捞着漂于水面的杂草。水位下去后,塘边围栏比水面高出两三米。俯身看到,船舱内已被杂草堆满。他站在船头,边划边捞,小船始终保持平衡。若是我们,别说打捞,仅站上去,都不一定能立得稳。

问他贵姓,说姓韩,家在淮阴。再问年龄,他说:"64岁了。也是没办法,女儿还在读书,我不出来苦,哪有钱供她呢?"这么大岁数,女儿还在读书,不禁让人感到疑惑。

"我上面有一个大哥一个姐姐。大哥比我年长二十岁,他们家发生变故,是把他孩子忙成家后,我才找对象,结婚时已经四十多岁。现在,侄儿的孙子都好几岁了。我有三个小孩,两个儿子都在外打工,最小的是女儿,还在念高中。只要她想读,我们哪怕再苦,肯定都要供她。"老韩身体很壮实,做事肯定是一把好手。

他把竹竿靠在肩头,摸摸裤兜,感觉是空的,又弯下腰,拿起一个塑料袋,细心打开,从里面取出一件衣服。这应该是防止身上弄潮后好更换,他从那件衣服的口袋里摸出五块钱一包的猴头牌香烟,抽出两支,举起来要给我一支。

我担心那样站着不安全,便提醒他。他自信地说:"没事,习惯了,哪怕船舱装得再满,我只要把握好重心,船就不会翻。"能看见塘底的水草,我以为很浅。"不是的,如果到塘中间,这根竿子都打不到底。"那竿子,有三四米长,人若落水,肯定很危险。

老韩的身上,也象征性地穿着救生衣。"我们生长在水边,从小水性就好。如果真有人掉下去,我一个猛子钻下去就能把他顶上来。"他谈到以前在老家,有个学生掉进大水塘里,被他救起来的经历。"我正巧经过那里,看见水面上直冒泡,就知道有人淹水了。我连鞋子都没脱,直接游到冒泡的那个位置,再钻进水底,还真是个人。就抱紧他双腿,用头顶着他的屁股,直接托出水面。"

他还说:"在水里救人,千万不能被对方抓到。一旦被他抓到,死都不会松手。"把那个学生救上岸后,孩子已不省人事,喝了很多水,肚子胀得鼓鼓的。"就把他双脚拎起来,将那肚子往我膝盖上撞，吐出一地的水，才慢慢醒了过来……"

后来，老韩还从水中救过一人。"是在我家屋后的水塘，听到邻居喊叫，说有人落水了。从家直接蹿出去，是个患有羊癫风的人，他在塘边走路，突然倒进水里。那是个老塘，水很深，如果救得慢点，人就没了。"他又补充道："得了羊癫风的人，说倒就倒，哪怕前面全是刀，他也照样往上躺。"

生命不在于活得有多长，而在于顿悟得早与晚。聊起这些，老韩认为都是举手之劳，在他看来，都不值一提。"只要自己能办得到，把人捞上来，对我也没什么伤害，都是无所谓的事情。好在我一家五口人，现在都平平安安，这比什么都好。"

（2020 年 9 月 7 日）

低一下头不算吃亏

在外出差,健走的目标只能是白鹭洲公园。没走出多远,右边鞋底脱胶,上次补过,粘一下就是五块钱。下楼时有啪啪的响声,没当回事情,可到马路对面,整块将要脱开,只能回来。走了几步,看着宾馆就在眼前,却实在无法落脚,只得撕下来。

好在仅是一层防滑垫,不厚,没有它,刚开始走几步,是有点不舒服,再走一会也就适应了,就继续往前走。心里,还想着鞋底下的那层皮。

早晨的公园,只要有一块平整的空间,都有人在活动。他们在跳舞、做操或打拳,音乐声此起彼伏,一片热闹的场景。这与公园的美景和谐相映,令人身心愉悦。

没了夜间的游船,秦淮河流经白鹭洲的水面显得异常平静。在一处宽阔的水域旁,不少人扶着栏杆在压腿,做各种姿势的拉伸。紧靠栏杆的地面,每块大理石上都有一个十分工整的楷体字,水印未干,可没见写字的人。

顺着台阶往上,才看到一位老人右手捏着一支巨大的海绵笔,看似很轻松地书写。走近一看,老师傅正在地上专心致志地写出:"虚心竹有低头叶,傲骨梅无仰面花。"一气呵成,字体苍劲有力。

这是郑板桥的《竹梅图》的对联,此联抓住梅、竹特点,以物喻人,托物言志,寓意竹子内心谦逊,才向人虚心低头;梅花高傲不屈,从不拍马逢迎,展现了人的美好心灵。

众所周知,竹子有气节,叶子却依然耷拉着,意思就是低一下头不算吃亏。梅花盛开在寒冷的冬天,虽有傲骨,给人的感觉十分坚强,但仍然花儿朝下以示谦虚。这句诗说明了做人的道理:心胸要宽广,无论有什么成绩,都不要张扬,更不能盛气凌人。

老人姓王,今年70岁了,说练了一辈子的字,到户外地上用水写,是近两年的事。我由衷地夸赞这字写得真好,他谦逊地笑着说:"也谈不上,只是写着玩玩的,为了防止老年痴呆。"因为这样写字要手脑并用,写好的前提是熟记一首首古诗。

他还说:"在户外写字,到公园来走走,不仅呼吸新鲜空气,锻炼了身体,而且还节约了成本。"据他介绍,原来在家练字,要买笔墨纸张,每月平均要支出六百多块钱。"在外面练,这笔钱就省下来了。到塘里提小半桶水不要钱,笔杆不用换,只需两个月换个当笔尖的海绵……"我离开前,老人又很快写出"龙凤呈祥"四个大字。

正常绕公园转一圈,应该是沿着城墙根,到东水关遗址公园,再回房间。可心里念着那块扔在路上的鞋底,想想,原路返回,远远看到它还躺在路上。庆幸没被环卫工人清理掉,捡起,用餐巾纸包好,带回来。哪天去江东门理发时,找那师傅再粘一次。

(2020年9月16日)

在奔跑中凝聚力量

早饭后,看到手机里老师发来的信息:"你在家门口可以看南马跑吗?"没有回复,迅速下楼,去了奥体。

真是天佑南京,多日阴雨,今天放晴。2020南京马拉松在奥体中心从早晨七点半发枪开跑,一万余名跑友如潮水般奔入跑道。这是本年度国内唯一举办的全国马拉松锦标赛,也是东京奥运会的达标赛。

从奥体大街往西,到庐山路口,设了路障,有交警站在那儿,说明已经封闭。虽还是有点冷,但没风,蓝天上凝着朵朵白云。负责拍摄的直升机一直在空中盘旋,不断传来阵阵轰鸣声。赛场上,近200名国内专业马拉松选手同场竞技。

跑友们仅穿短裤、背心,他们从奥体出发到梦都大街、从环湖路到玄武门、从乐山路到金沙江西街……沿途,玄武湖、夫子庙、总统府、新街口等这些南京标志性建筑和美景都尽收眼底,道路两侧更是一片欢腾的海洋。

走到跑道附近,不少选手正在争先恐后地奋力奔跑。两个多小时后,高音喇叭里,开始播报获奖人员名单的信息。寻往声音源头,就在奥体中心东门。隔着宽阔的江东中路,偌大的舞台上,除了主持人，还有健儿及嘉宾。

江西选手彭建华以 2:08:50 夺得男子全马冠军。来自辽宁的李丹，巾帼不让须眉，2:26:59 跑完全程，获得女子全马冠军。而且，前三名均跑出了个人最好成绩，达到奥运会标准的同时，也打破了南马赛道纪录。

主持人一直在煽情地播报，跑道上的运动健儿顶着寒风，挥汗如雨，马不停蹄。道路两侧人山人海。想取景拍摄对面的镜头，可前面人头攒动。有位同事也参加了这次南马，他身上还带着伤病，却能以 3:18:44 的好成绩跑完全程，值得称赞！

有人坐在轮椅上，她看不到跑道，就举起手机拍天空，再低头编信息发给远方的朋友。她手机屏幕上的字体很大，看得很清晰："南京晴空万里，真是跑马拉松的好天气。"

后面国旗杆的墩子上也站满了人，我趁一个人下来了，便站上去。正拍着，一旁的中年妇女自言自语地说："我家的到集庆门了，看他跑得多快！"以为是她儿子也在参加长跑，"是我老公在跑，本来我也想参加，但年底单位忙，没空训练，就没报名。"

中年妇女又指着前面人堆里挤着的一位手上牵着小孩的老奶奶说："那是我婆婆，旁边是我小外孙子。"据她介绍，老家在南通，因为爱人在南京当老师，她也过来应聘到超市工作，女儿出生都是靠自己带大，自己凭业绩干到店长，所以很忙。"女儿生小孩后，没人带，只好把八十来岁的老婆婆从老家接来。小外孙靠老人一手带大，现在都会骑自行车到处跑了。"

小孩掉转头，把车子推到旗座旁，一屁股坐在石板上，打开手机要与她妈妈视频。"我老公以前身体不好，浑身都是毛病，早就离职了。逐渐腰痛得都直不起身,如果开车,想从驾驶室出来,都要靠人搀扶。如果没人帮忙,他自己要先将脚慢慢移出来,双手撑着座椅往外滑,再抓着车门。好不容易爬出来,还得靠在车门歇会儿才行。"

那年,她女儿为了冲刺高考,体重激增了二十多公斤。减肥药不敢吃,害怕反弹,上大学后,就开始跑步。几年下来,恢复了苗条的身材。"女儿生过小孩,又开始发胖,业余时间便坚持长跑。她是真正体会到了跑步的好处,就劝她爸也参加。"

三年前,他们夫妻俩也开始练习跑步。从开始的快走到慢跑,从一公里到三公里,再从五公里到十公里。"现在我们每天跑十公里都很正常,我老公跑着跑着,身体毛病全没了。他每天下午送孙子上培训班,就在旁边的公园跑三圈。记得前年参加玄武湖的半马,我体力还跟不上,跑到最后,想死的心都有。去年参加奥体这边的半马,就轻松自如了。"

她与老公在手机上设了位置共享,过一会儿,她就看看,对老公奔跑的速度表示很赞赏。小外孙子的手机上,正放着视频。"你看,我女儿在集庆门接到她爸爸了,正在场边一路助跑。要不了半小时,应该就能跑到。"

这些来自天南海北的选手,很多都是坐飞机赶来。"我明年退休,也计划与老公一起到全国各地去跑。顺便玩玩,就当去旅游。"真不愧是当店长的,口才真好。"我以前可不是这样,单位事情多,回家老公身体又不好,一直都很郁闷。自从参加长跑,我们都像是变了一个人。"她还鼓动我也可以带着家人来感受氛围,说不定一激动,也会投入其中。

她说得也很实在。可不是吗？如果有事情一直憋在心里，肯定容易患抑郁症。跑步能让人把心扉打开，心扉开了就会开心，自然能获得快乐。

　　但，敢于参加马拉松，需要天天锻炼，有持之以恒的毅力，更需要敢于战胜困难的勇气。通过挑战极限的奔跑，能野蛮其体魄，文明其精神。这次，有两千多名大学生志愿者，凌晨三四点就奔赴各自岗位，有的还当助跑员，与选手们共同积极进取、蓬勃向前。

　　感谢老师的提醒，才有机会与2020南马贴得这么近。赛事持续六个小时，到下午一点半才结束。哪怕跑在最后的人，只要能坚持跑完全程，都是值得敬佩的人！

（2020年11月29日）

能哈哈一笑就好

一对个儿很小的老夫妻来楼下羽毛球场打球，看他们一声不吭，没打几个来回，就收拍离开。怎么才来就不打了？男的还是一声不吭，径直走出场外。女的说："他要回去玩电脑，没心思在这儿打球。"

听她说，从湖南益阳来南京已经快十年了，给儿子带小孩，大的已经上三年级，小的才两岁。"今天他们小两口休息，把孩子带出去玩，我们才有空下楼转转。"

年近七旬的她，一口湖南话，边说边打着手势，配合着不停移动的步态。"还有三个女儿，只有儿子上大学又上研究生，就留在南京工作。"那些年，计划生育抓得很严，湖南真是很人性化。"我们第四胎生的儿子，没罚款，因为我老公只有一个人。"

理解她老公应该是三代单传。她比划着说："我老公三岁就没了娘，十多岁他爸爸又得病走了，他只有一个婶婶。我们成家时，什么都没有，日子过得真的是可怜。"

"日子再苦，我们有一双手，种田种地，猪牛鸡鸭等等什么牲口家里都养。一头母猪一年能下两窝，两头肥猪到年底一头卖钱一头杀了留在家吃。虽然辛苦，但也快乐。"在那个年代，国家很困难,哪里都一样。"我们都不识字,只能凭两双手去劳动。"

因为没文化,所以她坚持要小孩读书,不仅送儿子到学校,女儿也同样要上学。当时,亲戚和邻居都劝说女孩迟早要嫁人,读书有什么用?"还有人说如果让四个孩子都上学,会把我累死的。我说只要孩子能考得上去就供他们读,自己真累死也不怕!"

这样,前面两个女儿初中毕业,先后回家帮忙干活。后来成家,各养育了两三个孩子。"二女的儿子高中毕业时,考上军校,部队带服装开着车到家来接走的。"

小女儿与儿子只差一岁,两人那年同时考上高中。"暑假时,女儿的一位同学天天来家里,我了解是想相邀一起外出打工后,就不让那同学再来家里了。"

"女孩到外面,靠老老实实打工,没有哪个能挣到钱。有的做那些花花事,挣的钱不干净。所以,我的女儿就是再苦,也不让她们出去打工。"不让那女孩来家里后,她便耐心地劝说女儿继续读书。问她为什么不读,"女儿说,考虑家里太穷,还是出去打工挣钱,供弟弟接着读。"说到这里,老太的双眼突然发红,眼泪止不住地往下流。

她一手擦眼泪,一手使劲挥动着球拍说:"我就是讨饭也要让女儿读书。"夹在两拍之间的羽毛球滚落下来,她低头捡起球,起身再扬起的脸上,又有了笑意。后来,小女儿考上益阳师范,因为表现优异,毕业时在网上就被浙江一所中学直接签约。

找工作不容易,孩子认为有学校同意安排就行,便签名了。师范的老师都不同意,说赔多少钱给浙江那所学校也不让孩子去。"但女儿说自己签了名,就不能反悔,否则以后在社会上就没了信誉。"还能感觉到她对小女的远行十分不舍。"她谈个益阳的对象是当兵的,开始我们都不同意,但他们对上象了,也没办法,到现在还是分居两地。"

"前几年,学校要她教高中学生,她因为个子小,坚持只教初中。校长说初中的孩子个子也高啊,女儿就从初一开始带到初三,一轮一轮地教。学校把一些调皮捣蛋的孩子都放她班上。她拿教棍打学生胳膊,有人举报,有记者来调查,她也不害怕。学生一个个都教好了,家长到学校都感谢她。"

在那样的家庭环境下,儿子学习一直很刻苦,考到南京一所名牌大学,又读研立业再安家。为了让下一代有好的学区,前几年花了三四百万,在我们这儿买的二手房。

儿子结婚后,她就到南京帮做家务。来的第二年,有了孙女,忙不过来,老头也从湖南来帮忙。现在又添了孙子,忙得也开心。"他负责烧菜,我只管带小孩。带小孩责任好大,哪里磕一下碰一下怕要挨骂。"

"现在哪叫什么养儿防老?是儿子靠老、养儿苦老啊!说得好听是接我们来南京,还不都是来帮忙干活的?老公要管一日三餐的饭菜,每天早晨他们吃完就上班走了,我们吃剩下的。中午主要就给小孙子弄吃。每晚他们下班回来都要准备五六个菜,而且每天不同样。只要大家不生气,吃完能哈哈一笑就好。"

天天在这里,老家的房屋和田地都荒掉了。老头除了烧饭,还搞卫生,没事就在电脑上玩游戏。"也不知道他在电脑上看些什么,都是儿子、媳妇给他弄好,一点就能打开看的泡沫剧。"

她还说:"二胎政策放开后,在浙江当老师的小女儿又快生小二子了。男方还在部队，家里老人身体不好，没有依靠，还得去那边照料……"

她老公原本孤苦一人，如今已经是十八口人的大家庭。过年回家，四个儿女，家家过得都很滋润。她不时地说："真要感恩共产党领导，让老百姓过上了好日子！"在祖国大地上，她家应该是改革开放四十年来无数幸福家庭的一个缩影。

（2018年11月25日）

一切以适度为好

转眼之间，与小白相处已近二十年。那时，他刚来南京创业，几个兄弟合伙，建立搬家公司，赚的都是辛苦钱。后来，兄弟到上海等地去经营，他则一直留在南京。

不少人赚到第一桶金后，就改弦更张，有的开饭店，有的做微商。而他，一直干老本行。因为坚持，对行内业务熟悉，懂得如何更好地为客户服务，生意也蒸蒸日上。

从他最初开小货车，到开普桑，再到后来驾驶豪华宝马，就知道他早已今非昔比。一段时间，有人劝他将公司上市，可以赚取更多利益。有人诱导他进入物流行业，可以扩大经营范围。也有人要他开农庄或酒店，方便生意上的来往接待。他还被人拉着天南海北地跑，美其名曰开展公益事业，实质上却是某些人想从中谋利。

一圈下来之后，他说，还是要回归老本行。他的搬家公司，在南京的名气应该很响，挂靠在他公司名下的分公司有几百家，路上跑的货车几千辆。现在，他只负责协调，哪里出了什么事，靠他联系人去处理。

最近，他在江北租了一块地，盖起了工人居住的简易房，在职工饭堂的旁边，隔了一间小餐厅。周末闲暇，他约几个朋友去吃院子里种的菜。有人又建议他在城里开一家土菜馆，生意肯定兴隆……

小白听到重新创业的话题，不再像以前那么激动。他说："世上有赚不尽的钱，差不多就行。我还是一心把搬家公司做好，统一车辆，统一服装，制定内部规章，提高服务质量，一定能在南京把我们品牌做得更响。"他没什么文化，但说的话很有道理。

时间过得真是很快，与小白相识时，还是而立之年，转眼，已过半百。因为经常见面，互相感觉似乎没变。他皮肤白皙，相貌堂堂，一看，就很有福相。

他原本不过是皖北乡村的一个孩子，初中没读完，就跑出来打工，跟着成年人后面搬家，却搬出了一个大公司。如今，他老家的那个县，就有几百人随他来南京，靠自己劳动所得，买车买房，安居乐业，很多都已儿孙满堂。他却不紧不慢地把两个女儿先后送到国外念书，儿子则送到苏北读高中，准备留在国内上大学。

突然而来的疫情，对公司影响并不大，因为他不需要付出多少成本。复工复产后，业务随之十分繁忙。又有人劝他多买货车，扩大规模。但他经过思考，认为还是以适度为好，决定不盲目投资，只要能维持现状，充分利用好目前车辆的资源，就不愁平稳地挣钱。

（2020年6月22日）

半是水色半天光

为了等待在莫愁路考场的女儿，两个半小时，车子来回跑也耗油，便想停在附近的莫愁湖西侧路边。正巧，看到有个停车场，门卫面熟，让开了进去。

妻子是带了公园的年卡，还是去年的。因为湖里清淤，公园整治，一直在封闭治理。开放之后，也没来过。

停车场旁边，有个工作人员通行的小门，推了一下，没反应，需要刷卡才能通行。心想只能去其他地方转转。到车场门口，门卫听说情况，知道只是进去转一圈就走，便好心地帮开了后门。

今天是大雪节气，虽然没下雪，但气温首次降至零下，早晚明显能感觉到寒气逼人。清淤后水浅，水杉的树根都露出了水面。这样的时节，公园里自然没了烂漫的鲜花，但垂柳还泛绿，银杏已染黄，枫叶正飞红。身处在这样的景致之中，心里也涌出欣欣向荣的情境。

过了抱月楼，远远地就听到嗡嗡的声音。近了，看那周围站着不少人，中间是一片小草坪，七八位老人正在抖空竹。他们各玩各的，都很兴奋。玩累了的，就坐在场边休息，有说有笑，十分客气。

也蹲在那儿聊了会儿。他们家就在附近，只要不下雨，每天都会来玩。这项运动很好，不需要太好的场地，只要抖起来，全身得到放松。场内，有位八十多岁的老人，举着长杆，正抖着一只很小的金属袖珍空竹。听人说，这是他自己制作的，玩起来十分有趣。

也有因为玩这个受伤的。场内一位老人前几年玩一个动作，不小心摔倒，造成胯骨骨折，现在体内还安装着不锈钢但能旋转的器具，在家休养了一年多，现在照样玩得灵活自如。

这个团队很温暖，大家在一起，不仅互相毫无保留地切磋技艺，而且十分友爱。比方，今天一位老奶奶买了一大袋花生，在每人面前捧一把。明天，肯定有哪位大爷也会带来什么零食……

一旁，矗立着辛亥革命死难粤军烈士墓。看碑文，1912年元月，为纪念北伐阵亡将士，在粤军北伐军总司令姚雨平倡议下，61位阵亡将士遗骸被运回南京，安葬于莫愁湖南岸。孙中山先生亲自手书"建国成仁"四字墓碑，黄兴撰写"粤军殉难义士之碑"。

墓前，有一棵石榴树，是孙中山先生带领同仁亲手栽种，取白居易诗"日射血珠将滴地，风翻火焰欲烧人"之意。如今，这棵石榴根生七株，被誉为"金陵石榴王"。

转到莫愁女塑像那儿，池内水很少，游客都在排队拍照。从那院里出来，门口多了不少铜像，展示着美丽贤惠的莫愁女正坐在炉前生火做饭的生动场景。有人牵着小男孩从对面走来，听到"这人好像我妈妈哦"的童音，立即被大人制止"不要瞎说"。

胜棋楼终于重新开放，明朝开国皇帝朱元璋曾与徐达在这里对弈。徐达不仅在战场上能出奇制胜，下棋同样是一把好手。当然，每次他都让着皇帝。那天，朱元璋有言在先，若再让就犯欺君之罪。徐达不敢赢，又不能输，下着下着，他执黑子，在棋盘上摆出"万岁"二字。皇帝看到，哈哈大笑，一高兴就把这座楼赏给徐达，并将整个莫愁湖作为后花园赐给他。

粉黛江山，亦是英雄亦儿女；楼台烟雨，半是水色半天光。隔着二楼的镂空雕花窗棂，看到树影婆娑，湖光潋滟。对面，只看到高楼，再不见石城山色……

走走停停，绕湖一圈，相当于锻炼。湖面上有野鸭在悠闲戏水，几艘游船也在湖心荡漾。环湖的步行道已整治一新，吸引很多市民来此散步观景。

到北门附近，园丁在修剪月季。一位阿姨在请教养花技艺，手上拿着师傅剪丢在地上的枝条。她说，家在南湖广场那边，自从公园整治好对外开放后，每天下午都要来这里绕湖走两圈，身体健康了，心情也会更舒畅。

莫愁莫愁，到此不愁。"莫愁烟雨"是金陵四十八景之首，其中的美，不仅是其独一无二的自然景致，更是承载着1 500多年的人文历史。经过清淤改造后的莫愁湖公园，正向市民展示出更加美丽的画卷。

（2019年12月7日）

珍藏在床榫头里的档案

与社区联系,说高奶奶在家。上午一个短会之后,便立即赶了过去。

这个社区,还是文明城市创建卫生包干时来过。那些日子,在一个老旧居民小区里,与社工们共同清运了三十多卡车垃圾。在充满污秽、劳累和汗水的欢声笑语中,与勤劳的社工们建立了纯朴的友谊。

转眼就是十年。门卫没拦,车直接开进院内,可社区铁将军把门,问人,说两年前就搬到院外左拐的房子里了。工作环境虽已改变,人员还在,见到都很客气地招呼。

原来的社工小徐,现在是副主任了,主动顶着烈日,带我到居民区的高奶奶家。老人见到她,如同看到亲闺女似的,招呼我们进屋坐下。

高奶奶今年75岁,满头银发,五年前老伴走了后,就一人独居。以前套型的两室一厅房子,没有装修,收拾得十分整洁。

炎炎夏日的阳光从单层玻璃窗外直射进卧室,床上还铺着床单和毯子。老人患有多种疾病,两踝骨处肿得袜子都包不住,走路很困难,再热也不能睡凉席,更不敢吹空调。

客厅兼餐厅,小方桌旁放着小方凳。老人怕我们热,要打开头顶的风扇。我们在餐桌边坐下,了解老人有什么困难需要帮忙。

看我们坐下来,便开心地聊起了家常。老人出生在江宁东山镇旁,父亲去世早,母亲将七个子女拉扯大,那个年代多么不易。

"那时刚解放,农村条件又差,我们都没上过学。13岁就上班了,在互助组挑河塘的淤泥挣工分。"老人还说,"我16岁入团,20岁入党。"她仿佛又回到那火红的青春岁月。"经人介绍,我17岁时,认识了家在雨花兴隆村的老伴。他在家是老大,父亲也走得早,靠母亲带着五个孩子生活。我们谈了4年恋爱,只见过3次,第三次是嫁到他家。"

说到老伴,高奶奶还是双眼满含爱恋:"那时,他家实在是太穷了。他人老实,怕我会离开,就把我带的档案材料藏在结婚花床的榫头里。如果不是后来拆迁,我死也不知道。"

因为没文化,没找到档案,高奶奶再也没参加过组织生活,就这样安心地在夫家扶老携幼,生儿育女。

他们结婚后,一大家人在一起生活了17年。两个姑子出嫁,两个弟弟当兵,都靠老大一手操办。她说:"后来,他们各个都成家也就自然分家了。婆婆跟老小生活。分家时,我心里很不舍,还哭了。老公当时就安慰我,有什么好哭的啊,还在一个村庄,住得又不远。"随着城市发展,拆迁后全家分到不同的地方居住,以前的兴隆村,早已是繁华的都市。

"他从互助组,到生产队,再到大队,一直当会计。改革开放,村办企业多,还有拆迁时,他从不占公家一分钱的便宜。如果他脑子稍微歪歪,家里生活就不会是这样了。"说到丈夫,老人一脸自豪,一往情深地说:"我41岁时,得了脑溢血,脑科医院都不给治了。被人抬回家,就靠他悉心照料,才慢慢恢复。但从那以后,我什么事情都不能做了。三个小孩上学,还要照顾我,全靠他。"

高奶奶有两个女儿,都五十多岁了,全从所街拆迁后安置在金穗花园。"一个儿子原是城管队员,因为老头去世精神受到刺激,经常发病,就没干了。"老人说,自己一直靠每月300多块钱的农保生活,老伴在世时就说过,哪怕再困难也不要申请低保。

老伴过世后,住在一个小区的儿媳每天来帮助收拾屋子。女儿也会经常来看看,买菜带来,帮烧好饭。从老人或平淡或欣然的表情,完全能相信,高奶奶所说的每一句话都很真实。

网烂筋不烂,人穷志不穷。老人不仅没要低保,每个年节的慰问、"一助一"结对等等正常给予的帮扶,老人都从没要过。

"现在吃、穿、住都不愁,生活比以前要好多少倍了。"当再问有什么需要我们帮忙时,老人还是这样坚定地说:"就是再困难,也要靠自己解决。"

当说到她应该是位有55年党龄的老党员,却没参加过社区的党组织生活,聊起这个话题时,老人说:"我没文化,档案拆迁时才发现,搬家时又不慎搞丢了。这不能怪别人。年纪大了,没能力为党做什么事,更不能给政府找麻烦。"

(2017年7月21日)

老赵的心思

老赵与我同住一个小区，两家之间只隔了块活动场。他住四楼，我在三楼，若是正巧都在窗前，互相能看见。

常常，我在楼下锻炼，只要他在家，准能听到上面的喊声："多玩一会，我忙完就下来聊天。"

拒 烟 接 烟

今天也不例外。没一刻钟，他真就下来了，开心地说："好久不见你在这儿锻炼，歇会儿，一起抽支烟。"说着，已从烟盒里掏出两支香烟，直接递到我跟前。

长期以来，我对香烟没有什么瘾，只是偶尔抽着玩，整天不抽也行。而且，早晨十点之前从不吸烟，这个习惯一直坚持。在近期抽调在外期间却改变了，那晚搞材料，整整抽了一包。还有一晚，也是在思考中需要抽烟，打火机没气怎么也打不着，宾馆房间里的火柴用光了，当时那么不知所措，才感觉到对香烟的依赖。

此时，看着他递来的香烟，我本能地推辞。老赵皱起眉头道："干什么嘛？抽支香烟有什么关系啊？"我又一想，既然是邻居，又是很熟悉的人，索性点着香烟，一起坐在场边的靠背椅子上聊天……

　　记得十一年前，刚住进来的那个春节，很多人都回老家了。因为我们是新入住的房子，必须在里面过年。大年初一，也是这样的清晨，小区很安静，就我一人在楼下场地上锻炼。

　　从对面楼的二单元门口出来一个人，平时在小区见过，但不知道姓什么，也只是点点头。他径直朝羽毛球场赶来。以为他来提醒我大清早不要发出噪声，哪知他掏出一包软中华，隔着羽毛球网，递过来一支烟。我没接，一来不认识他，二来早晨确实不抽烟。"歇会，抽支烟。"他的手一直伸着，我还是没接。

　　"你又不是不抽烟，大过年的，接支香烟有什么关系啊！"我还是坚持没接。他把那支香烟又放回盒中，转身走出运动场，进了单元门。

　　后来，在小区见面，明显感觉很尴尬，互不打招呼，连头都不点一下。真是那天没接他的烟，得罪不浅。

　　这几年，周末的下午时光，只要有空闲，我会去好邻居菜场旁边与人下几盘象棋。每次都能看到他在那儿与人打牌，听他们互相称呼，才知道他姓赵。

　　老赵高高的个儿，始终理着平头，不论在哪里见到，总是板着一张脸。熟悉之后，我们冰释前嫌，偶尔还会一起散步回家。他比我大十来岁，年轻时也当过兵，转业回到苏北老家，从科员干起，保持脚踏实地，在县城干上了副局长。

　　难得今天这样，两人如此悠闲地靠在椅子上。一支香烟抽完，他又掏出一支，一定要我也点上。老赵的话匣子打开了："在小县城里，我虽然只是个副科级干部，但有实权，上下班或到哪里办

老赵的心思　｜　277

事都有专车接送。如果来南京，都是直接去省厅，找些处长协调事情。"

买 房 卖 房

他性格直爽，快人快语，说在县城里有幢带四合院的别墅房，院子里可以种菜养花，小孩还能骑车玩耍。因为女儿来南京工作，又嫁在这里，老两口退休后来帮带小孩，老家房子长期空着，没人居住，特别是到了梅雨时节，建筑材料更容易腐蚀。卖给别人，也是他们与房子的缘分。

说到这个小区的房子，原先以为是他女婿家买的。"哪里啊，是我买的，当时买的二手房，花了一百多万。"那是十几年前，老赵还没退休，为了女儿，就经常周末来南京各楼盘看房子，城东河西，城南江北，到处都看了个遍。最后，还是看上奥体附近，这里环境整洁，交通便捷，很是宜居。

曾经的房主，是一对从南大毕业的年轻人，男的在大学教书，女的原来学建筑，自己开公司。男孩在这儿买房后，女孩又在江宁买了别墅，他俩都是外乡人，还贷压力大，没钱买车，也不敢要小孩。男孩就考虑把这套房子卖掉。女孩不同意，认为再坚持几年，经济上的压力肯定能缓解。

那天，中介通知老赵来南京订房子，男孩一个人在家。谈妥价格，交了两万块钱订金，签好协议，中介拍照，约定哪些东西不能搬走。这时，女孩回来了，还是坚持不同意，并把男孩拉到房间里，关上门在里面吵闹。老赵坦诚地说："我们也过意不去，只好退出门外。"

男孩向女方妥协了，出来跟老赵商量。中介是难得做一笔生意，目的就是收取中介费，便告诉他们："交过订金，如果坚持退，可以，需要付订金双倍的费用。而且，人家从苏北来回跑，车辆油钱，付一千，加在一起，付四万一就行。"

老赵不无惋惜地说："他们本来就为付房贷发愁，哪有钱凭空掏出两万多呢？"男孩犹豫再三，还是将房子卖给了老赵。那位女孩毕竟是学建筑的，不仅屋内装修设计新颖，住在里面非常舒服，而且很有眼光，果然如她所料，这边因为后来的双地铁、双学区、环境好，房价一路飙升。卖掉容易，想再回到奥体买房可就太难了。

卖房子，心里肯定不舍得，但订金交了，若是反悔，又不愿吃那两万块钱的亏。说明这套房子就该老赵他们家人住，与那对小夫妻只有一两年的缘分。

"这套房子是我女儿看上的，主要喜欢人家的装修。我们住进来，啥都没动，就是拎来几大包东西。"一晃，他们住过来十多年了，小区品质越来越好。

家 里 家 外

本以为老赵女婿也是外地人，他才来南京买房，帮他们带孩子。他说："亲家他们两口子都是省里的，他们家条件好，女婿十多岁就出国上学，拿到绿卡。但亲家思想很保守，坚持不让儿子找国外的媳妇。"小伙在外十多年，回来工作时与老赵女儿相识。

原来，老赵坚持来买房，带着孩子一家三口生活，目的很简单，就是怕女儿在外面受委屈。老赵深有感悟地说："你要知道，世上最难相处的就是婆媳关系,哪怕她们再怎么会处事,互相之间都会有隔阂。不像我们之间,哪天做家务累了,对女儿发一顿火,她怎么也不会计较。

"爷爷奶奶他们也想带孩子,每个周末,女婿就要带她们回去住两天。亲家也通情达理,知道我们带小孩辛苦,每到过年过节,都会早早地在饭店定好包间……"

每天下午,老赵都喜欢在外面打牌。前天,下班正好在奥体大街路口碰到,他提着茶杯晃着膀子正往回走,悠闲地说:"家人肯定都在等我回去吃饭。今天可以挺着大肚子进家,因为上午我拖了地。只有等他们上班或上学了,才可以在家好好地搞一下卫生。"

有时,上午也看到他拎着包出门,说在老家养成的习惯,每个礼拜要去泡两次澡。他访到集庆门那儿有个老澡堂,上午去,泡澡之后管午饭,喝喝茶,两三点钟回来,开始与人打牌。牌友们还有个微信群,每天都约着几点集合,如果遇到下雨,就找个小饭店,从家带两瓶酒,下午在那打打牌,晚上小聚一下,也花不了多少钱。

不论孩子他们在外企收入有多高,家里买菜等日常开支都是老赵支付。他说:"我们有这个条件。就只有一个女儿,现在不花,将来还不是他们的。"

老赵的女婿一直想到国外发展。他语气变得忧虑:"现在的生活又不是不能过,到处环境这么好。我就不明白,国外的月亮比这边圆还是亮?"最让他担心的还是外孙女儿,"如果小宝宝小学毕业了,个人能自理,他们真要出去,我们也不想阻拦……"

烟雾之中，能看出他心里的担忧。没想到那么开朗的老赵，也有烦心事，为怕女儿受委屈，从苏北来南京买房。今后，还担心外孙女儿，如果孩子们真要去国外，他会不会把这房子卖掉也跟着去呢？

老赵的心思，如自饮水，冷暖自知。每个人的生活，都会有苦有乐，还伴着许多艰难和无奈。但即使在最难捱的日子，也要怀揣乐观，不去忧心忡忡，就能在生活的夹缝中活得摇曳生姿。

（2020年10月29日）

如琼花般洁白烂漫

前天阴雨绵绵,到夜十一点,看窗外的灯下,有细雪在飘。昨晨到单位,没有其他扫雪同事到得早。只扫了一会,穿的厚鞋却渗水,回楼时走路听到双脚里的声音,雪水已然浸入。

雪,一天没停。昨晚睡前,又看外面的灯,没有雪飘,看到一位家长带着小娃在堆雪人。但一早听到闹钟,还是一骨碌爬了起来,窗外虽然没下,但还有很多积雪。

路边,多少桂花、樟树等绿植都被雪压弯了,有的已折断。有报道称,一天的雪,让北方城市公共设施坍塌,伤及路人。

赶到单位,应该很早。在责任区里,大家一起边扫边铲,一条人行道清清爽爽,让络绎不绝匆匆上班的人们不至于摔倒。虽然出点汗,但感觉是件很开心的事情。

曾经,还参与组织过扫雪。那年,除夕之夜天降瑞雪,凌晨两点多接到指挥中心电话,要求组织人员一早清扫,确保新年团拜会的正常进行。

雪情就是命令。马上起床,穿上胶靴,深一脚浅一脚地走到大楼,对着通讯录,拨通各单位主要领导的电话。有的打手机,有的打座机,有的在外地,几十个电话打下来,天已渐明。

最令人感动的是，天亮下楼时，已有人从不同地方赶来。在那个大年初一，我们共同扫雪，觉得那样的生活也挺有意义。

离开原来的单位前，也是这么冷的一天。那夜的晚会看得久了，很晚才睡，手机放客厅充电。一觉睡到自然醒。起床一看，外面白雪茫茫，到客厅看手机，好多未接来电。到单位楼下，大家都在扫雪。

迟到已成事实，就不必有任何解释。一晃，就是五六年，不论事情过去多久，此事依然难以忘怀。很感激来电话催我去扫雪的人，感恩于虽没作任何解释但没对我有任何计较的人，更为没接到电话而深怀歉疚……

误会了才体会，理解是多么可贵。自那以后，每晚睡觉，手机都放在身边。哪怕充电，也是找来接线盒放在床头，就是生怕有人打电话接不到，不仅造成误会，更容易误事。

小区亮化搞得越来越好，十点多了还是一片通明。阳台外面的小广场上，几个小孩各撑一把雨伞，在快乐地打着雪仗，感觉他们是多么自由且烂漫。

人说，雪花如同琼花。琼花，不以花色鲜艳迷人，不以浓香醉人，是一种独具风韵的美，代表着魅力无限与大方。在春夏之交一片姹紫嫣红时，琼花洁白如玉，风姿绰约，格外清秀淡雅。

（2018年1月5日）

别和自然太亲近

早晨起床,推窗相望,落了一天一夜的雨终于暂停。楼下的羽毛球场,已有人在活动,传来大人孩子开心的欢笑声。可到午时,又有稀疏的雨点在飘落,天显得更阴沉。

根据各方面提醒,在没有任务需要执行的前提下,都应足不出户,保护自己,就是保护他人。不传谣、不串门、不聚餐,就是不给社会添乱。主动接受医学专家的建议,尊重科学,相互守望,共度时艰。

想起年前,一位好友搬到江北居住,乔迁时没空去。那个周末,他设家宴,并开心地表示在家烧特色菜,说能弄到大雁吃。听到这儿,我当即谢绝,好在朋友还听劝。那晚,只烧了几个家常菜。可能因此扫了其他几位吃货的兴,便有人调侃说大雁正在路上飞。

作为人,对大自然还是应该要有敬畏之心。大雁,又称野鹅,热情十足,在长途迁徙中,用叫声鼓励同伴飞行。人们盛赞大雁的团队精神,它们从不独活,一群里很少出现单数,一只死去,另一只也会自杀或者郁郁而亡。对这样有情有义的动物,怎能忍心下手捕杀?

两千多年前，孔子就说过："两不厌，八不食。"夫子在谈到食不厌精、脍不厌细的基础上，提倡"八不吃"：食饐而餲，鱼馁而肉败，不食；色恶，不食；臭恶，不食；失饪，不食；不时，不食；割不正，不食；不得其酱，不食；沽酒市脯，不食。孔子安贫乐道，周游列国穷困潦倒时，弯着胳膊当枕头睡觉，依然很快乐，对待生活，绝对不是奢靡无度的人。在那个时代，肉很宝贵，他同样强调吃得要精细，不能随意乱吃。

自古以来，一代代先人，通过一次次教训，总结归纳出人类的食物链，哪些动物能食用，则可喂养。人的占有能力极其强大，连老虎、狮子之类猛兽都能弄来当把戏玩，如果各种野生动物能吃，还不早被人工圈养？

而社会上，总有那么些人，靠野生动物构建利益链，连小区的野猫也不放过。散步时碰到有爱心的喂猫阿姨，她伤心地说："又少了两只，肯定是被那些挨千刀的人逮去充当羊肉串卖了。"

更有些人，凭着有钱，带着猎奇心理，吃些不该吃的东西，以为有野生动物上餐桌，能抬高自己身价。岂不知，吃进去的是病菌，害他自己，更害别人。

从大家比较熟悉的鼠疫、禽流感到曾经肆虐一时的埃博拉、MERS病毒，都与动物有关。面对这些血与泪的教训，世人该清醒了，我们绝不能掉以轻心，置若罔闻，提倡科学健康的饮食已刻不容缓。

重大疫情就是没有硝烟的战争，我们全是局内人。靠什么解决健康危机？应怀着敬畏之心，不要盲目地以为自己无所不能，其实，人在自然法则面前十分脆弱。

女儿说，如果她是学医的，肯定义无反顾地奔向前线，无奈没一点医学方面的知识。目前能做到的，就是待在家里、出门戴口罩、少接触、勤洗手，有条件的多补充点维生素。

窗外的雨还在滴，若洗尘埃，树枝在微风中轻摇，时光静好。愿所有认识的朋友都能遵守规矩，挺过难关。将来，别和自然太随便，心怀敬畏，莫去冒犯，不走太远！

（2020年1月27日）

别再焦虑生活

可能是节假日,平时负责楼下卫生的保洁员也放假了。一位穿戴齐整、身材瘦小、表情严肃的男子在清扫内环道路。他很细心,看到羽毛球场地上有掉下的樟树叶,会很麻利地一扫而净。

他姓吴,是小区保洁班班长,管理 12 位保洁员。看他从早到晚都在小区忙碌不停,以为也住在物业的房子里,"没有,我住在旁边小区。"他伸手指向南,那可是附近最高档的楼盘。难道物业会租那么好的房子给员工居住?"哪儿哦,是我儿子买的房子。"

原来,这位吴师傅的老家在四川绵阳一座大山里,世代靠种地养猪为生。他 20 岁结婚,很快喜添儿子。孩子小时候十分顽皮,天天在村庄里惹是生非,就是不愿好好读书。

到上初中的时候,孩子心思还在贪玩上。一天,老吴从地里收工回来,看儿子没有写作业,而是下河摸虾去了。晚饭时,一家人坐在一起,老吴说:"要么好好念书,要么干脆回家干活。"并心平气和地与儿子谈到,如果不读书,就只能像父母这样,每天面朝黄土背朝天,从早到晚就是种地养猪,长大后成家生子,一辈子守在大山里。如果好好念书,就可能走出大山,到外面看风景长见识。

从那以后，儿子似乎懂事了，知道刻苦学习，成绩在班级逐渐提升，中考前，在年级已是名列前茅。从乡下考取县里重点高中，高考时，被南京医科大学录取。因为大学期间成绩优异，在校保研，并且硕博连读，毕业直接被省内最好的一家医院招录。

媳妇是儿子的大学同学，一样读到博士，也分到同一家医院工作。难怪能在附近高档小区买房。老吴一头乌黑的头发，理着板寸，十分精神，看着最多也就四五十岁。便问多大年纪，说六十了，孙子已经八岁。

有了小孩，老两口就跟过来帮忙。家务活也没多少事，老伴一人就能收拾好。他便出来做保洁，一心扑在工作上，每月能挣三千多块钱。他说："在家闲着没事也不好，主要是这样动动相当于锻炼身体。"

闲人无事生非，忙人不会生病，每天，在小区都能看到老吴忙碌的身影。他带领着保洁班的阿姨，清扫着小区的环路、楼道、广场，修剪绿植，美化环境，楼盘品质不断提升，居民生活更加舒心。

很多普通人，都在自己岗位上做着平凡的事情。老吴的眼神从不看人，只关注路面是否有需要清扫的垃圾，紧紧守卫着自己的一方土地。他笑着说："干一行，为一行。我没有文化，当不了医生，做不了学问，干不了大事。搞保洁，就要打扫得干干净净。"

（2019年5月3日）

感受到火热的气息

早晨散步到小区门口,看不少邻居拎着菜,高高兴兴地从外面回来。听他们议论,旁边今天新开了一家菜场,有优惠活动。

出了门,循着那方向,过一个路口也就到了。问保安,他往右一指:"前面有个1912的门牌,菜场就在那幢楼的下面。"与小区一路之隔的这幢高楼,已落成好几年,进驻了一些单位,也早听说将开一个菜场。同时也想,如此高大上的楼房,菜场会设在哪儿呢?

带着好奇,从那门牌进去。有个扶梯,乘梯上来的人,手上都拎着菜。顺梯而下,到负一层,眼前出现菜场的大门,几个广告公司的人在两旁布置展板,还在忙个不停。

菜场内,摊位安排得井然有序,蔬菜区、肉类区、海鲜鱼类区,还有卖炒货、面食、熟食的摊位,所有菜场能有的,这里应有尽有。一圈转下来,地面和整个环境都十分洁净,如同置身于品牌商城。

应该是因为刚开张,顾客不多,每到一个摊位,摊主不论男女,都衣着整齐,恭敬站立,逢人就客气地打招呼,满面传递着喜气。也有的摊位内,年轻人守着,感觉没什么人光顾,就坐那儿看手机，正好利用这份清闲，悠然自得地看视频或追剧。

走到一个卖鸡蛋的摊位前，准备买点鸡蛋回家。里面，一位打扮入时的姑娘坐那儿正陶醉于手机里的剧情，看摊前来人，只是抬起头，莞尔一笑，没吭一声。我怕打扰人家，也没说话，她又很快低头看视频。对这些孩子来说，可能只是被家长安排来看摊子，至于有没有人买东西，与她似乎没什么关系。

到卖鱼的摊位，摊主吆喝着："鲈鱼优惠价了，只要十三块钱一斤。"我因为对菜价不太了解，哪样多少钱，只是模糊的概念，便问他在附近菜场卖多少钱一斤。"飞茂菜场要十五，如果到好邻居菜场，一斤要二十块。"摊主答得十分干脆。他迅速捞出一条，上秤，喊道："二十一块八，收二十一块五了。"边报价边将鱼扔到宰杀区域……

再转回菜场门口，有几个人站在那儿，都在忙着扫码。有人说进群可以随时掌握菜场优惠活动的信息。比如今天，如果买满108块钱的东西，凭小票领取一袋米或一桶油。工作人员拿着我的手机，在那儿帮忙扫码后拍照，上传到朋友圈，并输了几个字，传完之后，送了一只帆布包，说是菜场刚开业，很多人不了解，需要帮他们宣传。

在大街上，将鱼放入布包里提着，继续行走。拐个弯，就到了飞茂菜场。这个菜场由一个小区地下车库改造而成，呈Y字形，比较狭长。进门的斜坡上，开着不少小吃店，香味缭绕，吸引不少人驻足。菜场内，虽有保洁员不停地辛勤打扫，地面难免还有斑斑污迹。没买东西就出来了。

沿着黄山路，再往北，过奥体大街，就到了好邻居菜场。三个菜场全在地下，门口都有人帮量体温，提醒大家戴好口罩。好邻居菜场开得最早，菜价最高，但生意一直很好。来买菜的，没听到有谁问菜的价钱，摊主称重后，口中报价，顾客立即扫码。

既然来了，只想到那个摊位买点小青菜。摊上那对夫妻，十分勤劳，蔬菜都是从自家承包的生产基地运来。老板负责搬运，老板娘个头瘦小，只专心地忙着出售。抓了四颗青菜，她麻利地称完报价："六块五。"我还没来得及表示疑惑，她眼皮一翻，笑着说："你多少年没来过菜场了吧，现在青菜是五块钱一斤哦。"因为都知道她家的菜质量好，哪怕卖得再贵，摊位前始终聚集着很多人。

有了网购，想买的菜平台上都有，只需在手机上点击几下，讲好几点送达，就有人把菜递到家门口。这样，确实是省下了来回跑菜场的时间。不过，也少了逛菜场的乐趣。城市里，出门满眼都是钢筋水泥，只有菜场，看着各种生活必需品，听着叫买叫卖的声音，才能真正感受到人间火热的气息。

（2021年1月17日）

微笑着面对一切

今天是环卫工人节。下班时，在小区门口，遇见一位老人正在清扫路面。听他介绍，姓李，今年六十多岁，因为一直忙碌，所以身体很健康，每年体检，都没有"三高"之类的毛病。

老李从建工企业退休时才五十岁，在家闲不住，出来干了十多年的环卫工人。老两口的退休金，加上现在的工资，月收入总共也有一万多。他说："我那时违反计划生育政策，生了两个小孩，都在一起过日子。家里买菜，全靠我们，每月都花不完。"

一家八口人，生活在一套三居室的房子里，能长期和睦相处，在小区里传为佳话。"我家里人互相都很谦让。女婿家在东北，冰上一滑就到俄罗斯。他从部队转业后留在南京，为人处事都很好。媳妇是韩国人，能体谅老人烧饭辛苦，晚上在家吃过饭后，一定要帮我们洗碗。"

他儿子在南京一所知名大学读书时，与一位韩国留学生谈恋爱，女方父母、舅舅舅妈等亲戚都不同意。"他们的思想里，看不起我们。"老李笑着说。

女孩学了三年中文，也喜欢上了南京城。她告诉父母，中国的老人对晚辈都非常好，在家帮搞卫生、烧饭、带孩子。她父母不信，认为韩国的文化就是从中国传过去的，嫁到夫家需要三十年媳妇才能熬成婆，怕女儿吃苦受累，表示坚决不同意这门婚事。

"媳妇还有半年就要大学毕业，她告诉家里人，如果还不同意，她就结婚留在这里不回去了。她父母拗不过，才答应下来。"

老李的儿子结婚时，媳妇家的父母等亲戚来了八个人。他说："女婿到机场把他们接到金陵饭店，住三天花了五六千。听说韩国人爱干净，在家不穿鞋子，来我家前，我把地板拖了两遍。他们到的时候，见我拿着拖把在拖地。媳妇介绍说这就是我阿爸，回家就干活。一个个站在门口目瞪口呆。"

带他们在奥体附近转转，都惊叹南京城市的整洁干净。老李自豪地说："他们家在首尔，也没我们这里的环境好，便要求我媳妇给她表妹也在南京介绍男朋友。"

老李的家就在附近，孙子和外孙女都上小学了。孩子学习上的事情靠年轻人，他们吃过早餐后，到学校的到学校，上班的上班。"家庭日常生活全是老伴负责，每天买菜烧饭。他们中午都不回家，晚上一桌八个人，至少要烧四个菜，吃不完的舍不得倒掉。以前饭都吃不饱，我俩中午就吃头天晚上剩下的饭菜，也很好。"

"四个年轻人工作都很忙，下班还要教育孩子学习，让他们回家能感受到家的温暖就行。"在城市里，能有这样的大家庭真是很不容易，老伴烧饭洗衣，老李回家也不闲着，专门负责拖地。

"这也是多年当环卫工人养成的习惯，看不得哪里有灰尘。只要是我管的区域范围内，肯定始终保持干干净净。"说这话时，能看出老李一脸的自信。

我们都到了需要体面的年龄，不仅外表要堂堂正正，内心也要开朗光明。春扫尘、夏扫雨、秋扫叶、冬扫雪,这是大家眼中环卫工的职责,通过他们辛勤的工作,保证了城市面貌的洁净……

　　在老李看来,出来干活,就要认真干,让上面的人信任,更要让过路人满意。同时,这也相当于锻炼身体,只要身体健康,便是对儿女最大的支持。

　　幸福的"福"就是一件衣服一口田,告诉我们有吃有穿就知足常乐。老李每天都很忙碌,但他总是微笑着面对一切,不去埋怨生活的艰辛与负累。是因为他心态安详,才拥有那份悠然的幸福。

（2020 年 10 月 26 日）

爱护我们的共同家园

早晨到奥体大街旁的路边公园锻炼。走在步道边,发现很多原本青青飘逸的垂柳,枝叶已变色,有的是半边树枝的叶,有的是整棵树已然枯竭。

边走边观察。每棵树下,如锯木头的粉末屑子,一堆又一堆,新粉发白,旧的发黄,十分扎眼。抬眼望,粗壮的柳树干,斑驳的树皮上,一个个如拇指般粗的洞口骇然在目,锯屑就是从那无数洞口里汩汩流出。

每个黑洞里面,都有天牛在日夜蛀食枝干。天牛,俗称穿心虫,它们将树干里面一点点掏空。再加上刺蛾、柳叶甲、蚱蝉等为害枝叶,难怪,两岸的垂柳不少已经枯黄……

也许这一带土质肥沃,再看对面的河边,杂草丛生,杂树茂盛,杂乱不堪,将原来规划时栽植的垂柳、桂花、冬青等景观树,挤得密不透风,不仅不利观瞻,而且,那些树有了病,工人都无法进去除害虫。

河西地势平坦,河水无法流动。河里,只有工人撑着小船,来回辛苦地捡拾河面上的垃圾。为防止河水变质,在河道下面安装管道。河面中间,一排整齐的水泡不断呼呼涌动。

同时，在水面上还种植了一小片一小片的花草，草借水肥，疯长不息。其实，这样的水质，可以投放一些菱角、莲藕等植物，不仅能改善水环境，荷花盛开，增添美景，到了秋天，还可收挖肥藕，采摘老菱和莲子，不是一举多得？

吞食柳树的天牛，又名亚洲长角天牛，小时经常逮着玩，小伙伴们只称抓到"牛"了。这"牛"，两条细细的长角高傲地挺起，虫体是扁平状，黑色带有光泽，长约30毫米，身上有11节触角。那时，只知道玩，看这河边柳树凄惨的景象，才知这天牛真是害虫，每年会伤害大量木材。

啄木鸟倒是天牛的主要天敌。曾经看到啄木鸟用尖利的脚趾牢牢地抓住树干，坚硬的长嘴在树上啄来啄去，那是在找虫子。一旦知道虫子藏在哪儿，啄木鸟就将带倒刺的舌头送进去，用舌头上的黏液粘住害虫，再用倒刺钩住，把天牛们从洞里拉出来。可是，在城市，很难看到啄木鸟了。

如今，应该只能用药物防治。天牛长大，蛀入树木深处，只能建议用注射器向蛀道内注射氨水，向蛀孔内投放磷化铝片，用磷化铝与乙二酸为主要成分制成的毒签插入蛀道内，再将蛀孔用黏泥封塞，即可熏杀害虫。

绿化做得好，染污就减少。人类有了绿树、鲜花和小草，生活才会更美好。让天更蓝，让水更清，不要旁观，让我们从小事做起，共同爱护我们美丽的家园。

（2017年10月6日）

最美人间真情在

周末休息,早晨骑车去奥体。没活动一会儿,从林中走来一位头发花白的老太,默默地捡拾林中地面的枯枝,把场地清理干净,就提起绳子,玩起抖嗡的简单动作。我将健走步数完成,先玩会大空竹,可以活动颈椎和腰椎,一套动作过后,收绳子,准备玩小空竹。这时,老人走过来,说要借我的长绳。她的包里,有大大小小各种空竹,还有彩色的雨伞和转球等玩具。

老人总是面带微笑,说话十分客气。问年龄,说已经八十一。将收起的长绳送给她,真没想到,那么大年纪,大空竹在她手中照样玩得灵活自如。停下还绳子时,她又说些感谢的话。站了一会儿,听她聊起家庭的过去与现在——

"我老家在南通,父亲是模具工,那种工作需要十分精细,不能有丝毫误差,否则模具及后面的产品都要作废。因为他技术好,许多厂家都想要,从南通到上海、苏州、无锡、扬州,一些厂要把他留下来,最后,还是选择了扬州。当时,把我母亲和五个小孩的户口都迁了过去。"从老人的穿着看,仍保持得十分精致。

她说:"在我们那个年代,女孩能读到初中毕业就不错了。我从学校出来,招工到一家纺织厂。以前,不管在哪里,纺织厂都很吃香,我有文化,能吃苦,又肯钻研,也就成了技术骨干。当时谈的对象当兵到南京,他在部队提了干,家里要他转业回扬州,可部队不放。让我随军到部队,厂里又不放。直到我儿子十五岁,部队来了两个人,直接找扬州市长,协调纺织厂才把我放出来,安排在部队印刷厂,每天就是印字,比干纺织要轻松得多。"

"我们家就住在扬州文昌阁旁边。婆婆有五个儿子、一个女儿,我老伴排行老大,我儿子出生时,婆婆才四十岁。我随军到部队时,说我儿子是她长孙子,必须留在扬州,只让我们把13岁的女儿带到南京。"几十年前,交通不便,从扬州来一趟南京很不容易。她随军过来,能想象当初对亲人的不舍。

"也难怪,因为我们年轻时不仅分居两地,还各自忙着工作。儿女生下来后,都是交给婆婆带大。婆婆是典型的女强人,里外一把抓,在家说一不二。我孙子带来南京上的幼儿园,因为婆婆想曾孙子,谁也拗不过她,只好回扬州上小学,后来到北京读大学,毕业本可留在大城市工作,最后,还是回到了扬州。我们过年回去,一大家子,能有八九十人,真是很热闹。"八十多岁的老人,提到婆婆,还是满心的钦佩。

"婆婆真是操了一辈子心,曾孙子在扬州上小学时,还天天负责接送。她到85岁,突然得了老年痴呆症,头脑里产生幻觉,日夜都在怀疑老公公在外面有人。其实,他俩青梅竹马,感情一直都很深。老公公比她小一岁,家里家外一切都听她的,相当于被她关照了一辈子。"

应该是爱得太深,到老了,爱早已凝固成亲情,生怕会失去拥有这份爱的亲人。"婆婆得了这个怪病后,公公一直不离左右,儿女也带到很多大医院看，还找了不少偏方，就是治不好。婆婆病了一年多，离开了我们。公公因为悲伤与思念过度，只过了一个星期，也就是给婆婆做头七那天，他也跟着去了……"

听老人聊天，感受到人世间真切的感情。"我姓邱，邱少云的邱。"邱奶奶又谈到扬州的风俗，"我们那儿，每天都吃早茶，到店里一坐，服务员就泡上一杯茶，什么小笼汤包、大煮干丝，各样点心任你自己点，而且都很便宜。南京就没有，想吃早点，只能到一些小摊上，也只有豆浆、油条、包子、面条之类，很单调，像是吃快餐似的。"话语中，感觉老人由衷地留恋扬州惬意的生活。

对子女的教育，她说："中国人不像外国人那么无情，养到十八岁就不管了，我们都在为下一代无偿奉献。当有了孙子和外孙女，我就从单位请假，把两个小孩带大。如今孙子的孩子都好几岁了，他们生活在扬州，外孙女还在国外上大学。"

老两口退休后，还住在江东门那个部队家属院里。早晨在家吃过饭，出门坐三站地铁来奥体。她开心地笑着说："我们两个人都有退休金，平时就是吃个饭，根本花不完。家里也没什么需要操心，每天也就是出来锻炼锻炼身体。"

电话响起。妻子交待，回家路过菜场时去买几个菜。看时间已经差不多，与邱奶奶道别。让她在这慢慢玩，年龄大了，一个人只能做些轻微的动作，并祝她每天都健康快乐！

（2020年8月22日）

事／业／愿／景

辑五　能看到舒缓的笑容

平安,心安!

昨晚,轮到我值班。按照青奥村运行办公室值班室正式运行的通知要求,8点钟准时赶到值班地点,D幢8楼的一套四居室。应该是4个人同时值班的,可早上起床发现其他房间还都是空的。

到凌晨1点,尼加拉瓜最后一批运动员离开,青奥村居住区内真的是空了。早晨一人置身在这环境优美的小区内,想着这里由原来的工地到紧张的内外环境打造,迎来了204个国家和地区近7 000名运动员、代表团官员、模范运动员、媒体记者和有关大使入住,十多天的繁华,展现出小小地球村的无限魅力,也凝聚着无数建设者与志愿者们辛勤的汗水。

值班人员主要负责接收村内突发事件与困难问题的报告与报备,并根据事件与问题分级,协助做好应对处理并记录,负责接收MOC的电话和通知事项,及时上传下达。因此,值班人员应该还有一名翻译,可昨夜都没来。

昨天下午赶到学校接女儿回家,下楼时,一同学说这是高二的最后一天。上的这一个礼拜的学,应该是补高二的课。一周不见,一路聊天。学习有目标,就会有努力的方向。

很想在家陪女儿吃个晚饭的,可一到家,拿上换洗衣服就往青奥村奔。村外的道路成了停车场，青奥公园里涌动着来自各方的游客。进村的安检已开始拆除，只留两名安保人员站岗避免无关人员进入。仅二号安检口，这些天对14万多人进行了安检，两位江苏警官学校的女学员志愿者，每天要蹲下起立多少回？

村内的夜，十分安静。所有的店门都已关门歇业，再也没有人潮与音乐。

打电话询问，同事说，人家不来，也可回家。但如果没人值班，真有个什么事情如何处置？四个房间，只有D间里有电话，我拿的是A间的卡。在客厅坐到电脑没电，很晚没人来，想想还是住到D间。如果电话响了，也好及时应对。

最不适应的是一人独睡，况且是这么大个屋子，后半夜就是整个一个空村子。一会儿枕头拉开，一会儿又垫上，痛苦难耐。

盼着有个电话，也能驱除夜的寂静。或者处理个事情，打发一下长夜的时光。但，一夜无声，说明村内平安。

我们虽只是为青奥工作的小小一分子，但从一开始就祈祷着整个赛事期间一切顺利，只要平安祥和，就是最大的欢乐。

昨天已闭村，是最后一个晚班。平安就好，我在值守，图的是个心安。早上下楼出单元门，已闭锁，出不去。打服务中心电话，好在有人接听。

有时，在比较中，会有责怪和埋怨的情绪。其实，每个人都是幸福的，只是自己经常感觉不到而已，往往自己的幸福，却常常在别人的眼里。

（2014年8月31日）

欠谁的,也莫欠他们的

中午赶到河西南部新党校去培训学习。一路车水马龙,一幢又一幢高楼拔地而起,一片紧接着一片的商业综合体正在建设或运营。生活在这样的时代,处处都在感受着变化与欢欣。

下课回家,已是黑夜,华灯初上,繁华似锦,呈现安详。寒风中,也有冷的感觉在阵阵袭来。夜幕里,依然遮掩不了城市快速发展的脚步。看到几位民工蹲在一个工地大门前吃着快餐,脸上皱纹里写满了岁月的艰辛,吃妥的已点上一支烟,幸福随着烟雾在轻轻地荡漾……

听介绍,从工地开挖地基,他们就在这儿,一晃几年过去了,仰望高耸的大楼早已封顶,留下不多的人进行院落绿化等后续工作。有人说,现在就是边干边等工钱,好回家过年。

突然想到好几年前,年底的一天上午,一位农民工来反映说,老板欠五千多块工钱,找了不少人,一直就是要不到。边说边感觉他脸色有点不对,便倒杯水递上,安慰说一定会想办法帮助解决。问到那家公司老板电话,到隔壁办公室打过去严肃且耐心地劝导,直到对方答应付款。

那位农民工当天就领到了他应得的工钱。但他又返回我们办公室，取出随身带着的一把尖刀，动情地说："真是感谢，否则要不到工钱没脸回家过年，就准备……"他将那把刀留了下来。

人心都是肉长的，绝大多数人都通情达理，能走到极端，都是因为堵在心中的结化解不了。做群众工作，除了真诚，还应细心，能设身处地地帮助他们解决实际问题，才能成功地化险为夷。

看看我们城市的发展，想想农民工兄弟抛妻别子，一年365天，风吹日晒，披星戴月，他们用自己勤劳的双手，描绘着越来越美丽的城市图景。当我们享受着这样安逸生活的时候，请不要忘记那一个个满身汗水的背影。

其实，农民工被拖薪、欠薪也不仅仅是涉事工程与农民工之间的经济纠纷，它涉及全社会，需要大家一起关注、化解。不拖欠他们的工资，是我们向农民工兄弟表达敬意的最起码方式。

同时，也奉劝农民工朋友遭遇欠薪，切忌冲动，应先和老板协商，最终工钱还是靠他们给。老板一般都是承揽部分工程的小包工头，再向上级发包的用工单位求助，实在不行，最有效的是到当地劳动部门申请仲裁。

但愿，在南京这座博爱之城，不再会有欠薪问题的发生。农民工忙了一年，就指望着带上自己的血汗钱回家过年。他们的身后，上有老下有小，欠他们的钱，就是打我们自己的脸。

明天的太阳绝对会平等地照耀一切，大地上盛开的是鲜花，但阴沟里滋生的是细菌。六年前，在荆楚大地上，发生过孙氏信义兄弟接力送薪的感人故事。他们的事迹，曾经感动中国；他们的良知，永远感天动地！

（2016年12月9日）

心里装着幸福

下午,到健园社区晔园小区走访。小区建于上世纪末,全是七层楼房,共有677户,住着2 100多人。虽是老旧小区,但在社区和物业的管理下,内部环境优美。紧邻集庆门大街,交通十分便利,配套设施齐全,超市菜场应有尽有。

带着事先准备好的一张卡和一封信,选择一个单元上楼。叩门,若有人,就可以当面了解社区的公共服务和综合治理情况。如果没人开门,便将写明单位、姓名、联系电话的卡片和致居民朋友的一封信端正地贴在门上,以便顺畅地收集信息。

一位七十多岁的王大妈开了门,我们说明来意,她笑脸相迎,客气地邀进屋。她说,老伴患脑中风多年,一直靠她照顾,可近两年,自己两只膝盖老是疼痛,先后做了手术,换了关节,行动也不方便了。

她将裤管往上拉,还没到膝部,就看到十多公分缝过线的伤口。"老伴今年已经七十八了,每年到医院两三次,都要住院治疗,回到家来,一刻也离不开人。我们只生了一个儿子,他还要上班。"

她喘着气,接着说:"我的脚动手术后,儿子看这情况,说如果扶得不好,我又跌到哪里,更要添麻烦,便想着只有把老伴送到养老院去,在那里也好有人照料。儿子找了好几家养老院,最理想的是小区附近的一家,我每天去看老伴也方便些,可费用每月需要四千多,而老伴的退休金只有三千多块钱。"

聊起这些,王大妈脸上一直带着轻松的微笑,仿佛因病导致生活这般困难,并不发生在她的家里。

听着听着,很是感动,便问有什么需要我们帮助解决的吗?王大妈只是轻声地说:"这种情况,如果住进附近养老院,不够的部分,国家能不能给贴补呢?"我们答应一定帮她问。她又接着补充了一句:"只是随意问问,没有也没关系,我们不会给社区找麻烦的。"

在另一个单元,从七楼返回,一位胖胖的妇女拎着一小竹篓菜,喘着气往上走。边给她让路边往下看,还有一位老奶奶紧抓楼梯扶手往上爬。

在三四层之间的小平台上,趁她们停下来休息的时间,征求是否有相关的建议和意见。

老奶奶说话了:"听说旁边社区有小饭桌,我们这里怎么没有呢?"一同走访的社工小吕马上解释说,因为我们这个社区没有开办饭堂的条件,如果需要,可以打电话,那个社区小饭桌的人会把饭菜送过来。

小吕又耐心地从包中找出那个小饭桌的电话,告诉老人中午和晚上的送餐时间段,那里有五块、七块、十块三种不同种类的优惠菜肴,可以根据自己的需要,提前预订,有人会送上门。

老奶奶八十多岁,住在七楼,上下一次,好不容易。孩子他们白天都不在家,一个人,天又这么热,就是烧出饭菜,也没胃口吃了。

老人说:"能送到我家?那就好,谢谢啊!"满带皱纹的脸上,笑得像一朵花似的。帮老人记下号码后,我们离开时,听到后面还在笑着说:"真感谢,真感谢!"

南京的梅雨季节,闷热难耐。三个单元42户人家走完,虽然汗湿衣背,但没觉得一点疲累。

感谢经历,感恩相遇。群众在贫病交加中,依然想的是不给国家添麻烦。从老大妈那带着阳光般微笑的脸上,可以看出,她生活虽苦,但心中装着幸福。这正教育自己在生活知足的同时,更感到肩上沉甸甸的责任。

因为有了小饭桌的电话,那位老奶奶就十分高兴,在她满怀谢意的语音中,感受到那质朴的感情。从社工兢兢业业的工作态度上,又收获了应该珍惜岗位、努力工作的教益。

常常,应该冷静地审视自己,珍惜拥有的才是幸福的。生活中,幸福就驻扎在每每知足、常常感恩、时时惜福的心境里。哪天还要到晔园走访,去看看那两位老人。

(2017年7月6日)

展望万物互联的时代

最近,每周两天在大楼外值班。新的场所,时而闹闹哄哄,时而安静异常。不论什么状况,发现有个人总是默然无声,吸着烟喝着茶,除了打个招呼,就不再言语。

中午休息时,到他办公室倒开水,还客气地要给我添加红茶,说是自己耐心煎制的。发现仅他一人坐在那儿,便问怎么光搞手机,没配电脑?"我有好几台电脑,抽屉和桌子底下都有,经过我手搞的电脑不下一千台。"平时不善言辞的他,没想到话匣子一打开,就在眼前展现出一片新奇的世界——

"我一直在学习,不会像有些人那样玩手机。"以为他是在参与平台的学习,"我每天都在了解电脑网络的前沿科学技术,苹果的平台上还在卖着我研制的几款软件。"真以为这是天方夜谭。

但听他说,女儿在国外读大学,三门软件课程都由他远程教导。他说:"我上课时,只讲干货,教的都是很实在的内容,期末考试女儿几门课都考了九十多分。"

原来,他坚持学习的是软件方面知识。我表示那些内容太深奥太枯燥,很难学进去。他说要由简到难,不能性急,才能逐渐培养兴趣。爱好是最好的老师,能那样沉下心来学习,还要靠顽强的毅力。

　　他说，现在我们用的电脑、打印机、复印机等程序都由美国控制，全球统一。到珠江路买盗版软件，以为讨到便宜，其实那是帮助美国佬。很快要来临的5G时代，不只是一般的信息工业革命，将会改变整个世界人们的生活。因此，美国才与华为激烈竞争。所谓5G，首先就是高速度，下载一部大片电影只需一秒钟。打个比方，如同目前的公路，4G能跑四辆车，5G就相当于能跑五辆车的高速。

　　除了高速，还有低延迟。现在无人驾驶汽车技术和硬件都已经具备，只是4G还有相应的延迟时间，车辆一秒钟能冲出十多米，如果遇到情况不能及时刹车，十分危险。5G网络一铺开，能够达到低延迟，哪怕相隔300米，这边说话，那边马上就能听到，没有延迟时间。无人驾驶汽车遇到障碍能瞬间停止，就等着法律上通过就可实施。

　　另外，5G还具备低功耗。现在，道路上窨井盖被盗，只有等环卫工人发现，或者有人不小心掉进去酿成事故后才知晓。进入5G时代，只需在盖子上植入比头发丝还细的芯片，别说井盖被偷，哪怕挪动位置或稍有倾斜，城管的指挥大厅显示屏上马上就会预警。现在感应器上用的纽扣电池，消耗大，没用一两年就得更换，新的芯片十几年后依然能发挥效应。

　　曾经听说在5G时代，想什么就会有什么，如果正在高楼上开会，有快递来，只需按动手机发送位置，就会有无人机将物品从窗户递进来。

　　到那时，我们将会进入万物互联时代——小便后，马桶里的感应器会显示到手环上，注明你的血压、血糖和尿酸情况；人们有病不必拥到大医院，只要躺好，名医能远程操控机器人进行手术；教育可共享，名校的名师在网上授课，各地学生可以如同在现场般同时听讲；面对环境压力，可以在产生污染源的工厂、河道、垃圾桶、塑料袋或衣物上设置芯片，随时进行取样监测，一直跟踪取证到源头……

在农村，如果实施大棚种植蔬菜，像今天这样突然气温升高，就得靠人工打开薄膜以降温。而在5G来临后，到了一定温度，只需在手机上轻轻一点，薄膜自动掀开，田地通过感应能自动灌水施肥。

"我除了抽烟、喝茶、品酒，没有其他不良爱好。安静下来有时间就学习，大到城市规划，小到家庭装潢，什么图纸都能绘制设计。"每个人应有自己的爱好，动的和静的都要有，如这位默默无闻且紧跟时代的同事，坚持学习，才过得充实。

（2019年6月4日）

想起鸡毛换糖的时光

偶遇老搭档。他老家在浙江，年龄相仿。当年，他离开家乡来到部队服役，提干后，又干了多年，我们同年转业。因为他娶了南京的媳妇，也就安置在这里。

曾经去参观过浙江萧山、温州、义乌等地先进的民营企业。不论城乡，所过之处，皆是欣欣向荣的景象。田野上，远远地能看到成排的别墅楼房。如果突然发现其中有间土墙茅草顶的老屋，显得很扎眼，有人会介绍，因为他家孩子出去参军留在部队了。转眼间，光阴已过三十多年。

"我们家乡人为了生活，都很能吃苦。"在他的印象中，最深的是看到一人骑着老式带大杠的自行车，后座上驮着两个大麻袋，里面装有一百多斤的雪里蕻等咸菜，挨村挨家地叫卖。如果上午没卖完，下午又转向别的村庄，每天骑行一百多公里路。

在浙江义乌，人多田少地薄，很多百姓饭都吃不饱，不得不远走他乡，偷偷摆摊或"鸡毛换糖"。人们挑着小货郎担子，每到一个村庄，小鼓摇响，首先聚拢而来的，是一帮开心的小孩。村民听到鼓声，便将家里积攒的鸡毛、牙膏皮、废铜烂铁等拿出来，交换纽扣、皮筋、别针等针头线脑的小商品，或得到几粒自制的糖果，孩童换到糖果，才是由衷的快乐。

那个时代人们的童年时光，基本一样。他说："我们当时真的很穷，很多小孩都穷得饿着肚子上学。然而，如果摆摊做小买卖，会被相关部门没收。"电视剧《鸡毛飞上天》里的"拦车姐"原型，是义乌第一代市场经营户冯爱倩。她有5个孩子，还要赡养老人，家里揭不开锅，她晚上去7户人家借来两斤米！走投无路时才鼓起勇气，在义乌县委机关大院外拦住县委书记。于是，就有了后来广为人知的冯爱倩当街拦谢高华的故事。

在谢书记的担当下，顶住各方压力，发布义乌改革开放历史上有名的一号通告，大胆出台允许农民进城经商等"四个允许"。北门街头不断聚集小商小贩，而且每日见涨。直到后来，整条街上摆满了摊位，这就是义乌市场的雏形。

所有的苦难，在市场开放后都渐渐远去。当年看见执法队员，立即裹起蛇皮袋就跑的年代已一去不返。这些年，政策环境在改变，经商的场地在改变，物流方式在改变，始终不变的是义乌人勤耕好学、刚正勇为、诚信包容的精神。

如今，在义乌繁华的稠州路上，当年的小商品批发市场，已是占地400万平方米的中国义乌国际商贸城。这里，有7万多个商位，20多万来自世界各地的从业人员，每天客流量达20多万人！

国家倡导"一带一路"后，丝绸之路经济带的起点，已由两汉时期的长安和洛阳，东迁到义乌。义乌西站作为"义新欧"铁路的始发站，满载义乌小商品的国际列车，经过新疆出国，途经俄罗斯、白俄罗斯、波兰、德国、法国等，全程1.3万公里，到达西班牙首都马德里。

"意大利刚发布的服装新款式,不出几天,义乌市场的摊位上就有人在展卖。"说起这些,同事一脸的自豪。因为,"义新欧"专列不仅仅是一趟班车,更是一条飘扬的新丝绸之路,一条国际经济交往给世人带来幸福生活的美好之路。

(2019年6月14日)

能看到舒缓的笑容

上班后,就近期要开展的工作与同事碰了个头,准备 10 点钟开会研究。9 点 50 分,桌上电话铃响,看号码来自一楼大厅,赶紧接听。"我是一楼前台服务员,下面有个老人说要找你们。"询问反映什么事情,听着明显属于业务范围外问题,便请前台联系职能部门人员下楼接待。

没过两分钟,电话又打了进来。"老先生说,他去找过那个单位,今天就是要来向你们反映。"既然不在我们受理范围内,他就是来反映,还是要转给职能部门。所以,建议引导老人去窗口。

电话挂完,正准备开会,刚关办公室门,身后又响起铃声。还是大厅:"不好意思,这位老人表示不去窗口,又不肯离开。如果要开会,可安排一位工作人员下来。不然的话,他在这大喊大叫,影响不好。"

便请服务员把电话给来人,向他问过好后,本想将受理范围做个简单解释,真反映问题可把材料寄来,可一句话还没说完,电话那头就传来不断的训斥声:"还要材料?我不会写字怎么办?你们有多忙?向他们反映问题,很长时间也解决不了。我不找其他单位,就要找你们。你办公室在哪儿?我马上过来当面反映……"

听声音，感觉情绪十分激动。关上门，没去会议室，就直接乘电梯下楼。大厅里，正在开展消防演练，站着很多人，夹杂着广播的声音。通过服务员找到那位老人，劝他到窗口去谈。一路上，他不停地埋怨，走路很快，语速更快，十分亢奋。

听他那口音，好像是盐城人。"不对，我是泰州的，听你口音，好像也是我们那边人？"为了宽慰他，我随口说在扬州，是老乡。到窗口，量体温，进行身份登记。快七十岁的人，很有精神，让他坐下，端上一杯热茶水，安慰他不要太激动，先歇一会儿，待静下心来，再写情况。

看他一丝不苟地填写姓名、身份证、电话号码，再聚精会神地思考自己的诉求。想了半天，才写出两行十几个字。看字体，一笔一划，端庄工整，便夸了两句，问他以前是不是老师。"我还真当过几天老师，把学校那些领导全搞下台后，也就辞职了……"怕他兴奋后又扯远，立即问他，对今天反映的问题可有相应证据？他说："我还只是猜测，前几天去找那单位，他们说话态度很硬。我就不信，他硬我更硬……"一番劝导与安慰后，老人心态算是平和了下来。

出了接访中心，老人说他跟儿子住在一起，房子就在前面那条街上。将他送到庐山路与新安江街交界的路口，等到绿灯，让他过马路时注意安全，回去保重身体，后面等待调查答复，他很客气地点点头。

看那眼神中，没了过激的冲动，能看到舒缓的笑容。过了马路，他还回过头，向我招招手。转身赶紧回单位，还等着要开会。

（2020年4月23日）

也会回报以真情

下班回家，过路口，手机铃响。一看，是陌生的固定电话，接听，听到亲热的称呼声。立即想起是老朱。

老朱今年 70 岁了，之前，经常换着手机给我打电话，时间上，一般都选择在晚上 8 点。化解两年多来，他再没来电联系，但听那声音，还是很熟悉。"你放心，我打电话没有别的什么事情，就是想向你问个好。过年前后给你打了好几次电话，你都没接听，不知道现在过得还好吧？"

回想手机里是有几个未接电话，可能因为开会，手机置静音，没注意。便以为做广告的，也就没当回事。

对老朱的问候表示感谢，还是问他可有什么事情需要我做。他说："真的没什么事，你人很朴实，从来不说假话，真的很好，我就是想听听你说话的声音。原来一直想请你吃饭，你老说忙。从去年到现在，又是疫情影响，更没办法想……"老朱是说过要请我吃饭的，听语气感觉是真心实意，可我哪能让他请客呢，每次也都客气地对他说："看什么时候有空，我来请你。"

还是 6 年前，在北京南站的月台上，他们刚下高铁，我接过老朱沉甸甸的背包，一直扛到接待地点。那天，从上午一直谈到夜晚，才把他们十个人送上返回南京的列车。再见面，老朱动情地说："以前不认识，我那天一直以为你是一般工作人员，帮我背包走了好几里路，到房间还为我们端茶倒水。晚上有人介绍，我们才知道你是做什么的，后来你说什么，我们都相信你。"

能让人相信，我也很感激。只是笑笑说："本来我就是一般工作人员，能得到你们的信任，也是我的荣幸。"

第二年，我已经出差在外，听说他们又购票准备上车，却怎么也找不到人在哪里。思来想去，在宾馆房间里还是拨通老朱的手机，答应回南京就找他们谈。他告诉我所在位置，并说："只要是你说的，我们都相信，现在就同意一起退票！"

之后，老朱就有了我的手机号码。当晚，他们把票退掉，各自回家。他却每隔一两个小时，就给我打一次电话，直到凌晨。那次回南京后，他隔三岔五就在晚上来电话，内容无非是倾诉心中的情绪。我们也兑现承诺，通过几次约谈妥善解决了事情。

既然已经化解，应该两无相牵。可断断续续地，还是收到他的来电，只是每次所说的内容，不再是抱怨，而总是说些带着问候的语言。

人与人之间，没有高低贵贱，重在相互信任，只要你付出了真心，别人肯定也会回报以真情。

（2021年2月23日）

何必与人去死磕

今日头条的"理智与情感"栏目中,有人提出一个问题:"对外人客气,对家人凶,总是站在外人立场说话,这是什么心理?自卑?"

在电梯里看到这则消息,随口说了出来。同事接话说:"这是耗子扛大刀——窝里横。"我一时没听明白,他又重复一遍,真是很形象的歇后语。

无论对谁,凶狠肯定没好处!礼貌待人,才能收获幸福。家是让心灵休息的温暖港湾,凶什么呢?家里人若能理解,只要没有暴力行为,讲讲也就完了。如果家人嫌烦,互不相让,必定吵架。持续这样,不仅伤了和气,还会伤身体。

但,江山易改本性难移,面对这种人,医生也没辙。每个人职业不同,可能都有别人不可想象的难处,作为家人,起码不能贬低与羞辱,还是要设身处地地予以关心与引导。

人生有些问题是无法解决的,所以,不该管的事情,就少去管,没必要花精力去死磕,而要接受并积极地去主动和解,这也是一种成熟思维与表现。

人上一百,形形色色。有的人听到别人谈论任何话题,不论他懂与不懂，就喜欢插话，而且专门抬杠。说起来还振振有词，对这种人，如果你想争谁是谁非，肯定不可能。

曾经居住的部队安置房，三幢都是七层楼，有人提议要安装电梯。去年听说后，我专门去了一趟物业，签名表示同意。最近，住顶楼的老邻居打电话来，说要去开会。可我哪有空呢？又加了我微信，不断发来信息，我干脆设置免打扰。开会没去，肯定以为我不支持。虽然当时我买三楼价格最贵，装了电梯就不值钱了，但上面人家爬楼难，也要理解人家。只要大家同意安装，我绝对不会去阻拦。

一位同事说，他家那个单元要安装电梯，住二楼，坚决不同意。就与一楼的好朋友一起上诉状告程序违法，但最后不了了之。他无奈地说："那朋友年龄与我一般大，在一个企业里当老板，原来身体棒棒的，就因为天天看着电梯在眼前上上下下，变得郁闷，后来活活气死了……"

听了很是诧异，这位同事也才四十多岁啊！便劝他一定要想开。给人方便，也会给自己方便，任何事情都不必走极端。实在看不下去，换地方住就是了，何必这样死嗑！

我们每个人，到了一定年纪，都会遇到一些不可理喻的人和事，如果都去计较，只会害人害己。若能笑着理解对方，善于研究与分析，一些矛盾自然会迎刃而解的。

在单位，坚持做好分内的事情，在外面不跟别人抬杠，回到家里，也不与自己家人抬杠，人生才会过得轻松且快乐。

（2020年9月9日）

少了那道风景

自从调整到新的办公楼,离家很近,因此便骑公共自行车或步行上班。在每天上班必经的那个路口,我都能隔着宽阔的绿化带和双道马路,远远地看到对面移动公厕旁穿一身粉红色工作服的环卫工人。

他应该来自苏北淮扬地区附近的农村,患过小儿麻痹症,十分瘦弱,走路一晃一晃的,带着跛。

一年多的时间,天天要经过那个路口。一次肚子受凉,途中冲进那公厕。我们由陌生到互相举手打招呼,再到轻轻地笑一下,继而熟悉了,每次路过他会大声喊出"好"字,同时还会使劲地挥着手。一次下着雨,我左手撑雨伞,右手扶车把,过马路时看到他已在那里挥着手喊好,我便也边喊好边松开车把,右手向他使劲地挥着,车子随之左右摇晃险些摔倒,引得两边汽车及路上行人咋舌。

从此,他似乎对我更亲切了。虽从没听过他说什么话,但每次互相问好时,他会高兴地大笑着连着喊出"好、好、好",且一声比一声高。

记不清是"五一"节前的哪天早晨,他在对面喊过好后,见他挥手的姿势与平常不一样，似乎在招呼我过去的意思。我把车骑到他旁边，但没有停下来的心思，因为上班的时间快到了，耳后只是模糊地听他喊出"我没罪，我是残疾人，要开除我……"心想他精神上是不是受到什么刺激了？

之后的一天，他又招呼我，并断断续续地喊着："我要回家了，他们说，一次检查，门没关，上面大领导定的。"我便站住想听个明白，说来说去，大概是说一次领导来检查时，发现一个门没关好，就要把他开掉。

清晰地记得，再过一天，他伸出四根手指说："还有四天，我回家，你就见不着我了，我没罪……"在他的心中，肯定认为违规就是犯罪的意思吧。

回到办公室，便联系了他们的分管领导，说知道有这个人有这回事，可是用工是下面公司的事情，不好参与。我为他说好话求情，青奥会举办在即，哪怕真不能在这种景观路口，也要帮安排个地方让他有班上。领导说会考虑的。下班路过时专门问他如果真不让干了准备住哪里，他说："我老婆在铁心桥，只能到她那里去。"哦，老婆也在南京打工，去那里好，两人在一起，总比一人住在公厕要好得多。

节后上班，经过那路口，虽然车水马龙，但没见到穿着粉红色工作服的环卫工人挥手喊"好"的风景，顿时感到少了什么。

（2014年5月6日）

凡事都要讲规则

河边，亭子里的木凳上，有个郁郁寡欢的小伙，默默地操作手机，静静地沉浸在他的世界里。

一位老人带两男孩欢笑着跑过，细雨渐大，他们又开心地跑回来。小伙走了，亭子空了，老人坐到椅子上，三人做游戏。他们问爷爷："老狼、老狼几点了？"老人也念念有词，两个孩子谁动作错了，就要被对方打屁股，他们不时地乐得在地上打滚。

老人满面笑容，说是跟着孩子混日子。两个孙子，小的还没大的腰部高，若反应慢了，大的立即拧起弟弟的小胳膊，在小屁股上至少打两下。

如果大的违规了，爷爷让小的也上去打，感觉他一颠一颠的似乎才蹒跚学步，手还没够上大的屁股，人家一扭身就笑着跑开了。小的则站在原地委屈地向爷爷告状："他违规、他违规！"

爷爷则哈哈大笑着说："你们继续玩、继续玩。"两小孩又边跑边喊了起来。

听新闻，一村霸违纪违法被开除党籍。重庆垫江县高安镇新溪村的这个村霸，名叫周礼亚，原来干村主任时还踏踏实实，为民办实事，到书记主任"一肩挑"后，就开始霸道，不讲规矩，一手遮天，村民暗地里都称他为"周舵爷"。

周礼亚的几个亲戚不符合条件，他却虚造入户调查、群众评议等资料，将他们都纳为农村低保对象，骗取低保补助。之后，在开展惠农惠民政策"十公开"制度申报时，他还是没有如实填报那些亲戚违规享受农村低保的事实。

村里的事，只有他说了算。村民对周礼亚的所作所为，看在眼里，恨在心里，他的专横跋扈让群众怨声载道。

在村里行为霸道，面对执纪人员同样十分嚣张。当县纪委到高安镇调查，周礼亚居然故意在镇政府门口大吵大闹，以"县纪委干部收了某些人好处费故意整我"等言辞，散布谣言诋毁执纪人员，妨碍组织调查，造成恶劣影响。

多行不义必自毙。尽管他百般阻挠，最终还是难掩铁的事实。周礼亚因存在严重违反中央八项规定精神、侵害群众利益、强买强卖等违纪违法问题，受到法纪的严厉制裁。

社会在进步，处处在扎紧制度的笼子。连刚学步的孩子都知道游戏不能违规，少数"霸"们以为还能随心所欲，岂不知弱势的群体终不会默默承受。

饭碗要端在自己手里，碗里要装自己挣来的粮食。回家，外面下着雨，也好，可静下心来看几页书。书中文字不仅有故事，还有远方和诗。所有认真读的书，都能无声沉淀，并与生命连接起来，延伸着美丽的意外。

（2017年9月3日）

无怨人生

已是五月中旬,昨天突然降温。因锻炼出汗,就穿件短袖衬衣上班,下楼吃午饭,冲进斜风冷雨跑到饭堂,同事都穿夹袄了,冷不丁地打了个寒颤。

入夜,雨停,冷风仍呼啸不止。加件长袖,在小区散步,碰到王大爷。他提着布袋子,应该是回湖南路的家。

王大爷的儿子住在我们小区,就在隔壁一幢楼,见到时,我会问声爷爷好。他孙女初中时曾与我女儿在门口的同一所学校就读。从开始时看到一位老爷爷骑单车接送小姑娘,后来逐渐熟悉,到无话不谈。

老人说,老伴走得早,退休已二十多年。开始时与儿子相依为命。儿子成家,有了小孙女。原来都住在湖南路上,孩子是全家的掌上明珠,生活起居被照顾得无微不至。从幼儿园到小学,都是老人接送,风雨无阻。

孩子上初中后,搬来奥体,王大爷一人还住在湖南路那儿。原来有地铁一号线直达,不论是寒冬还是酷暑,每天每天,或早或晚,都能看到老人匆匆行走的身影。

一次,听老人不解地说:"地铁公司不知道因为什么目的,一号线居然从安德门那突然折向南了,将老一号线往西的这几站改成了 10 号线。在安德门中转,上下要走六层楼那么高,还要转好几个大弯,很不方便。"后来,经常看到老人从小区另一个门出入,说改乘公交了。

稍晚,公交便停,老人只能还往地铁口奔。遇见后,陪他到地铁口,又聊了不少。"地铁中转虽然要上上下下走不少路,就当锻炼身体吧。"老人十分细心,他说,"我每天来,要为他们把饭烧好,小孩马上高考了,下晚自习回家要吃点东西,增加营养。"将这边忙妥当后,他再回去休息,一脸开心的笑容。

王大爷 1952 年当兵前上过初二,当时到部队,是很有文化的,分在航空兵技术修理专业。退伍后分配在军工厂,当时一个厂里 7 000 多人,很多干部工资只有 30 多块,他每月就能拿到 70 多。

"我如果不去当兵,就到一所小学当老师了。现在,老师退休工资很高。不过,我不去比,也不想埋怨,要是去上访,还把身体搞坏了。自己不抽烟、不喝酒、不想穿好的,够花了。只要身体好,多活一年就能多拿 4 万多块啊。"

针对孩子教育,老人也有独到的见解:"现在就一个孩子,何况是女孩,应该不愁吃不愁穿的,不要弄得那么辛苦。考怎样就怎样,千万不要给压力,不要去提过高的要求。"

还说,不能指望女同志养家,嫁得好是个关键。"小孩谈对象时一定要把关,家长要帮着了解对方家庭情况,男孩哪怕暂时挣不到钱再穷都不要紧,品德一定要好。记得在部队时苏联演唱团来演出,其中有一段父亲对女儿的嘱咐就是'千万不能嫁给酒鬼',苏联那边寒冷,喝着高度的伏尔加,喝多回家就打老婆。"

是啊,我们常常忍不住和别人比,殊不知和别人比是没有意义的,只有和自己比才最有价值。只要心态放平实,幸福就是一碗白开水。不要去羡慕别人喝的饮料有各种颜色,其实,那未必有我们喝的白开水解渴!

到路口,他还嘱咐我回家慢点。82岁的老人,每天依然穿梭于繁华的都市,不停地忙碌,无怨无悔。事事替人着想,在脸上便总露出那样可爱的慈祥!

老人的心里肯定也有目标,把儿子培养成才成家立业后,还要帮助把孙女儿培养成人,所以,他生活得很充实,过得一天比一天更有意思,因为他离理想已越来越近。年轻人更应该有自己的理想,只要今天比昨天强,就证明你进步了。不要做无意义的攀比,只要你离自己的目标近了,就说明你行走在成功的路上。

(2015年5月12日)

夜光照海映孟尝

几位朋友从浙江来，其中也有绍兴的。曾到过几次绍兴，相聚时便多聊点话题。不由又回想到乘坐乌篷船、戴着乌毡帽、观赏越剧的情景。

到绍兴，少不了要去鲁迅故里，从百草园到三味书屋，那是年少时向往的地方。80年代去的时候，那屋子和小院都很荒凉，后来发展旅游，成了游人如织的处所。兰渚山下也曾到过，欣赏兰亭里的曲水、墨池和流觞亭。

朋友说，如今的兰亭有"曲水宴"表演，参与的游客可以效仿古人，体味焚香礼乐、曲水流觞、游人邀欢的场景。不过，那只是感受现世的热闹，再也不可能出现当年王羲之等人排列坐在曲水边，等待着上游以荷叶托着的酒杯顺流漂下的情境……

还有位朋友是上虞区的，那里，不仅是著名爱情故事《梁祝》中祝英台的老家，成语"合浦珠还"的主人公孟尝也在那儿诞生。

合浦就是现在的广西北海。在汉代，合浦产的珍珠驰名中外，时称"南珠"，或叫白龙珍珠，被誉为国宝，吸引着中原商人带来大量丝绸，国外商人也携带奇珍异宝，纷纷交换南珠。于是，汉政府顺势而为，从这里开辟出海上丝绸之路。

但，当时地方官都是贪婪污秽之辈，为讨好上级，不顾珠民死活，过度开采珍珠，优选之后作为送给皇上的贡品。珍珠有灵，因为生贪官的气，一夜之间，全部迁徙到越南交趾海域。顿时，夜海无光！

原本繁华的北海港是海上丝绸之路的起点，外地客商不再涌来，当地靠珍珠生存的百姓穷困潦倒，很多都饿死在求生的路上。

好事不出门，坏事传千里。朝廷获悉，即派御史巡视监察，严惩贪腐官员，并安排廉官孟尝出任太守。他到任后，详细了解情况，严禁私捕乱采，革除弊政，顺应发展，鼓励百姓与商人合法经营。一年后，珍珠母贝又回到北海，重现夜光照海的美景。

一活百苏，合浦很快又恢复繁荣富庶。后来，朝廷召孟尝入京，百姓拽住车驾请求他不要离任。既然不能登程，他因病辞官，就隐居在僻野水边，亲自耕田种地。年老还乡时，只得与一些决意追随他的乡民趁着黑夜，悄悄乘船返回故里上虞。

孟尝清正廉洁，勤政为民，百姓不会忘记。合浦曾改名为"廉州"，寓"孟尝清廉"之意。孟尝离任后，为纪念他"去珠复还"的德政，合浦曾先后建"还珠亭"和"孟尝太守祠"。

朋友还说，上虞为纪念他，曾将通明乡更名孟尝乡，其出生地改为还珠村。村边建有孟公祠，塑孟公座像，祠后有"还珠庙"，祠内高挂匾额，书"感雨还珠"四个大字。

耳畔，仿佛飘扬着清悠婉丽、优美动听、极具江南地方色彩的清廉越剧。若有空再到绍兴，一定要到上虞，去拜访孟公祠。

（2019年4月18日）

爱好就是方向

连绵阴雨后,又连夜大雨,早晨起床,阳台已积水。这样的雨,没法骑车到单位,下去开车。出小区,暴雨如注。

上路,过三个路口就能到单位。第一个路口若左拐,进入宽阔的奥体大街,必然通畅,但眼见直行是绿灯,为了不想等左拐的红灯,就直开向了新安江街。

雨越下越大,路越开越堵,眼看着大楼就在前面,却怎么也开不过去。才想到这条路上不仅有幼儿园,还有小学和中学,大雨中送学生的车辆将整条街堵成了停车场。

无法掉头,只能慢慢往前挪,多绕过一个街区,还是同样的场景。七点多出门,平时应该是几分钟的车程,却开了一个小时,只得匆匆吃过早餐去上班。

早晨不锻炼,早餐就要少喝两碗稀饭,精气神也比往常差。晚上七点多了,感觉事情还没做妥,肚子已经好饿,下楼到对面吃碗水饺。

在等的空闲,站在店门边,看一老年人只穿件白背心,推着三轮车,瞅哪个角落里有废纸盒之类的,便迅速捡拾起来往车上放好。一天的雨,时大时小,灯光下还有毛毛雨在飘,当老人走得靠近了,便问他可冷,要当心受凉。

他把三轮车停下来,笑着说不冷,还觉得发热哩。老人78岁,说着一口南京话,但他讲祖籍在安徽,出来已经五十多年,家是安徽哪里的已记不清。

那时,奥体一带都是农村,他20多岁,正是做农活的好把式,干了几年后,把户口转了过来,成家后育有两儿一女。后来拆迁分到兴达新寓的房子,全家就在南京安居乐业。现在,已四世同堂,重孙子都十多岁了。

兴达新寓到这儿有不少路,可老人认为很近。年纪大了后,重体力活不能再做,就每天骑三轮车走街串巷,捡些废品。"不指望能卖什么钱,就是出来逛逛,拾拾荒,身体也活动了,比久坐家里要好。"

谈到生活,老人更是幸福,说老伴77岁,家里吃的用的都是她在操持;并说年轻时,每天至少要喝一斤酒,现在每天中午还要喝上半斤多。

"我从不生病,医院的门都不知道朝哪边开,没花过医保一分钱。社区对我很好,每个月给我们一千七八百块钱的补贴,老两口够用了。"看老人一脸幸福,又推着三轮车,背影消失在烟雨朦胧的霓虹灯下,才感到肚子真的很饿,水饺应该下好了。

回家看央视的《朗读者》,其中有位坐在轮椅上白发苍苍的老人,满面笑容,多位知名学者正在深情地为他朗读——他就是著名翻译家许渊冲先生。

许先生从事文学翻译长达六十余年,集中在中国古诗词英译,不仅翻译《楚辞》《唐诗三百首》《宋词三百首》,近年,又翻译

《莎士比亚全集》，已经翻译了十卷。

　　而老人，已是 97 岁高龄。2007 年，因患直肠癌，医生确诊最多只能再活七年。他说："如果按医生说的，我又多活了三年，很值了。后面，能译一点算一点，能译一卷算一卷。如果能多活一段时间，就在有生之年，再翻译三十卷，直到译完……"

　　千江有水千江月，万里无云万里天。生命不在于过了多少日子，而在于记住了多少时间。我们每天总是那么急匆匆，却是为何？早晨上班的路上，为了少等三十多秒的红灯，却多转了个把小时，有多少人在有意或无意之中也会这样折腾？

　　急躁没有用，后悔更没用，急躁增加罪过，后悔还会给自己增添新的罪过。再想起晚上偶遇拾荒大爷，看他幸福满足的神情和悠然的脚步；还有无意间隔屏碰到许先生，他那神化的经历和淡然的思维。

　　风雨人生，淡然才真。爱好就是方向。每个人要走的路，有太多的不确定性，他人一句劝诫，自己一个闪念，偶尔的得与失，都时刻在改变前进的走向。所以，不必纠结于某一人、某一时、某一事，要随缘、随性、随心，尽心做好当下，不急不躁，即好。

（2017 年 9 月 29 日）

学着莫生气

"又来了,又来了……"看到那个名字,大家议论纷纷,最后又归于无语。这人一直无中生有地反映相同问题,谁接触就粘上谁,仿佛别人必须围绕着他的思维,如果没有顺遂,不能达其所愿,便是弄虚作假,都在不作为。

反映得多了,直接影响到被反映人的情绪,难免惹人生气。有的人不明就里,虽然相信不会落井下石,但给工作添乱,以正常心态,会产生不好的印象,这都可以理解。

但,如果只知道生气,肯定不能解决问题,伤害的也只能是自己。

曾经看过这么一个故事:在非洲大草原上,有一种不起眼的动物叫吸血蝙蝠,靠吸食动物的血液生存,虽然十分弱小,却是野马的天敌。在它攻击野马时,以锋利的牙齿刺破野马腿部的皮肤,然后用尖嘴吸血。

无论野马怎么蹦跳、狂奔,都无法摆脱它,因为它实在太小了。蝙蝠常贴在野马身上,直到吸饱喝足,才满意离去,而身型庞大的野马,最终竟然会无可奈何地死去……

常常,人们会认为野马是被蝙蝠吸血而死。但,据生物学家分析，蝙蝠吸食的血量微不足道，压根不至于让野马失血而死。真正造成野马死去的，是野马在被蝙蝠吸血之后的"情绪失常"，暴怒让它自毁灭亡。

人也和野马一样，常会因为一些小事而暴跳如雷，烦躁不堪。其实，面对一些事情，我们只要镇静下来好好想想，就会发现，根本没必要生气。

在社会生活中，有些人喜欢说三道四，八卦别人的私生活。常言道，耳听为虚，眼见为实，而有人爱盲目跟风，乱传谣言，甚至夸大事实。遇到这样的事情，如果生出烦恼，就像野马因为蝙蝠生气，明明微不足道，却把自己折腾得窘迫难堪，还有可能危及健康。

人生短暂，要做的事实在太多，就别让"生气"偷走自己的情绪和时间。当你是对的时候，你为什么要生气？当你是错的时候，你又凭什么生气？所以，任何时候都没必要生气。

一些事解释不清，只有沉默才是最好的轻蔑。所以，不生气，才会趋于平静。

生别人的气，是拿别人犯的错来惩罚自己。别人可以违背因果，可以毁谤我们，但我们不能因此而憎恨别人。为什么？因为我们一定要保有完整的本性和清净的心。

人生不如意之事十有八九，学着莫生气，就是人生另一个境界。去年养的一盆荷花，开了很多朵。今年，盼着盼着，终于又吐出两三支花骨朵。那绿意盎然的盆里，因为有几朵花，就有了生气。世界需要生气，而人却不能生气。

（2019 年 7 月 29 日）

每次都如初见

下午观摩了一场竞岗演讲比赛,十几个人各有特色。对他们,我都很熟悉,有的平时从不吭声,但上台后能侃侃而谈,一方面说明准备很充分,另一方面也表示他们很有才华。从简历看,有的经历过不少岗位历练,明显感觉不一样的沉着与冷静。

同时,在演讲过程中,不少人引用了名人警句,若是用得恰到好处,不仅能画龙点睛地表达思想,还会迅速提升演讲的感染力,让听者如沐春风,感悟升华。

观摩的过程,也是一次学习。现在很多年轻人,都有很强的能力,在未来的成长旅途中,只有持之以恒地坚持学习,与时俱进,自我更新,才能不断迈上新的台阶……

下班时,电梯里全是人。碰到熟悉的,也只是偶尔点个头,很少说话。可进电梯看到楼上的一位同事,他很帅气,不论周围环境如何,他都是满脸阳光。自然要打招呼,没想到,他盯着我问:"最近怎么不写文章了?朋友圈里没看到,挺想的。"扫了一眼,电梯里还有其他人也经常看我文章的,从口罩上面的眼睛,能看出也在会意地微笑。

我想转移话题,便轻声逗他:"马上是不是女朋友在门口接你啊？"他反应很快，笑着说："女朋友？那是多年前的事情了，现在天天忙着没法按时下班。"紧接着，他还是说，"读你的文章，每次都如初见，那种感觉比见女朋友还好。"

都在负一楼下电梯，我边摇头边说："最近事情太多，没心思写什么。"他应该是信了，夹在匆匆的人流中，左拐去往饭堂，说晚上还要加班。我则右拐，去停车场。快下班时，妻子叮嘱："这种天，随时可能下雨，还是开车回家吧。"

梅雨季节，一会晴一会雨，晴时烈日当空，酷热难当；一旦乌云压来，突然就会狂风大作，暴雨如注。本以为雨后能凉快点，哪知道下班回家的路上，如同进入蒸笼一般，开着车子，打开车窗，立即感受到外面湿热滚烫的空气。

路上还在想，晚上在朋友圈里发文章，主要是为了将来方便收集与整理。有的人是真想看，昨天碰到几个老乡，一位中学校长就曾聊起，问最近怎么看不到我的文章了，旁边一位肯定也看，但说的就有点带笑话的意思。其实，看的人各有不同的心理。也听到过传言，有人说是上班没事才写这种文字，还有人说我经常写诗，可我从没利用上班时间写，更没作过诗，这样的话语说明纯粹是道听途说。

不必解释，与其这样，干脆将QQ空间设置为仅自己可见，文章不再发微信朋友圈。为此，也知道得罪了不少人，真正每天喜欢看文章的，怪我为什么专门把他拉黑。

每晚写点文字，既然养成这样的习惯，又不是坏事。有时，也想偷懒，躺在沙发上看电视那多爽。但转念一想，还要坚持。只要在写着，至少对文字的把握不会变得陌生。往电脑前一坐，就有种神圣感,敲击键盘,让自己静下心来,沉浸在对美好生活的描绘与感悟中,便能完成一篇小作。然后,不断提升。

都说最苦的工作就是写东西,但如果自己喜欢,自然就会苦中有乐。自从开始喜欢写随笔,每晚静下心来,写生活,写工作,写社会,这是由心而生的热爱,因此才会赋予生命新的意义。

又想起下班时碰到的那位很帅气的同事,他在电梯里随意说的,用到写随感上。这样的沉迷其中,乐此不疲,正是因为对写出的小文都有了"每次都如初见"那般的吸引力。

(2020年6月17日)

更有对孩子的眷念

降温之后,早晚更凉。下班往家走,加上寒风嗖嗖,感觉冻得浑身直抖。走到奥体大街上,灯火辉煌,宽阔的路面车流滚滚,似乎添了些热量。

过了黄山路口,前面停着一辆人力三轮车。树的光影下,远远地能看到车上坐着人,走近才从背影看清是名环卫工。走过,侧眼看到她的怀里,抱着一个大塑料袋,袋口敞开。出于好奇,便问袋里面是什么?她说:"泡沫棒,是玉米粒炸成的。"

那么一大袋,要吃多久?"带回去,没事时吃着玩,是为了打发时间的。"她笑着解释。

她姓姜,老家在安徽阜阳,与老伴一起,来南京做了二十多年环卫工人。她说:"现在比前几年好多了,每个月三千多块,还有四天休息。因为路上人手不够,如果停休,一天就能补助一百。"

现在的主干道,有车辆负责清扫。慢车道上除了落叶,路面都很干净。所以,扫过一遍,叶子也不可能落得那么快。事情做完,就可以靠在车上休息一会。

"活倒是不累,就是时间耗得长,每天最少要十二个小时。一般都是早晨 5 点就来集中点名，拍照上传，然后大家就分头到自己的路段扫地，直到晚上 5 点半回家。"她说今天上的是晚班，要到 9 点半才能离开。晚班并不是上午可以在家休息，而是早晨仅晚一个钟头到岗。这样，一天要 15 个小时在路上。

地面不需再扫，还不如早点回家。"不行的，一会儿还有来检查的，如果路上没看到人，就要扣钱……"

早晨 6 点出门，可以在家吃过早点，再把煮好的午饭也带上。她往东头指着说："晚餐在路上吃，泰山路那有专门卖给民工的快餐饭，还有面条，8 块钱一碗，量很多，能吃饱。"她是皖北人，肯定喜欢吃面条。

整天在路上，喝水怎么办？她拿出一个大塑料杯，"我们自己带水出来，寒天水冷得快，就到附近店里要点热水兑着喝，都会给的。"今天还好，只是刮着冷风，没有下雨下雪。遇到恶劣天气，她们将更加辛苦。

"这是炸玉米棒，有人骑车在路上卖，卖给别人 5 块，我们因为都是路上的熟人，还过价，只要 3 块钱一袋。你尝尝？"手一捏，就碎了，极松脆，将两小块碎片放嘴里，立刻融化了。

在饭堂吃过晚饭，也只是想尝尝，可没觉出是什么味道。"再吃啊，多呢！"便将刚才捏破的那根拿过来。这大小和弯曲度都如香蕉般的空心玉米泡沫棒，可能由一两粒玉米所炸成，全部化在口中，才有一点玉米的香味……

以为有集体宿舍。"单位给租房补贴四百块钱，我们在小行那边，与另一家人合租一套房子，一家摊一千多块钱。"老两口每月吃喝住的开支，大概要花去一千多，一年下来能攒五六万。

"我两个儿子,都在常州打工。大的三十多,生了两个女孩,还要生,在我们农村,不生儿子不行。小儿子也快三十了,还没结婚,我们在外面苦钱,也都是为这个小的。我们当时二胎是指望能生个女儿,哪晓得又是个男孩。"言语中,能看出老人因为没有女儿,心里还是有点缺憾。

聊着天,在灯光下,她不时露出笑脸。"现在有假了,今年准备回家过年,两个孙女也有好几岁了。以前,因为天天都要上路,请不到假,请假就要扣钱,所以好多年都在南京过的年。"能看出她对家乡的向往,更有对孩子的眷念……

(2019 年 11 月 19 日)

回眸一笑的洒脱

午饭后,没休息就赶往北京东路。从奥体东站上地铁,要在大行宫转三号线,到鸡鸣寺站下。

上地铁后,车厢里坐满了人,不少人还站着。就倚靠在进门的一根铁柱上,旁边,坐着一位老爷爷和一个姑娘,他们认真地聊着家常。

"你太婆在的时候多次讲,她就是搅人,真没办法。以后我把饭烧好摆桌上,随她自己吃。原来总是盛饭夹菜,多了也不好,少了也要吵。"老爷爷埋怨着,两人富含亲情地对视。姑娘也在附和:"也真是的,你以后不用操那么多的心,我房间也不要进去,更不要端饭进来给我。我什么时候饿了,自己想吃什么,去厨房吃就行。"

姑娘坐两站到集庆门大街站下了,空出一个座位,还有不少站才到大行宫,我便坐了过去。之前担心开会迟到,匆匆忙忙赶到地铁,出一身汗,车内一闷,燥得不行,便把外套脱了放腿上。

老爷子看到,主动搭腔说,"今天是有点热哦。"他很健谈,说刚才下车的是他外孙女,从刚出生,就托在手上一把屎一把尿地带大,所以感情很深。孩子属虎,二十岁多点,毕业出来在汉中门那个电影院工作,陪她坐地铁到集庆门下,她再自己坐公交。"孩子小时候没抓紧,后来不想读书,只能念五加二。也很好,日不晒雨不淋的,一个月就能拿到五千多。"

说到前面议论的,是他的丈母娘,"今年95岁了,天天住在医院里,整天就是折腾人。她年轻时就没消停过,一直给别人找麻烦,到老还是这样……"

老人今年也76岁了,他一家兄弟姐妹五人当年从上海下放到南京郊区,后来娶了这边的媳妇,在新庄安家。"以前新庄那儿还是农村,几个兄弟都住在一个村子里。我自己家就用自留地盖了九间房子,出租给人家,一间两百。那时的钱多值钱啊!"

后来落实政策,让他们回上海。"在上海,一家人挤在一间房子里,哪有我这里宽敞。当时我家租给七八家人住,天天都热热闹闹的。就不想回去了,当时徐汇也是郊区,如今那里多好啊!不过,现在也没什么亲人在上海,后代成远亲也就不亲了。"

上世纪90年代,新庄农村拆迁建展览馆,那时房价便宜,除了给安置房还可以货币补偿,拿钱后自己去买房,很多人都要的钱。"我们现在住的莲花南苑的房子是丈母娘的,她家在江东门,万达广场拆迁,分到八套。河西这里拆迁政策真是好。给我们一套,所以跟她住在一起。人就是这么回事,她给我房子了,肯定要给她养老,这也是天经地义。"

他现在只抽烟,不喝酒。因为原来一喝酒就控制不住,一顿要喝一斤半左右,都是半斤一口。"我喜欢喝急酒,就像性格一样,有什么说什么,从不藏着掖着,讲完拉倒。喝酒也是,非要喝得躺床上起不来才行。后来老婆劝我这样喝下去,肯定要把身体喝出毛病。五六年前就坚决不喝了，现在一闻到酒就头昏……"

之前他说过到新街口站，聊着天，看还有两站。可正聊得欢的时候，感觉上下人很多，我一看，已经是新街口站，他还正讲个没完，便提醒，并说不要急，这个站停的时间要长点。老人出了车门，还回过头来向我招招手，开心地笑笑。

家中有老岳母在，他年龄再大，还如同孩子。每个人都一样，天天面对的大多是家庭琐事。过不去的坎要学会绕过去，放不下的事要学会慢慢地淡忘。要知道，有些人和事，坚持下去未必是赢，放弃也不一定是输。人生，有很多时候，需要的不仅仅是执着，更是回眸一笑的洒脱。

（2019 年 12 月 11 日）

心中那份默默的期待

中午返回单位,在大楼旁的十字路口,已经走在斑马线的中间,对面有人骑着电瓶车过来,突然停在跟前。他戴着头盔,还是能看到里面熟悉的脸。拉开前挡风罩子,真是原来在江东门菜场卖猪肉的老方。

一晃,应该有十几年没见过面。那时,老母亲带小孩,家里天天都要开伙,除了蔬菜,每天还要买瘦肉、里脊、排骨等,习惯性地都到他的摊位。后来,就成了熟人。

他将电瓶车倒回到路边,掏出香烟。我说站在路上,天还下着蒙蒙细雨,就都别抽了。听他说,江东门菜场早已拆迁,他在那附近租了间门面,专门做肉类和水产,送货给单位和酒店。以前还送学校,可因为总是欠账,小本生意拖不起,就没再给学校送货。

后来发展的客户多了,两口子实在忙得吃不消。他说:"有段时间,我老婆累得起不来,赶紧就退掉了几家酒店的生意。钱多赚点少赚点无所谓,还是身体重要。"

都问了双方小孩情况。老方用手一指说,以前在他摊位上玩耍的儿子,就在这旁边的房产中介公司上班。"我们积攒的钱,给他在板桥买了房,成了家,已经有了孙子和孙女。他们的孩子自己带,现在挣的钱主要贴补给他们用。还不都是为了小孩。"

我每个月还会到海棠里去理发,他听到立即高兴地说:"就在那旁边,下次一定要到我门面去看看。"记得还是十多年前,菜场面临拆迁,他就在路边摆摊子,被城管没收,还挨了一顿打,就气不过,给我打电话诉苦。只能劝慰他不能硬来,在外做生意,一定要服从管理,才能和气生财。

随后的那一次去理发,还专门绕到那路边看望他。离开的时候,他装上好几条大鲫鱼,让我提回来烧给孩子吃。给他钱没要,鱼就不能拿。在街上推来推去,最后我硬摆摆手就走。可能这事也伤了他的心,从此再无音讯。

这么诚恳地邀我下次一定去他门面,就怕又会出现给我鱼啊肉的场景……他说手机换了,留下电话,下次好联系。他告诉号码,输入,出现"樊卖肉"的姓名。可能原来习惯喊老方,其实他姓樊。这些年过去,号码也一直没变。

今天看他,精神很好,取下头盔没看见一根白发。"胡子也有白的了,只是今天出门时刮得干净。"他笑得很开心。

都没带雨具,看细雨越下越密,我倒是过了马路就回单位,他可能还要在路上奔波。叮嘱他骑着大电瓶车一定要慢点,特别是这样的雨天,地面容易打滑,要送货到哪里,宁愿提前出发,路上不能抢,哪怕迟到,只要安全就好。他自信地说:"没关系的,我天天要骑车送货,而且总喜欢骑得很快。"

看又一轮信号灯变绿,让他过去顺着庐山路早点回家。他戴上头盔骑上车,从人群中穿梭而去,很快就骑到对面的慢车道上。

心想，他骑得快，那不是喜欢，而是为了生活在抢时间。

  街头偶遇，又望着他的人影在眼前消失。心里祈愿着，在这纷繁的尘世，愿他不争不抢，也有岁月打赏。在茫茫人海，很多人盼望的生活，包括所谈论的未来，都是心中那份默默的期待。

（2020年1月3日）

不是自己的不想

小区的内环道,多了辆电动垃圾清扫车。一位微胖的老人戴着安全帽,端坐在车上,双眼认真扫视路面,看哪里有落叶或灰尘,只需电动扫帚一阵旋转,车过处路面即变得十分干净。

老人看到我,客气地打招呼,说才7点多,不会这么早就去上班吧。既然很早,可以有时间聊聊,互相递支香烟,点着火,老人才说他姓王,听他口音,是本地人。"我土生土长是江心洲人,房子拆迁了,也没地种了,在家闲不住,就出来做保洁。"那黝黑的脸庞,双眼充满着纯朴与善良。

以前没有计划生育,老王弟兄五个,父母想要女儿,第六胎真实现了愿望。老王排行老大,娶的妻子是苏北淮阴人,在娘家是大姐,有六个妹妹,老八才是个小弟弟。

当年,江心洲是农业示范基地,家家盖起小别墅,到处是农田、鱼塘和葡萄园,环境十分优美。大姐嫁过来,陆陆续续给六个妹妹也在岛上介绍了婆家。小弟弟是个例外,他不愿意做上门女婿,毕竟是家里唯一的男孩,在老家成亲后,把媳妇带来打工。

八个子女都在南京,年迈的父母自然也从淮阴来投亲,一直在大女儿家生活。老王跑前跑后,好不容易将两个老人的户口也落在了江心洲。拆迁时，根据政策按照户籍人口分配安置房。

老王说："拆迁进驻之前，我召集家族成员开了个家庭会议，要求大家支持国家建设，不搞什么假离婚，积极配合拆迁。"他育有一双儿女，早已成家，包括几个弟弟、妻子的妹妹等整个家族有二三十户，都在计奖期内签了封门单。"当时给我家发的一万块钱奖金，直接给岳父岳母两位老人了，他们都是老思想，觉得原来的房子住着舒服，都不舍得搬迁，奖金给他们也是精神上的安慰。"

谈到拆迁安置，老王笑着说："我们家安置得都非常好，旁人不说，我夫妻俩、儿子和女儿，三户各分了两套房子，岳父岳母也有两套。整个家族其他人也都安排得很好。就是小舅子，因为户口不在这里，肯定不能参与江心洲的拆迁，也不能为难拆迁办硬要房子。"

后来，老王又组织妻子六个妹妹的家庭会议，研究将岳父岳母的两套房子将来都给小舅子，他带头表示一个平方的面积都不要。大家也就没什么意见，办产权证时直接落到小舅子的名下。

有的家庭拆迁，为了争地、争房产、争补偿款，弄得父母兄弟姐妹反目成仇。夫妻办假离婚后，男的手上有了钱，真在外面又找了一个。对那些做法，老王很反感："那样有什么意思啊，我们都不缺钱、不缺房，更不愁吃、不愁穿，大家互相关心，最宝贵的还是亲情。"

更有甚者，有的漫天要价，胡搅蛮缠，最终人家早已安居乐业，就剩下他家"钉"在那里，吃苦的还是自己。这种人就是不明智，现在什么事情都公开公平，拆迁补偿，大差不差就行，如果一定要想象的那么多，怎么可能？而且，钱多钱少都一样过日子，人的欲望都是无止境，多少才能满足呢？

因为老王心底明白，所以日子过得也很舒心。有些人拿到拆迁款，闲着无事，就沉迷酒色，或参与赌博，把钱花光赌尽，只能变卖房产，搞得妻离子散。

人生苦短，简简单单地过好每一天，生活才会有滋有味。如老王这般，能帮人时则帮，不是自己的不想，趁身体健康，还找份保洁员的活干，通过劳动，拿份工资过好日子，这才是所有普通人最好的向往。

而且，人生没有彩排，只有把握当下，珍惜拥有，便不留遗憾！道别时，他面带微笑，悠然自得地转动着手中的方向盘。

（2020年10月28日）

成功从脱鞋开始

下午到一楼收发室查找一份报纸，收发员正与人在那儿聊天。听他们说，收发室主要是上午很忙，要把所有部门的报刊分发完毕，下午就很清闲。

对于我想找的一份报纸，收发员迅速取了出来。收发室内，收拾得一尘不染，窗明几净，两朵郁金香开得正艳。最喜欢的，还是报刊散发出的淡淡油墨香，每每闻到，总是禁不住深吸一口。再看各个格子里的书报，都摆放得整整齐齐，不论谁来取，顺手就能拿走，当然就提高了效率。

从中，也能看出一个人讲究细节的重要性。每天，面对集中送来的无数份报纸与刊物，如果不按订的种类和数量细心分发，必定会发生错漏情况。旁边那人随意地问："多一份少一份又能怎样？"收发员坚定地说："那肯定不行，如果人家订的报刊没拿到，被人讲话多不好。"

这样一丝不苟、兢兢业业的工作作风一旦深入思想，自然能控制自己的言行。从前，阿基勃特只是美国标准石油公司的一位职员，他在住旅馆时，总在签名下方，写上"每桶四美元的标准石油"字样，在书信及收据上也不例外，只要签名，就写上那几个字。因此，他被同事叫做"每桶四美元"，而他的真名倒没人喊了。

公司董事长洛克菲勒知道这件事后说："竟有职员如此努力宣传公司的声誉，我要见见他。"于是，邀请他共进晚餐。后来，洛克菲勒卸任，阿基勃特成了第二任董事长。这是一件谁都可以做到的事，可是只有阿基勃特一个人去做了，而且坚定不移，乐此不疲。嘲笑他的人中，肯定有不少人才华、能力在他之上，而最后，只有他成了董事长。

还有个故事说，前苏联宇航员加加林乘坐"东方号"宇宙飞船进入太空遨游108分钟，成为世界上第一位进入太空的宇航员。加加林能在20多名宇航员中脱颖而出，起决定作用的是一个偶然的小事。

原来，在确定人选前的一个礼拜，主设计师罗廖夫发现，在进入飞船前，只有加加林一人脱下鞋子，在外面整齐放好，只穿袜子进入座舱。就是因为这个细节，加加林即刻赢得好感。罗廖夫感到这个青年如此懂规矩，又如此珍爱自己为之倾注心血的飞船，于是决定让加加林执行这次飞行。

成功从脱鞋开始。脱鞋虽然是小事，但小事却能折射出一个人的细致品质和敬业精神，这正是培养好习惯的关键。

晚上回到家，又想，管理社会、经营企业、上天入海的大事要人干，日常小事同样也要人做。单位收发员月收入只有两千多，但凭着责任感，每天面对重复性的工作，不厌其烦，细心周到，同样值得称赞！

（2020年4月1日）

只想来看看你可好

以前，只知道他是饭堂炊事员，人称"小胖"。他个儿高高，身强体壮，黝黑的脸庞，浓眉大眼，见到人总是带着憨厚纯朴的微笑。在厨房里，他是大厨，大锅红烧肉烧得既糯又香。

每次见到，也只是在打菜的窗口。偶尔一天中午，从外面回单位，就没上楼，直接到饭堂门口。12点刚到，准时开门，大家挤进食堂，就奔跑着找窗口，十几条队伍立刻就排出很长。

小胖听人点菜后，举勺拿盘，勺起勺落，三个菜就到了盘内，从不拖泥带水。

稍后进来的，除了选择队伍短的外，因为小胖动作快，有的人就专门找他所在的窗口。我考虑中午吃过要回家看"百家讲坛"，若误了时间，前面又看不到，也不例外地专找小胖，哪怕那条队伍再长，也会比旁边的取菜快……

一次，车停负一楼，在过道上看到小胖。他蹲在墙边抽烟，见我过来，立即站立，客气地打着招呼。他自我介绍："我原来在部队院校食堂工作，退伍后安排到这来的。"他说看我的举止应该也是从部队转业，掏出手机要了号码，加了微信。

没过两天，饭堂窗口再没见过小胖的身影。有人说他嫌这里工资太低，跳槽到哪个饭店当大厨去了，每月收入两万多，要比在这儿翻出三四倍。能干的人，放在哪里都有用武之地。

这应该是五六年前的事情，之后，因为人太多，中午我也就没在饭堂吃过饭。大前年，突然收到小胖的电话："我妹妹考了教师资格证，想找个学校实习。"半年后，收到电话说他妹妹考上了老师编制，已经不在那所学校实习，听到很高兴。

下午又突然接到电话："好久没看到你在朋友圈发文章，最近怎么样啊？"这是专门问候的，并要来看望。我说在上班没空不要过来，他讲就在大楼前看一眼就行。原以为小胖是个大老粗，没想到以前在朋友圈里发的文章他每篇都看。

差两分钟到6点，他真来电话说已在大楼门前。取下口罩，几年不见，整个人都已是另一个模样，靠手机通着话才敢相认。印象中只是穿厨师服装的小胖形象，已不再那么胖，脸变白了，正装笔挺，十分帅气，没变的是那份纯真的笑意。听说我走路来上班，一定要开车送我回家。

路上他说："从这儿离开后，并不是到哪个饭店当大厨，而是继承了父亲的公司，在经营着项目。"轻描淡写中，能感觉到那背后奋斗的不容易。几分钟就到小区门口，下来道别时，他又笑着说："好久没消息，只想来看看你可好，没别的任何意思。"

（2020年4月6日）

儿女在哪哪是家

最近的每天，早晨起得都比较早，洗漱后可以散步到单位，权当晨练。到食堂吃过早饭，再心情舒畅地去上班。

紧靠单位的那个十字路口，每逢上下班高峰期，汽车、电瓶车、自行车还有行人，如潮水一般从四个方向蜂拥而至。闪烁的红绿灯和巨型行人违章曝光电子显示屏，似乎都没什么威慑力，每个路口还站着两名交警，如临大敌般决定着停止与放行。

庐山路是南北向的主干道，给的绿灯时间长，每次由东向西，从新安江街过了那座桥，红灯总是还有好几十秒。趁这空闲，便从桥头往北，顺便欣赏路边的风景。

连续几天，都看到有位老人在路旁的河边垂钓。他戴着凉帽，坐在有靠背的小椅子上，右手举着鱼竿，身体纹丝不动，厚厚的眼镜片后面宁静的双眼静静地注视着鱼竿尽头那入水的细线……出于好奇，便靠近问能钓到鱼吗？老人左手摆摆，轻声说："我就住在旁边这个小区，吃过早饭出来，活动活动身体。只是消磨时间，疫情期间不能出远门，老是坐在家里看电视，眼睛吃不消。"

老人今年85岁了，十分健谈，随意地聊起过往时光。"我是上海闸北人，小时在家读的书，大学毕业后，先是安排在东北，随单位到青海，又到成都工作五年。单位经过选址，最终落在绵阳，也就在那个大山里安了家。"扎根之后，十几二十年没出过秦岭，到改革开放时才回上海探亲。

听老人描述，在五六十年前，不论在哪里，生活都很艰苦。他们听从祖国召唤，在四川腹地崇山峻岭中，挖山洞，搞科研，进行地质勘察，一直奋斗到退休。他说："那个时候，我们就着辣油啃窝窝头，哪有什么菜？只要填饱肚皮就行。年轻时在家乡还不会吃辣椒，刚到东北时，那边的冬天很冷，我们也就十八九岁年龄，照样冷得吃不消。饭堂在宿舍与厂房之间，早上都是先跑到饭堂。面食也吃不惯。每个大圆桌上都放一碗辣椒酱，刚开始尝一口就辣得眼冒金星，吃了就上火，但为了提升食欲，也是为了取暖，就学着吃辣椒，吃得满头大汗，再跑去上班。"

老人还说："后来到四川的大山里工作，气候潮湿，人们都说吃辣椒是为了防止得关节炎。逐渐吃上了瘾，每餐饭都离不开，哪怕出门旅行，老太婆还要在背包里带上一两罐正宗的四川辣油和花椒油，菜里加点，吃饭才有胃口。"

如今，在一片大山里建造的工厂，已经发展为拥有两三万人的热闹小城。大儿子进厂里工作，在绵阳买了房，孙子也已娶妻生子。小儿子考到南京上大学，留在这里生活。他与老伴退休后，每年两边走走。"我在绵阳也有房子，到天气炎热的时候就回去住。"老人还保留着一口上海口音，但绵阳才是他们的家，明显流露出对第二故乡的眷恋。

老人稳稳安坐在钓椅上。他的身边，是一套钓鱼工具——鱼竿、渔包、鱼护包、钓箱、抄网、支架等。老人说："全是小儿子买的，两根鱼竿，正在用的这根要一千多块钱。"听他介绍，除了能看到的渔具，还有很多小的，包括八字环、连接器、太空豆、钩、线、漂、饵、漂座等，一应俱全。

在绵阳家里，也有一套更齐全的渔具。他说："绵阳的河里，政府每年要投进去两三万吨鱼苗，每天都能钓到，大的三四斤，小的三四两。不同的地方，鱼吃的饵料也不一样，在绵阳用麦粒和玉米，南京这边要用蚯蚓。小儿子看我快用完，就会提前买回来的。"

从老人的言谈中，感觉到两个儿子都很有出息。在父母年老时，能给予归属感和安全感的儿女，无疑都是孝顺父母的好孩子。"我每天都是早晨7点多出来，钓到9点多就回家。"来南京，小儿子这里也就成了老人的家。

不论何时，不论在哪，无论是家庭还是社会，人们向往的都是处处充满温馨，期盼着相互照应。年少时，父母的怀抱就是家，因此总认为，父母在哪，家就在哪，有妈的地方就是家。其实，父母老了，孩子的肩膀就是家，孩子在哪，哪儿也就是家！

今天周六，正常上班。早晨细雨绵绵，依然走到桥头，老人撑着雨伞，姿态悠然，那颗心中不在乎钓得一鱼一虾。他面对静美如画的奥体新河，背后是车水马龙的大街，已绘成一幅令人心动且幸福和谐的风景画。

（2020年4月11日）

老曹的大烟枪

奥体新河边上，与居民区围墙相邻的区域，人迹罕至，树木葱郁。去年，也是夏天，搭起了围挡。每个清晨，都有二十多位老人手拿刀锯，肩扛锄头，从早到晚在这儿劳作。后来才发现，他们在荆棘丛中修出了一条弯弯曲曲的小道，成了市民休闲散步的好去处。

早晨步行到单位，可以穿过林中小道。刚进道口，见有两个人，一站一坐。一位坐在段木上，跷着二郎腿，手中扶着一杆巨型水烟枪，烟枪的下部搭在膝前，边吸着烟，边与站着的人聊天。

在我们家乡，曾见过老人用细毛竹做成的烟筒，那也只是印象中的感觉，后来回家再没见过，说明已经失传多年。

听介绍，正吸烟的工人姓曹，来自云南大理。听我赞叹竟然有这么大的烟筒，他笑着说："这个还算小的，大的有那个一般粗哦！"他用手指向倒在地上的树木段子，并说，"我们老家的大街上除了有的卖，还让当场吸。对于那么粗的，就看你有没有本事把烟吸进嘴里。"

正常情况下，都是嘴对着筒口吸。老曹也不卖关子，把半边脸紧贴在筒口上，意思就是面对那么粗的烟枪，嘴正对着筒口不密封，要靠脸来堵住，再用嘴巴靠近歪着吸才行。

看那烟盒里的烟丝精细且金黄，便问多少钱一斤？他说："我这个是自家地头产的，只要四十来块钱一斤。但黄烟价钱不等，要是挑到市场，能卖到四五百。如果转到大城市来，一斤能卖到几千、万把块。"乍听起来觉得在吹嘘，但从这样一位朴实的农民口中说出来，应该不会有假。

老曹边说着话，边用右手拇指与食指搓压出一小坨烟丝，压上一锅，点上火，急着把嘴贴紧烟筒，深吸一口。吸的时候，能听到烟筒里发出"咕嘟咕嘟"的声音，看到烟枪前面蹿出火苗，紧接着燃起一缕青烟。而他嘴边，深吸一口后，呼出的却是浓浓的白雾，而他整个头部已然一片缭绕。顿时，老人的发际、眉毛、胡子，包括耳后根都在烟雾中成了白色，仿佛裹着一团柔软的棉絮。他双眼微闭，陶醉于几秒钟的恍惚与缥缈。

像是不锈钢制作的烟筒，应该价格不菲。"好的肯定很贵，但我这杆烟枪便宜，只要五十多块钱。"问老曹从什么时候开始吸这个的，一斤黄烟能吸多长时间？他说："我从初中就开始吸了，之后就没断过，人到哪里，这烟枪就跟到哪里。至于能吸多少，要看烟瘾大小，有的人一年有四斤就够了，我一个月至少要一斤。"看他又吸了两口，口鼻已无烟雾呼出，还是把嘴巴深埋进筒口，再作一次深呼吸。

吸过，起身。把烟枪靠在一旁，走到一段树木前，迅速从一端抱起，上肩扛着就走。路边，停着一辆工程车，他扛到那儿，扔到车上，立即返回，又扛起另一段。这样的段木，应有一两百斤，那瘦弱的身体，如何承受得起？

老曹的大烟枪

站在那儿的是个中年人，笑着说："他只要吸几口烟就来劲了，如果没烟吸，就要坐那儿打瞌睡。"连扛三段后，老曹返回，大气不出，并自豪地说："这算什么？"问他多大年纪，"今年56了，再干几年，照样没问题……"

　　不能影响他干活，折转身，继续赶路。心思，却还留在老曹那眼神、那烟枪、那身板上。老家有句土话讲："有智吃智，无智吃力，无智无力，靠着墙壁。"像他这样完全靠体力维生，更需要得到社会的关爱与温暖！

　　对于我们每个人，有多大的能力就干多大的事情，只要是凭骨气做人、凭良心做事、凭本事吃饭就行。

（2020 年 8 月 13 日）

但可以改变自己

晚饭时，听则故事：一个男生参加某行业的招聘考试，有两道选择题，开始勾选正确，可交卷前检查时另改了，最后以半分之差而落选。为此，男孩很后悔，老在思考着如果不改那两道题，每题一分，就会多出一点五分。

可现实哪有如果？生活里最难吃的一味药就是后悔药。人生有无数次的考试，都应该在考之前做好充分的准备，考完就要放松，纵然出现不满意的结果，也没什么好后悔。因为，过去的回不来，不如及时翻篇，马上放松心情，迎接新的考试才最重要。

思绪又回到多年前的那个暑假结束，高二开学报到，我居然鬼使神差地在宿舍收拾行李，从县城挑回家。要走十几里地，到观山岭那个山窝子里，已是黑夜，胆怯之心透彻心底。现在还记得真切，那时也就十五六岁的孩子，担子上一头是木箱，一头是被褥和书籍，一直挑到家，父母也没反应过来。

白天与差不多大的孩子上山砍柴，常与他们说自己像那被砍断的小松树般夭折了。话只是这么说，但暗地里一直坚持学习。母亲用卖鸡蛋的钱帮我订书报，夜灯下从没断过读书与思考……

有位哲人这段话讲得很好："你改变不了环境，但可以改变自己；你不能改变风向，但可以调整风帆；你改变不了温度，但可以增减衣服；你没有漂亮容貌，但可以绽放微笑；你不能样样顺利，但可以事事尽力。"

现在，学习条件都很好，一次考试决定不了什么，考差了，后面还可以再考。最重要的，是要重拾信心，珍惜光阴，不能怕苦。有人把学习任务比作一座高山，如果只是在山脚下仰望，老不敢迈步，就永远也到不了哪怕再低的山峰。与其这样，还不如一步一个脚印，踏踏实实地向上攀爬，只要一直向上，迟早必能登上抬腿可及的山顶。

还听过有位卖瓜小哥，途中遇到意外，一车西瓜摔碎在地。路人惋惜："这么多西瓜，要损失多少钱啊！"这意味着这个为生活奔命的人，好多天的努力付之东流。当时，天气炎热，卖瓜小哥没有埋怨，只是捡起一大块碎瓜蹲在树荫下吃了起来。

有人夸赞："人这一生，就好像闯关一样，谁还没有跌倒的时候？大不了在哪儿跌倒就在哪儿躺一会儿呗。生活很苦，心可不能再苦了！"的确，很多事情既然已经发生，与其沉溺其中，自怨自艾，倒不如苦中作乐，也不失一种豁达。

"嫦娥应悔偷灵药，碧海青天夜夜心。"考试失利后，我们所做的，不是沉浸在"如果"的后悔中，更不必埋怨或责怪，更重要的，是及时振作精神，轻装上阵，才能奔个好的前程。

（2020年3月30日）

房子不能没窗户

上周末,几位朋友聚在一起聊天。虽然工作上没任何联系,但大家年龄相仿,还有共同语言。他们的事业都干得都顺风顺水,其中一位,从事工程造价和监理方面的工作,戴着眼镜,语言表达能力非常强。

聊着聊着,他说:"工作之余,我一直坚持学习,每个月至少要读四本书。"而且,那都不是业务范围内的,涉及内容五花八门,随身还携带着一本从金陵图书馆借来的小说。

与他相比,真是汗颜。以前周末还跑跑图书馆,可因为愚钝,看书慢,借来的书常常超期,最后一次还书是两三年前的事了,还完没借,就再也没去。平时也只看些零碎的文摘,有无数好书都没系统去阅读。

现在晚上很少在外吃饭,可还总感觉时间不够用。电视、手机、网络等,侵蚀了太多的时间。一晃就是一天,一转眼就是一个礼拜,一不留神就过了一年……

看到一则关于曾国藩遭小偷奚落的故事:他小时天赋并不高,一天晚上,夜深人静之时,小小少年在家苦读,一篇文章重复朗读多遍,还没有背下来,他只好一直诵读此文。

这时，家里来了一个小偷，潜伏在屋檐下，希望等读书人睡觉之后捞点好处。可是等啊等，就是不见曾国藩去睡觉，还是翻来覆去地读那篇文章。

小偷无法下手，实在忍受不了，怒气地跳出来大声说："这种水平读什么书？"那小偷躲在那儿听着听着已记住，将那文章很流畅地背诵了一遍，然后轻蔑地看了曾国藩一眼，扬长而去。

这件事对曾国藩触动很深。小偷是很聪明，但由于荒废了天赋，沦落为"梁上君子"。而曾国藩却从此知耻而后勇，终于成为中国近代史上罕有的立德、立功、立言"三不朽"之奇才。

有句谚语说："一个家庭没有书籍，就等于一间房子没有窗户"。相传，犹太人平均每年每人读书达64本，他们也同样是获诺贝尔奖比例最高的民族，这便与他们的读书习惯息息相关。

每一个犹太人的家庭里，孩子出生后不久，母亲就会读《圣经》给他听。而每读一段后，就让孩子去舔一下蜂蜜。当小孩稍大一点，母亲就取出《圣经》，滴一点蜜在上面，然后叫小孩去舔，这些举动，用意不言而喻：书甜如蜜。

古往今来，犹太人的小孩几乎都要回答这样一个问题："假如有一天你的房子被烧毁，你的财产被抢光，你将带着什么东西逃命？"如果孩子回答是金钱或钻石，母亲将进一步问："有一种没有形态、没有颜色、没有气味的宝贝，你知道是什么吗？"

要是孩子回答不出来，母亲就会说："孩子，你要带走的不是金钱，也不是钻石，而是智慧。因为智慧是任何人都抢不走的，你只要活着，智慧就永远跟着你。"

据调查，我国成年国民人均年阅读量不到8本。我等皆凡人，与圣人没有可比性，但阅读肯定会让心中的世界更丰富。看书速度再慢，只要在读，应该就有进步。

"因为智慧比珍珠更美，一切可喜爱的，都不足与比较。"智慧并非与生俱来，都要通过勤奋阅读所获得。如同那位朋友，他的年阅读量能达到 50 本，难怪他的言谈那样睿智，举止那么斯文。

（2018 年 1 月 18 日）

今天，澡堂开门了

下班路上，手机铃响。打开，号码很陌生。因为要集中精力开车，就没去接听，但那铃声坚持响个不停。好在奥体大街上，一路都是红灯，趁车停下来赶紧接听。

互相问候两句后，"打电话是想告诉你，华新池今天开业了。"才明白是前段时间支援社区防控，在南湖路那个小区门口值守时认识的志愿者老龚。

一晃，已是一两个月前的事。在那小区大门左侧紧挨着浴室，墙上显眼处张贴着告示，交待疫情平稳择时开业。元宵过后，春暖花开，每天下午都有老年人前来，他们或骑车，或走路，专门来打探浴室营业的消息。

听老龚介绍，这个浴室一年四季都开，很多人隔三岔五就来，家住附近的老人每天都要来洗把澡。有的人浴室开门就到，先冲一下，在休息室椅子上睡一觉，再下池子里泡。泡好，让搓背、捶腿或修脚，澡资和做下活都只要十五块钱，他们一待就是半天，那真正是休闲。

他们都习惯了自己所躺的床铺，而且，各个片区躺着的人年龄相仿，便于在一起聊某个共同感兴趣的话题。

到寒冬腊月,生意很好,一天总有五六百人,从开门就排队。如果还有人想多躺一会,工作人员也不会直接赶他们走,只是大声吆喝:"天寒地冻,躺久了莫着凉哦。"话是善意的提醒,却暗含着催促大家起身。浴客也明白,听到后,就不好意思久躺,因为很多人在门口等着,队伍排得很长。

老龚以前在里面负责烧锅炉。"这个澡堂子里的水,都是自来水烧的,不像有的浴室靠水车拉来工业废水。"那时,锅炉靠烧煤加热,后来改成用电。"烧煤时,一锹一锹地往里铲,只要保证火不熄灭就行。用电可不一样,要随时注意盯着压力表。我眼睛老花,加上年龄大,记性不好,老是忘事。如果什么时候没看好,会引起安全事故,所以我就提出不干了。"

老龚夫妻俩在小区当门卫,一个月只有两千多,原来烧锅炉,每月有三千块钱的收入。老板很有人情味,考虑他家生活困难,就让每天顺便把门口车辆摆放整齐,好付给他工钱。他说:"人多的时候,这条路都被自行车和电瓶车挤满了,小区人回家都没法走。这个老板很好,以前我烧锅炉时每天都洗把澡,现在,只要我想洗,照样天天免费洗……"

已经好多年没进过公共浴室,听着老龚的介绍,随口表示如果这里开业,能进去泡个澡,感觉应该很好。但在那里值守了一个月,毫无开门迹象,换防到另一个社区又过去了一个多月。

"……澡堂今天开门了,你来泡澡吧!"听着真让人感动,不知何时能有空去看望老龚。然而,每天要面对不同的事情,哪能拥有泡澡的那份闲心?

(2020年4月21日)

幸福缘于感恩

最近,出差在外。出宾馆左拐,有座小桥离水面很高。桥下,河面宽阔,水流潺潺,清澈见底,终年不息。出于好奇,吃过午饭,趁着明媚的阳光,便顺着小河往上走。快到另一座小桥时,几位老人坐在河边放着风筝,十分悠闲。

下河堤,坡很陡。水中有不少交错的石墩,水从墩间穿过,哗哗作响。踩着石墩到对岸,本想再顺着堤岸往上游走,见一位老人坐在靠岸边的一个石墩上,静静地怀抱转盘,仰望寥廓的蓝天,一根丝线的尽头有风筝在飘。

很想了解这条河的源头,流向哪里,河水为何能保持这么澄清。老人说:"这条河叫凉水河,从门头沟石景山上流下来的,一直流到通州,汇入大海。以前,河面很窄,水里都是鱼虾,后来两边住的人多了,受到污染,河水臭得人家都不能开窗子。奥运会前进行了治理,才成了现在这个模样。"

又问老人,风筝收回时,会不会掉到水里呢?他说,只要有风,它就会往上飞,不可能往下坠。以为老人才六十多岁,没想到八十五了。

老人姓朱,十八年前,北京南站还是一座公园,他做完心脏搭桥手术后,到处转转,看有人在放风筝,觉得这个运动挺好,不用多少费力,又不要什么成本。他说:"小时候也从没放过,多看几次,就琢磨线盘和风筝的构造。我以前在工厂就是做模具的,回家自己做了这一套家伙。"看他手上的线盘,已被那双粗壮的大手磨得红里泛光。

听朱大爷说,他十几岁时,因为家里实在没饭吃,就从河北涞水农村背只小包跑到北京。开始在西直门外一个小模具厂拉风箱烧铁炉、抡大锤打铁,再进车间当工人。

直到1959年,妻子才带着大女儿从家乡来团圆。当时政府给的政策,一家三人登记了北京户口,单位分了套房子,小家庭其乐融融,先后再添两个女儿和一个儿子。

西直门外拆迁前,老伴已不在了。一家五口人,分给三个单室套和一套两居房。三个女儿各拿一小套,他与小儿子住在两居室。后来,三个女儿成家,又各自购置了新居。

"现在,孙子都工作成家了。儿子和媳妇跟我住在一起。他们每月交300百块钱伙食费,我每天早上去买菜回来弄好早点,他俩吃过上班。下午放两小时风筝回家,我把菜全摘好洗好,媳妇回家就烧。"

河北涞水县离北京仅一百公里,大前年老人回去过一次。弟弟早在县城安家,老家没人了,房子塌了,院墙倒了。他说:"我与弟弟商量,别人房子都整整齐齐的,就我们家成了一个土堆,也看不过去。"老人出了几万块钱,让弟弟回家盖起两间新房,重新砌起围墙。

以前都是土墙屋,围墙也是土垒的,容易坍塌。"现在是砖瓦房，五十年也不会倒！"谈起这些，老人露出满脸的欣慰与自豪……

放风筝不仅能锻炼视力、颈椎、胳膊等，而且仰望天空，时紧时松，怡然自得，生活过得充实且愉快。老人笑着说："省得到处看这看那烦神，打牌下棋还会生气。"

"风筝是垃圾桶里捡的废塑料品做的，相当于废物利用。"他说，"这线盘，是捡的人家装修剩下的木地板，通过车床锯成型后安装而成。"因为老人的风筝放得稳，有人欣赏后就要买他的，一套两百块，他还是不情愿卖。

看风向在变，老人提起凳子，说要到河对岸去了。我继续沿岸走到上游的那座小桥，返回时，恰巧看到几位老人正将风筝从蔚蓝的天际收回。听朱大爷说，折叠小凳和破旧自行车，都是从外捡回家整修出来的。

"我一个月能拿到四千多块钱退休金。想想一切都要感谢组织，没有党的领导，没有单位的照顾，没有发达的医疗技术，哪有我们今天的好日子？"他带着一颗感恩的心，一字一顿慢慢地说着。

在这里生活了近七十年，老人见证了首都的发展与变迁。这么大岁数，还能骑车出来放风筝，是因为放风筝不仅收获了健康，也寄托着他的希望。有寄托就有幸福，幸福缘于感恩，感恩后再靠勤劳的双手，才能拥有心系空中的美丽飞翔。

（2018年3月19日）

要坚持心向美好

在西城映象小区，偶然认识一位老师，而且还是教语文的。是老师刚进门，物业经理赞扬她不仅文章写得好，照片拍得更好，两人的对话，不经意间被我听到。

原来，老师退休之后，住在龙江新城市广场，帮女儿带孩子，只是偶尔回自己家的房子看看。在带孩子之余，喜欢撷取生活中的动人瞬间，写些小美文发到朋友圈。

这几年来的习惯，我也只是写点小随感，还从没制作过美篇。听她们那么一说，才知道老师制作的美文里，穿插着漂亮的照片，还有悠扬动听的音乐。

老师性格真爽，十分健谈，说自己的名字叫海南，是因为父亲在部队，当初全家随军天南海北的流动，到过北大荒、大西北，又从海南来到南京。

她翻出几年前回东北所写感想制作成的美文，那飘动着朵朵白云的蓝天、一望无垠金光灿灿的麦浪、泛着光泽黝黑油亮的土地……看着真的激动人心。她说："到过那么些地方，唯独对北大荒的感情最深。"难怪，满篇美文里付诸了她的深情。

匆匆地，我们加了微信。她表现出老师特有的耐心，教我怎么制作美篇。后来，做好一篇，她细心地帮助修改，从文字到图片，从字体到编排，都认真地指点。

同时，老师还说，晚上不能写得太迟，一定要保证充足的睡眠，否则会直接伤害身体。如果体质变差，想恢复过来，就要付出很大的代价。

人的健康，也可用种庄稼为例。农药和肥料的区别，就相当于西药和营养。种过地的人都知道，庄稼白天浇水、施肥、晒太阳，晚上才生长。在盛夏，有时夜晚去地里浇水，能听到庄稼生长时拔节的声音。那"啪啪啪"的细微声响，白天是听不到的。

从庄稼生长的规律，可以联系到人。同样，晚上睡得好的孩子，比白天睡觉的孩子，个子长得快，身体也健康。

她真像老师教导学生一样，直接说还在岗位上的人，一定要早睡早起，以工作为重。制作美篇之类的事情，只能是业余爱好，也不能为此影响休息。

随意写点什么，只是个人爱好，用不了一会儿时间。还是要心向美好，坚持面朝阳光。听老师的话，抓紧时间，随记光阴，写点感想，为了明天更好地工作，早点洗漱上床。

（2020年3月12日）

且/行/且/思

辑六 去做甜的事业

永恒的美丽

七月,有幸赴井冈山革命老区参加培训学习。其间,倾听了主持人与红军后代面对面的交流,感受着井冈山精神的代代相传。

触动最深的,是主持人深情朗诵着一位老人的《我生命熄灭的交代》,特别是老人长孙的平实讲解。听完,我们对这位女红军的崇敬之情油然而生,在座学员无不感动得掩面而泣!

这位老人,15岁就从湖南省宜章县一个清贫的知识分子家庭考入衡阳农民运动讲习所。共有20名女生,只有她一人在严格的军训和斗争中坚持下来,跟随湘南起义部队来到井冈山。

到过井冈山的人都知道,距茨坪十几里的山坳里,有个小井村。在井冈山会师后的红四军在这里建立了红军第一座医院,当年,她从讲习所毕业,才17岁,是医院第一任党总支部书记。

1929年1月,第三次反"会剿"中的一天夜里,敌军买通了一个村民带路,偷袭了小井村。红军医院被烧毁,130多名重伤病员因来不及转移,落入敌军之手,全部被残酷地枪杀于附近稻田。那天,她刚离开小井医院,到大井村去做群众工作,躲过一劫。

在那血雨腥风的战争年代,她因随军作战,先后在井冈山等不同地区将三个孩子托付给老乡抚养。新中国成立后，才通过多种渠道，寻找至亲骨肉，好不容易得到的信息是：一个当农民，一个残疾人，一个已夭折。

当24岁的长子来到身边，四目相对，喜极相拥。母亲是共和国叱咤风云的传奇女英雄，儿子是井冈山默默无闻的普通农民。小伙以为找到母亲，就能过上大城市舒适的生活，可没住几天，他又回到大山深处。之后，当了几十年的护林员，一直看护着那一望无际、峰峦起伏的大森林。

这时，尽管老人已位居高官，却没有为儿子谋取一官半职，甚至没为儿子全家解决户口问题，直到孙子、曾孙女儿……都生活在井冈大山里！

老人参加革命70多年，一生经历过苏区、白区、国统区和解放区等各种复杂环境，从事过游击战争、地下活动、统战和抗日斗争，多次与死神擦肩而过。面对种种常人不能忍受的磨难，她始终坚持以顽强的毅力挺了过来。

用老人自己的话说："我之所以能幸存下来，不是福大、命大，而是靠马列主义真理和毛泽东思想的教导，靠刚强的意志，靠对党、对人民的无限忠诚，靠对共产主义事业的坚定信仰。"

晚年，她还谈道："目前的反腐倡廉工作，主要是在领导干部和经济领域中展开，然而精神领域中的腐败也应引起我们的高度重视。忽视对下一代的正确引导，忽视下一代全面素质的提高，甚至娇宠下一代，同样是一种腐败，同样危及到我们民族的兴亡。"老人这段论述，如今听起来，依然发人深省。

老人临终前，让身边唯一的女儿清理她的存款和现金，女儿找出 80 多个没用完的薪金袋，信封上清晰地记录着每月的开支和余钱。她叮嘱女儿把这几万块钱全部交到中组部老干局，转给祁阳县和宜章县最贫困的地区建立希望小学，并告诉孩子们："这钱，都是干净的……"

1998 年 6 月 21 日，老人走完了 87 年的生命历程。她写下遗嘱："骨灰一部分埋在井冈山一棵树下当肥料，另一部分埋在白云山有手印的那块大石头下。决不要搞什么仪式，静悄悄的，三个月后再发讣告，只发消息，不要写生平。人死了，本人什么都不知道，亲戚战友们来悼念，对后人安慰也不大，倒是增加了一些悲哀和忙碌……"她，就是少年即投身革命的陶铸夫人、原中央组织部副部长曾志，这是留给女儿陶斯亮的一封遗嘱。

遵照遗嘱，她的部分骨灰被安葬在曾经战斗过的井冈山小井医院旁。在她心中，信仰高于一切，什么都可舍弃，却难舍这片曾经战斗过的热土！

怀着敬仰之情，我们来到老人墓前鞠躬祭奠。山坡上，一条小道的尽头，静静地躺着一块三角形的小小墓碑。墓平平常常，毫不张扬，极普通的墓碑上，镌刻着"魂归井冈——红军老战士曾志" 11 个大字。墓如其人，那么和蔼、俭朴、淡雅，却又是如此肃穆。再看墓旁郁郁葱葱的树木，格外青翠，都在用温暖簇拥着老人。

青山永驻英魂，信仰永远相传。驻足凝思，感觉这不是墓地，更像是老人的足迹，留下的是她永恒的美丽！

主持人的深情朗诵依然回荡在耳畔，心中仍被老人那股强大的精神力量所震撼。她为了真理和正义，可以做到完全忘我。对此，作为一名党员干部将作何感想？怎样做人？为谁服务？如何工作？等等，都在脑海中思考，只有守好初心，尽好职责，才能不辜负党的培养，无愧于人民的期望。

开怀天下事，不言身与家。一个人只有把自己的欢乐、忧伤和祖国的命运融合在一起的时候，其精神才会真正博大起来。平凡而伟大的曾志老人，就是这样一位一生忘怀一己、以国事为重的巾帼英杰！

拥有信仰，才有力量。信仰是马克思主义的灵魂，每一个共产党员都应该是马克思主义的信仰者。对我们广大党员干部来说，信仰是一种默默无闻的追随，是一种执着的理念，更是一种战战兢兢、如履薄冰的责任情怀。

（2015年7月20日）

沂蒙"红嫂"

没到临沂前,只知道山东人的厚道、沂蒙乡亲的清纯、老区群众与八路军的鱼水深情。而这次,却听到一个"红嫂"的名字。这样的称呼,缘于一位妇女救助子弟兵,她身穿红色上衣,"红嫂"便传开了。

后来,在齐鲁大地上,在支前大军中,纷纷涌现出几十、几百、几千、几万名沂蒙红嫂,她们以柔弱的身躯,以无私的情怀,以坚强的意志,谱写着一曲又一曲感天动地的歌谣,在根据地撑起一片无比祥和的天,为民族解放事业作出难以想象的贡献。

红嫂明德英,生于1911年,临沂市沂南县马牧池乡横河村人,家境贫寒、自幼聋哑。抗日战争年代她在敌人的刺刀下,冒着生命危险救下一位小战士。

1941年冬,日寇包围山东党政军机关时,一个八路军战士被追到李家前面坟地一带,在周旋躲藏中右肩被打伤。此时,明德英在门外看见了,连忙放下怀中不到周岁的小儿子,领战士到空坟里藏好。那空坟是一个放牛人家修的,后被地主霸去,一直空着没用。

敌人追到墓林处,没找到追击的战士,刺刀指向明德英的嘴逼问，明德英哑哑着朝西山指了指，敌人向西追去。鬼子走后，明德英连忙去看，战士因流血过多已昏迷过去。她把战士背回家，顾不得烧水，便挤了奶水灌上，战士得救了，而她小儿子却摔伤了大脑，得了终身痴呆症。

日寇大"扫荡"中，时任山东纵队司令部侦察参谋的郭伍士，在侦察敌情时，被五六个鬼子发现，敌人边追边疯狂地瞄准射击，他连中五弹，其中一颗子弹从两腮贯穿，牙齿全部打掉。鬼子将昏迷的他靠在大石头上，竟举起枪刺向他头上、肚子上刺去，肠子顿时流了出来。郭伍士苏醒后，艰难地向西方那个村庄爬去。

在艰苦恶劣的战争年代，救活这样的重伤员，需要付出怎样的代价！红嫂祖秀莲，倾注心血把他救活，再送他上前线。

郭伍士转业时，放弃回山西省辉同县老家，毅然选择在沂蒙山区安家落户。组织上把他安排到了沂南县隋家店子村，并为他物色一个对象成了亲。已经生育一儿一女生活稳定的郭伍士，时刻挂念着救他的那位大娘。因为不是本地人，时隔十几年，已经不记得当年受伤的具体位置，加上祖秀莲原来没有名字，当时只知道是张大娘。群山阻隔，人海茫茫，找到这位张大娘谈何容易？

好喝酒的郭伍士，想起了卖酒寻母的办法，就做了一副小挑子，一头挂上烧酒，一头挂上冷狗肉，就在沂蒙山里转悠，沿着崎岖的山路一边叫卖，一边打听救命恩人的下落。如今，很多村子里的老人，依然记得上世纪50年代，经常出现一个操着山西口音的卖酒汉子的身影。

功夫不负有心人，1956年的一天，他找到了在那里负伤的桃棵子村，还碰巧遇上了曾经抬他去八路军地下医院的张恒君，终于带他见到了救命恩人。

为了能和祖秀莲老人长期在一起，1958年春，郭伍士一家从地理条件较好的隋家店子，搬到桃棵子这个小山村安了家，并正式认祖秀莲为娘，为她养老送终。从此，这个全是张姓人家的山村多了唯一的一户郭姓人家。1984年，郭伍士去世，葬在了祖秀莲老奶奶的坟墓旁，永远陪伴着那位给了他第二次生命的娘！

在连天战火中，32名沂蒙妇女挺立在冰冷的河水里，肩扛自家门板、床板，让子弟兵从她们的肩头大步跑过。部队顺利过河，她们，则全瘫倒在河边沙滩上。后来，她们大都患有后遗症，其中还有身怀六甲而流产的，终身再也未孕。

教育基地展馆的墙上，251张有名有姓的红嫂照片排列在眼前，仰望她们，感觉到一股股排山倒海、感天动地的力量正迎面扑来！

沂蒙大地，处处有"红嫂"，还有很多关于她们的故事，一直在这片热土上传颂。战争年代，她们舍生忘死、吃苦耐劳和无私奉献的品德，给我们的内心带来了宝贵且强大的精神动力。

（2016年9月11日）

最深厚的力量源泉

参加这期党史教育培训,没有让我们坐进教室,而是以沂蒙老区的实物、实景、实例、实事为载体,再现了一个个伟大而生动的历史事件。置身其中,心灵受到沂蒙精神一次又一次的熏陶和洗礼。

在费县与沂南县交界处,有座大青山,属蒙山支脉,松林茂密,四季常青。1941年冬,中共山东分局和抗大一分校部分学员,被5万余日寇和伪军包围在大山腹地。在敌众我寡、悬殊巨大的情况下,为掩护3 000余名非战斗人员安全撤离,八路军与敌人展开激战,陈明等七名师级以上领导干部英勇捐躯,311名烈士长眠大青山,成为山东抗战史上最为悲壮的一幕!

孟良崮战役,敌强我弱,我军却能全歼国民党最精锐部队,在27万子弟兵的背后,是92万支前大军!根据地人民在党的领导下,全民支前、全程支前、全力支前、全面支前。站在这片热土上,仿佛看到当年无数沂蒙乡亲,他们为了这场战役的胜利,不畏牺牲,辛勤奔忙。

"最后一口饭做军粮,最后一块布做军装,最后一个儿子送战场……"这样的水乳交融与生死与共,充分说明,民心向背是决定战争胜利的根本因素。

他们都是普通的老百姓，每一位单独个体的事迹，都十分感人。一位朴实的老人将烈士的孩子交给正在哺乳的儿媳，含泪说："这是烈士的后代，让他们吃奶，让咱的孩子吃粗的，咱的孩子就是磕打死了你还能生育，烈士的孩子死了，就断了根了。"为此，她4个孙子先后夭折。

最深厚的力量源泉，存在于最大多数、最普通的人民大众之中。战争期间，沂蒙根据地人口420万，共做军鞋315.13万双、军衣121.68万件，备军粮11 715.9万斤，共动员39万人参军，救护伤员5.9万余人，这其中，倾注了老区人民多少心血！淮海战役中，国民党将领杜聿明被俘，他感慨道："战场上，你们何止60万解放军战士，在你们的背后，光支前民工就上百万啊！"

八百里沂蒙大地，竖起来就是一座丰碑。是沂蒙乡亲，用小米供养了革命，用小车把革命推过了长江！

战争年代，为什么如此多的人风从影随，紧紧团结在共产党的周围，休戚与共、生死相随？这，缘于信仰的力量，缘于我们党把全心全意为人民服务作为根本宗旨，把"一切为了群众、一切依靠群众，从群众中来，到群众中去"作为根本工作路线，始终与人民群众同呼吸、共命运、心连心。

利民之事，丝发必兴；厉民之事，毫末必去。石在，火种则不绝；根在，大树将常青。参观群众工作纪念馆，我在想，不论在哪个时代，都不能忘记共产党当初的信仰，坚持做好群众工作，深入群众、关心群众、与群众打成一片。只要与人民心连心，就没有克服不了的困难，就没有完成不了的任务！

（2015年9月7日）

民主堤

到沂蒙老区,若能到沂南县,在袁家口子沂、汶两河汇流处,能看到一座小亭子,亭旁,立着一座纪念碑。碑身不高,顶部如农民所戴草帽。碑上刻有"民主堤"三个大字,虽历经几十年风雨,字体仍清晰可见。

每逢夏秋雨季,山洪暴发,沂、汶两河之水同时暴涨,又因战乱迭起,河道年久失修,河床过高,河身太狭,一旦水量激增,便由袁家庄东侧溃决,向南倾泄。75年前的数十年间,多次洪水泛滥,30多个村庄,1万多亩良田被淹。

革命战争年代,我党领导的第一个省级民主政权诞生在沂南,1939年10月,中共南沂蒙县委建立。这里,成为沂蒙革命根据地的中心,被誉为山东的"小延安"。1940年8月,山东省人民政府的前身——山东省战时工作推行委员会诞生在沂南古镇青驼寺。

牟宜之,乱世名士,原为国民政府任命的县长,却处处与共产党保持一致。之后,任沂蒙专署专员时,与八路军山东纵队政治委员、山东省战时工作推行委员会主任黎玉民主决策,修堤筑坝,为民造福。

1941年4月，日寇随时对我沂蒙根据地进行"扫荡"。为彻底根除水患，在财政十分困难的情况下，动用子弟兵和民工6.5万人，奋战3个月，筑起5 000多米的防洪大堤。如此得民心的工程，是共产党领导的八路军以人为本、关注民生、为民爱民的真实体现。

纪念碑上，刻有著名爱国民主人士、山东省临时参议会参议长范明枢题写的"上天下地，人位乎中；志士担当，乃有事功；袁家石梁，二水流洪，历年为灾。牟子宜之，矢勤三月，於焉荡平！"

民主堤是一个重要的民生工程，它的修建，免除了年年威胁十里八乡的水患之灾，使广大沂蒙乡亲过上风调雨顺的农事生活。民主堤更是一个双拥工程，在敌后战场，在抗日前线，在反"扫荡"前夕，在春荒岁月，军民奋战九十天，建成堤坝，显示了军民团结的力量。

在日寇疯狂"扫荡"中，群众以柴草覆盖碑身，使碑身免于破坏。如今，碑上文字，历历在目。

700字的碑文里，有这样一段文字："大堤计共长五千零三十九公尺，土堤长四千七百三十公尺，石堤长三百零八公尺，石堤宽：底四公尺，顶一公尺，高六公尺，地基一千二百十五方公尺。共需民工五万六千三百名，石工八千九百六十二名，用石灰八万七千五百十斤，费国币一万五千四百七十四元七角二分。"这充分说明，民主堤工程还是一个廉政工程，一切都在阳光之下运行，用了多少方土，多少块石料，多少石洋灰，耗用多少国币，照单公布，精确到分。没有任何黑箱让贪腐从中渔利。

民主堤经历了 75 年的风风雨雨和滔滔江水的考验,岿然不动,固若金汤!

千古丰碑,万世传承。在恶劣的敌后战斗环境与严重春荒期间,能克服困难,竣此巨工,表现出民主政权对民众利益的关怀,更彰显出人民的坚强与伟大。中华民族只要精诚团结,伟大的复兴,必将指日可待。

(2016 年 9 月 12 日)

那座低矮的石屋

沂南属临沂市下辖县，古称阳都，历史悠久，文化灿烂，素有"齐鲁敦煌"之美誉，是三国时期著名政治家、军事家诸葛亮的诞生地和成长地，也是唐代大书法家颜真卿的祖居地。史载："阳都，临沂之上游，英贤辈出，烟水之胜，轶于江南！"

在沂南境内，曾发生过闻名中外的孟良崮战役、九子峰战斗、大青山和留田突围等，留下了老一辈无产阶级革命家和无数先烈的战斗足迹，涌现出众多可歌可泣的英雄人物。

沂蒙母亲王换于的家乡，就在沂南县马牧池乡东辛庄。她原来没名字，嫁到王家后，人称王于氏。几千年的封建时代，女子无才便是德，到了清朝，一直采取愚民政策，妇女没地位，扎头巾、裹小脚、不识字，更没有思想和恋爱等方面的自由。

然而，1938年，八路军来到东辛庄，这支部队不一样，办识字班，教农民识字，让大家了解外面的世界，明白进步的道理。鼓励妇女参加集体活动，只要有能力，同样给予施展才华的舞台。王换于就先后任村妇救会长、艾山乡副乡长。这年冬天，已年过半百的她，因为表现突出，光荣地加入了中国共产党。

填写入党志愿书时，介绍人说总得有个名字啊，了解到她是王家以一斗米从于家换来的,便取名王换于。在根据地的抗日活动中,她数十次出色完成情报传送任务。由于她对党忠诚和积极工作,是当时沂蒙"四大娘"之一,她家成为著名的抗日"堡垒户"。

来参观"沂蒙母亲王换于故居"的人都能看到,这样的"堡垒户",就是一座低矮的石屋,是由当地山头常见的青石砌成,屋顶上,盖着稻草。门前,卧着一块巨石,刻有著名作家李存葆满怀深情撰写的《百年老屋赋》。进入屋子,面积约六平方米,需要弯着腰才能钻进去。

1939年春,中共苏鲁豫皖边区省委、山东分局、山东纵队就住在王换于家。同年6月,徐向前、朱瑞率八路军第一纵队机关到沂蒙后,也较长时间住在这样的石屋里。

王换于的主要工作就是抚养战时托儿所的孩子。战时托儿所最多时达50余人,这些孩子最大的七八岁,最小的才生下来3天。王换于因抚养革命后代,她的两个儿媳妇的奶水大部分用于哺育这些孩子。为此,王换于的4个孙子、孙女因照顾不周而先后夭折。

除此之外,王换于还救护过一大批八路军伤病员和抗日干部,掩藏了许多抗日物资。1940年7月,山东省政府前身——战时工作推行委员会在该县青驼寺成立,会议出版的《联合社会会刊》被王换于精心保存。1978年,年逾九旬的王换于将书完整上交县有关部门,该书被征调到山东省档案馆,填补了档案资料的一项空白。

大扫荡时,大众日报社编辑毕铁华受到日寇严刑逼供,被烙铁烫得体无完肤，只剩一口气。敌人以为他不行了，就扔到路边。他被人发现，背到王换于家，已气息奄奄。她听说獾油拌头发灰能治烙伤，专门求老猎户打了一只獾，把自己的长发剪下来烧成灰，给他擦敷。又听说"老鼠油"管用，就特意去找刚出生的老鼠。没消炎药，便四处找草药给毕铁华煎水洗伤口，直至第二年夏天完全康复归队。

建国后的几十年间，遍布在祖国各地的王换于"儿女"们，纷纷前来东辛庄村看望这位伟大的母亲。80年代初，毕铁华与夫人从上海找来，到老屋里，看到王换于，进门喊声："娘啊！我来看你了！"跪下便拜，泣不成声。老人很快认了出来，"是铁华吧，儿啊，这么些年，你都去了哪里啊？"一别就是四十多年，经过了无数个日日夜夜，做母亲的，会有怎样无边的思念！

这就是"沂蒙母亲"王换于，她一生养育了86个子女，这些孩子，都不是亲生骨肉，却在自己怀抱里长大成人，在穷凶极恶的敌人搜捕中躲过劫难。她冒着生命危险救治了很多伤员，这些人最初跟她没有一丝关联，但他们都在负伤严重的死亡险境下获得重生。在沂蒙这片大地上，像王换于这样的母亲还有很多。

1989年，王换于因病安然离世，享年101岁。2003年9月，"沂蒙母亲王换于纪念馆"建成，来自当年战地托儿所的胡鲁克等人长跪在王换于铜像前，泪流满面，深情呼喊着："娘啊……"战争年代，他们出生在山东沂蒙，没有沂蒙母亲的养育呵护，就没有大家的今天！

（2016年9月13日）

不是为了延续仇恨

快到午时，打开手机，看同学群里，有人说不烧菜了，就随便吃点。因为 81 年前的今天，日本鬼子悍然发动了卢沟桥事变。

中央六套正播放《七七事变》。1937 年的今天，蓄谋已久的日军在卢沟桥附近演习时，夜间，以有士兵失踪为借口，要求进入宛平城调查，遭到拒绝后，就悍然发动进攻。

卢沟桥，亦称芦沟桥，为十一孔联拱桥，因横跨卢沟河而得名。自金代开始，这里既是南下的要冲，又是北京的咽喉，中原腹地来京，皆要在此停留。侵华日军一旦占领卢沟桥，北京就是一座死城，华北也将唾手可得。

"落日卢沟桥上柳，送人几度出京华。"本是迎送客人的门户，却遭受炮火侵袭。面对日军肆意入侵，中国军队在卢沟桥进行顽强抵抗，驻守在桥北的国军一个连仅有 4 人生还，余者全部壮烈牺牲！

宛平城建于 1640 年，更是捍卫北京城的军事要塞。事变当晚，宛平县长王冷斋马上赶到现场，拒绝日军进城失败后，他立即组织驻军进行抗击。年仅 17 岁的李鸿斌，和 1 700 多位学生一起奔赴前线，他们第一次拿枪，很多人甚至不知道怎么卧倒，却以十条命换一条命的决心,与日军以身相搏。

落后就要挨打。一个四分五裂、积贫积弱的民族,只能在侵略者的铁蹄下惨遭蹂躏。29军有十万兵力,而日本在华北地区驻扎的兵力仅5 000多名,随后的战斗中,不仅卢沟桥和宛平古城失守,北平和华北也很快沦陷!

从此,日军长驱直入,大半个中国山河破碎、生灵涂炭……无数中华儿女挺身而出,为保卫祖国河山浴血奋战。

经过十四年抗战,赶走了侵略者。在中国共产党的领导下,全国人民自豪地站立起来,耕者有其田,孩子有书读。通过改革开放,祖国正从富起来到强起来,山河日新,国力日盛。但只要登上卢沟桥,耳畔似乎回响着耻辱的枪声,桥上那形态不一、怎么也数不清的石狮,永远昂然见证着历史的进程。

今天,全国各地都在组织开展纪念七七事变的活动,铭记历史,不是为了延续仇恨,而是为了不让悲剧重演!

(2018年7月7日)

照顾各方舒适度

刚看完《新闻联播》,在老挝万象第 11 届东亚峰会上,李克强总理表示:"各方应遵循合作经验,支持东盟中心地位,奉行照顾各方舒适度等东盟方式,积极务实推动对话合作。"

照顾各方舒适度——语句多么朴素。在战争年代,谁在关心群众的舒适度?前几天,在沂蒙老区学习,心中总在思考这个问题。当时,在那片儒学发源地,一直以忠孝著称的齐鲁乡亲,为什么没有忠于当时的执政者,而是紧跟共产党、一心帮助八路军?

那天,到了沭河岸边,走近一个古老的小村,我渐渐明白了其中的道理。这个村庄名字叫朱村,西倚岌山,东傍沭河,地理条件得天独厚,自然环境十分优美,村内河流纵横,溪水汇流,玉带缠绕,因村东原有一沙丘,且东西有九条道路环绕,呈九龙戏珠之势,故名"珠村"。

又因为历代村民崇尚朱子儒学,村名遂改为朱村。朱村历史文化底蕴深厚,清朝时期,出过三甲进士王橡,村内树有一座清嘉庆皇帝钦封的节孝牌坊。1939 年春天,朱村就成立了党支部,是临沭县最早成立的 3 个党支部之一。凝望村旁一尊"枪声就是命令"的烈士雕塑,思绪很快被带到七十多年前——

1944年1月24日，那天，正是大年除夕，500余个日寇及伪军对临沭县曹庄镇朱村展开疯狂扫荡。听到远处传来的枪声，驻守在沭河东岸的八路军115师3营8连立即吹响紧急集合哨，奔赴朱庄。战士在沭河东岸河滩上跑步前进时，看到从河西逃过来的老乡，哭的、叫的、抱孩子的、牵毛驴的、挑担子的，场面惊慌混乱。

八连战士高声喊道："老乡们，不要怕，我们是老四团八连的，我们一定把鬼子打回去！"八连快速渡河赶到朱村，在敌强我弱的形势下，鏖战6小时，以24位战士献出宝贵生命的代价，打退日伪军对朱村的围扑，换来了群众春节的安宁。经此一役，被上级命名的"钢八连"响彻沂蒙大地。

自古以来，过年都是亲人团聚的日子，真正过年的前一夜叫团圆夜，家人都要围坐在一起吃顿饺子。饺子的做法是先和面，"和"字就是"合"；饺和"交"谐音，"合"和"交"又有相聚之意，所以用饺子象征团聚。战争年代，哪怕没好东西吃，同样珍视这个团圆的日子。中国人的情结，临近过年了，任何事情，哪怕再难，都应该到年后再说。那些日寇及伪军，年都不让百姓过安稳。而八路军，听到枪声，就是命令，哪怕牺牲自己，也要保卫人民群众的生命。这，才真正得民心。

日寇及伪军在"大扫荡"期间，烧杀抢掠，无恶不作。沂蒙百姓则空室清野，以"搬空、藏空、躲空"等三空手段，对付敌之三光政策，使"扫荡"之敌没有饭吃和水喝，没有消息来源，没有人带路，成为饥渴、聋盲之军……

如今，东盟及全世界，都是一个共同体，大家拥有共同的命

照顾各方舒适度 | 393

运。"照顾各方舒适度",总理讲得多好!平凡人,只能照顾对方的舒适度,起码,要努力做到不让对方难受。而让百姓年都没法过的政府和军队,谁会拥戴?

接受过党史教育回家,在这样安逸的夜里,静静反思,我党在战争年代坚持走群众路线,保持着军民水乳交融、生死与共。得民心者得天下,在新的时代,这样崇高的沂蒙精神,对我们做好任何工作,仍然具有鼓舞和引领作用。

有句谚语说得好:"一根木桩,围不成篱笆;一村人不协力,就建不好村寨。"这充分说明合作的重要性。团结就是力量,只有各方齐心协力,才能保持和平稳定,才能造福各国人民。

(2016年9月9日)

遥想古田

下班时，有兄弟单位的同学打来电话，说要到福建上杭县古田去学习。这几年，再没有外出休闲旅游一说，都是以参观红色文化基地的方式，接受革命传统教育。

学过党史的人都知道，1929年12月28日，红四军为贯彻落实中央《九月来信》精神，重新确立毛泽东为前委书记。历史不会忘记，正是在这块红色土地上，毛主席主持召开了著名的古田会议，探索出思想建党、政治建军的光辉道路，新型人民军队由此走上发展壮大的历史征程。

以前，只知道有个古田会议决议，其实那不仅仅是一个决议。重新拜读《毛泽东选集》，才知道里面包括纠正党内、非无产阶级意识的不正确倾向问题、党内组织问题、党内教育问题等八个方面的决议案，为党领导军队的建设指明了方向。因此，古田会议堪称人民军队建设史上的重要里程碑！

其中，提到入党条件为："政治观念没有错误的；忠实；有牺牲精神，能积极工作；没有发洋财的观念；不吃鸦片、不赌博。以上五个条件完备的人，才能够介绍他入党。"在那样战火纷飞的环境下，提出这样朴实的入党条件，如今同样值得参考。

在毛主席的领导下,红军纪律严明,深得人心,迅速发展壮大到 8 万多人,面对敌军围剿,准备北上寻求抗日救国的途径。然而,共产国际却派来不懂军事、才 20 来岁的博古指挥红军,他又带来个洋人李德,面对百万强敌,书生只会纸上谈兵,痴心妄想在小小根据地上,拒敌于"国"门之外。

因指挥失误,红军在五次反围剿中一次又一次惨遭失败。得知国军即将实施"铁桶计划",才慌忙撤退,损兵折将过半,撤到遵义休整时,只剩下 3 万人!

从古田出发时,红军中有两万多闽西儿女。担任总后卫的红 34 师,6 000 多人主要是闽西子弟,为掩护中央红军转移,几乎全师牺牲,血染湘江!29 岁师长陈树湘誓为中华苏维埃流尽最后一滴血,断肠明志,极其惨烈。

红军被迫战略转移,艰难的长途跋涉,都是山高沟深,一片雪野,后来称为长征。长征之所以能够取得胜利,与党始终重视纪律建设密不可分。严明的纪律维护了党的团结统一,赢得了沿途包括少数民族群众的支持和拥护,才提高了红军的战斗力。

长征,是一首壮丽史诗,是一座巍峨丰碑。长征胜利,标志着中国革命开始了新的征程,有了新的面貌。正是以此为起点,中国革命在党的领导下,星星之火终以燎原。伟大的长征精神,照亮了共产党人的信仰殿堂。任何时候,我们都要永远铭记先烈和老区人民为革命作出的贡献!没有他们,就没有共和国的今天。

2014 年,全军政治工作会议在古田召开。习主席带领中央军委全体成员和会议代表,一起重温我党我军的光荣历史和优良传统,接受思想启迪和精神洗礼。那是让高级将领寻根溯源,思考人民军队当初是从哪里出发、为什么出发的，希望把理想信念的火种、红色传统的基因代代相传。

"红旗越过汀江，直下龙岩上杭。收拾金瓯一片，分田分地真忙。"闽西，那是一片浸透着先辈热血的土地。近年来，开辟出一条条老区红色旅游线路，让大家受教育，传承弘扬长征精神，以铁一般的纪律凝聚起新长征的强大力量。

想想红军艰辛打天下，想想当初的入党誓词，想想近几年百余名将军纷纷落马，在敬仰、反思与痛心的同时，不知人们作何感想？

千山万水，谱写壮丽史诗；不忘初心，踏上新的征程。虽然我没到过古田，但对那片热土十分向往，同学能去那里，很是羡慕。电话中，只能请他去好好学习，回来时能带些心得以供分享。

（2016 年 10 月 27 日）

睁眼看世界的第一人

在天安门广场，只要是中国人，必定要到人民英雄纪念碑前默默瞻仰。正面，镌刻着毛主席题写的"人民英雄永垂不朽"八个鎏金大字。纪念碑下层大须弥座的束腰部，镶嵌着十幅巨大的汉白玉浮雕。其中，八幅作品反映了中国近现代史上的革命事件，第一幅就是"虎门销烟"。

晚清政府腐朽没落，对外闭关锁国。这在一定程度上限制了洋鬼子对大清进行海上侵略，但从长远和全局看，这一政策，没有也不可能起到抵制殖民侵略的积极作用，反而限制了自己，无异于作茧自缚。

道光年间，清政府任由鸦片肆意输入，造成大量白银外流。仅1820至1840年间，外流白银约在1亿两左右，已开始扰乱国库和货币流通，使经济面临崩溃的边缘。更为严重的是，鸦片极大地摧残了吸食者的身心健康，如任其发展下去，必将使中华民族面临灭亡的危险。

道光十八年（1838年）闰四月初十日，在鸿胪寺卿任上的黄爵滋，针对当时烟毒泛滥的严重情况，上了一道主张严禁的奏折，主张以死罪严惩吸食者。此奏折对朝廷最后决定采取严禁鸦片的政策、派遣林则徐到广东禁烟起了重大作用。

林则徐,福州人。早年家境贫寒,受过良好教育。他曾告诫世人:父母不孝,奉神无益;兄弟不和,交友无益;存心不善,风水无益;行止不端,读书无益;心高气傲,博学无益;做事乖张,聪明无益;时运不济,妄求无益;妄取人财,布施无益;不惜元气,医药无益;淫恶肆欲,阴骘无益。

在40年的为官生涯中,他经世自励,廉洁奉公,精细断案,勤政为民,重视水利,救灾赈民,深得民心。升任两广总督后,曾在总督府衙题写了这样一联:"海纳百川,有容乃大;壁立千仞,无欲则刚。"他成为晚清睁眼看世界的第一人。

他任湖广总督时,在管辖范围内严禁吸食鸦片,成效卓著。并且,通过10年潜心研究,探索出"两丸、两饮"的戒烟方子。两丸就是忌酸丸和补正丸,两饮就是四物饮和瓜汁饮。一次,他的坐轿行在大街上,一妇女跪地叩头不止。原来,她丈夫是老烟鬼,丧失劳动能力,吃了"两丸"后,戒了烟瘾,身体逐渐恢复并强壮,妇女感谢不已。

一名朝廷命官,要处理多少繁杂的日常事务,却能钻研医术,没有高度的责任感,是不可能做得到的。

1838年底,林则徐奉诏入京,次日清晨,即被召入宫面见皇帝,不到半月,受皇帝八次召见。君臣二人深入密谈,应该达成了信任,也坚定了他的信心。随后,他被命为钦差大臣,并节制广东水师,赴广东查禁鸦片。

林则徐离开京城,一路向南,风尘仆仆两个月,1839年3月10日到达广州。立即通过宣传鸦片危害、推广戒烟药方、收缴中外鸦片、主持虎门销烟等四大举措,推进禁烟工作。1839年6月3日开始,他下令在虎门海滩当众销毁鸦片,历时23天,共销毁两百三十七万六千二百五十斤鸦片,成为永载史册的历史事件。

虽历经重重苦难,他依然信誓旦旦:"若鸦片一日不绝,本大臣一日不回,誓与此事相始终。"之后,爆发鸦片战争,他被贬到新疆,路上写出"苟利国家生死以,岂因祸福避趋之"的千古名句。

伟人事迹,高山仰止。找个时机,一定要去虎门销烟遗址去瞻仰!

(2016年8月1日)

心想了，真的就来了

半个月前，写过民族英雄林则徐虎门销烟的小文，文末说到找个时机要去那里瞻仰。心中想着什么，就要努力付诸实施。利用年休假到珠海探亲的同时，由表弟开车送我们到虎门。

女儿在地图上找到虎门销烟池遗址公园，手机导航，一路顺畅。按理，进了市区，很快就能到，可导航把我们带到沙角炮台遗址公园。那里的工作人员说："还有个威远炮台和虎门炮台，三处各相隔十几公里，都属于虎门销烟一个系统。"又重调导航，穿过比内地县级市还繁华的虎门镇，找到准确地点。

烈日炎炎，广东的一位战友小叶在那里等了一个多小时。他老家在汕头市，比我早一年当兵，新兵下连队后，我分到他一个班，两人床铺挨着床铺。他对我很关心，多年过去，除头发稀少外，还是那么年轻。

我们一同参观林则徐销烟池与虎门炮台旧址。进门，就看到两方长、宽各 46.5 米的水池，池底平铺石板，四周置桩栏板，池前开一涵洞，池后通一水沟。

以往销烟，烧到土里，又被人连土挖走，依然能制成鸦片。林则徐研究出用盐卤水和生石灰与鸦片混在一起，很快燃烧融化，放闸通过涵洞冲入大海，让人无法再做成膏。

清末，鸦片大量输入，严重摧残着国人的身心健康，使中华民族蒙受了深重的灾难。林则徐作为钦差大臣，迅速展开禁烟运动。他会督文武大员在虎门镇口的海滩上，举行了震惊中外的虎门销烟，在世界禁毒史上写下了轰轰烈烈的光辉篇章。

为纪念纪念林则徐虎门销烟这一大义凛然的壮举，当年的海边销烟池旁，早已建成纪念馆，成为爱国主义教育基地。

遗址内，有当年销烟场景纪实，有抵御英军的大炮，有军民共同抗敌的群雕，还有林则徐威严的坐姿塑像。塑像旁，生长着一池碧绿的荷叶，正彰显着他出淤泥而不染、一心为国为民、勇于担当的高贵品格。

假期有限，没再去往他处。在东莞工作的弟弟赶来，一定要我们去他那里住一晚。临离开炮台旧址，又一位战友驾车停在眼前，这位曾在部队给我当过文书的孩子，已成长为稳重的企业主，也真诚挽留，都只是匆匆见了一面，因为返程票早已买好。

英雄威名，万古永存。心想了，真的就来了，到虎门，不是因为想看此处的风景，是心里想去，目的是瞻仰伟大的民族英雄林则徐。

屈辱的鸦片战争离我们渐渐远去，历史，不能淡忘！如今，毒品依然在社会的阴暗角落里屡禁不止，不得不令人深思！

（2016 年 8 月 13 日）

一路悲壮的英雄赞歌

出门上了大巴,党校老师提醒说今天有雨,让大家回房间取来雨伞。路上,细雨真的来了,公路两旁,雾起云涌,依山所建的一幢幢民房掩映在云雾里,如同仙境一般。

一个多小时车程,抵达的第一站,是金寨县汤家汇镇。这里紧邻河南商城、固始两县,古时属商城管辖,后来成了金寨县的西北门户,为豫皖两省的交通要塞。

九十多年前,汤家汇地处鄂豫皖根据地的中心,是一片红色的土地,很多老一辈革命家都在这里留下了战斗和生活的足迹,无数儿郎为中国革命建设作出了巨大的贡献。

土地革命时期,这里成为赤城县和赤南县两个县委所在地,是豫东南的政治、军事重镇,先后诞生和组建了红四军、红二十五军、红二十八军、红四方面军,逐步发展为红军的主力之一。

如今,在一个小镇,依然保存着61处革命遗址,古老的接善寺成为豫东南道委、道区苏维埃政府所在地,很多宗族祠堂给红军当医院、学校、邮局和枪弹库。

被云雾笼罩的山峰叫"金刚台",海拔1 500多米,因奇石纵横、形似金刚而得名。听老师指着看不见的远处介绍说,那大山上有群洞，当年红军女兵排二十多位护理人员，就在洞里抢救受伤的战士。

一位大爷为了掩护伤员上山，被人告密，民团烧了他的家，并将他的妻儿全部枪杀。从山上下来，老人擦干眼泪，更是一心为红军做事，直到被抓。敌人要他交待红军隐蔽的地点，大爷宁死不屈，竟然被白狗子推下山涧活活摔死……

世上，没有无缘无故的爱，也没有无缘无故的恨。因为红军对老百姓好，朴实的农民才一心向着红军！

下午，随车来到斑竹园镇，这是金寨西南边陲，位于鄂皖两省交界的历史名关——长岭关脚下。从这个小镇，先后走出七位开国将军。

古老的朱氏祠，是红32师成立旧址。早在1924年，詹谷堂就在笔架山农校成立了"青年读书会"，他的学生周维炯领导的"立夏节起义"胜利以后，詹老师书写对联"斑竹满园制来数杆长枪维持共产，红花遍地训练三军大队保卫民权"贴于祠堂的门前。

在纪念馆内的一面墙上，密密麻麻地留下了斑竹园地区红军老干部名单。其中一位叫刘述刚，出生于一个贫农家庭，家里有13口人，靠租种地主9亩田地维持全家半饥半饱的生活。

他年幼时因家里贫穷，没有念过书，9岁开始给人放牛，14岁学做裁缝。当了三年学徒，出师后仍不能养家糊口。过去，只有富裕人家婚丧嫁娶的日子，才请裁缝到家做活，刚刚出师，能接的活很少。

年轻有劳动力的人劳动一年还吃不饱，不劳而获的地主则衣食无忧，作威作福。他想到世道太不公平，就加入农会，走上了革命道路，立志当一名改造不合理旧世界的模范士兵，并改名刘世模。

才 23 岁，刘世模就成长为红四军副军长。而在肃反运动中，当审讯人员说自己是反革命时，他冥思苦想，自己一心向党，出来就是干革命的，怎么成了反革命？"你们睁眼看吧，老子下辈子也会革命到底！"忍无可忍，愤然举枪对着自己要害处扣动了扳机。然而，命运之神没有遂他意愿，经急救后幸运地活了下来。

抗战爆发，国共合作。延安动员身体不好的干部回家。他回来时，家乡已是国民党的天下，敌伪四处抓他。坚强的刘世模躲进大别山，又拉起千余人的抗日游击队。

在解放战争中，刘世模的部队发展成了一个师，奉命率部去东北。任 7 纵 12 师师长的他，不顾高烧 40 度的生命危险，躺在担架上继续指挥部队战斗，从东北一直向南打到武汉。

全国解放后，条件得到改善，刘世模仍然保持战争年代艰苦朴素的生活作风，对家人更是严格要求。家有几个小孩，没有零花钱，生活很困难。他学过裁缝，孩子们穿的都是他动手改过的旧衣裤。

看到孩子多，加上他近乎刻薄"吝啬"的生活，爱人想请组织帮助解决实际问题时，他总说："国家那么多干部，组织怎么都能照顾得过来呢？"肺病严重时，药都没钱买，营养更跟不上，年仅 40 多岁，没赶上授衔，就遗憾地病逝了……

刘述刚，永远镌刻在纪念馆的墙上。这位更名为刘世模的英勇无畏的红军猛士，用战斗的一生，谱写了一曲英雄赞歌；更用奋斗的一生，教育后人一心向党，坚定信仰，愈挫愈强！

（2018 年 9 月 13 日）

去做甜的事业

逶迤不绝的大别山,有绵延起伏的丘陵,还有峰峦叠嶂、沟壑纵横的山川。从土地革命到解放战争的二十多年间,这片热土烽火连天,涌现出无数英雄豪杰,也演绎着一个又一个传奇动人的故事。

十万儿女去当兵,家家有红军,户户有烈士。这里成了红军的摇篮,也是将军的故里,仅一个县,就诞生了 59 位开国将军!

古时,没有金寨县,只有个金家寨。山沟里的寨子,人口密集,商贾如云,很是繁华。在国民党第四次"围剿"这里的红军时,蒋介石亲率 30 万大军,并说谁打下金家寨,就以谁的名字命名一个新建制县。之前,在全国只有以中山先生的名字命名过中山县。

由于敌我双方力量悬殊,红军撤离金家寨。国民党 14 军军长卫立煌进占后,蒋介石兑现承诺,以金家寨为县治所在地,在地图上画了个大圆圈,统辖安徽、河南、湖北六个县的部分区域,命名为"立煌县"。

解放战争时期,刘邓大军挺进大别山,金家寨回到人民怀抱后,这块热土就被命名为金寨县,并成为安徽省府所在地。新中国成立,兴修水利,为建梅山水库,十万人民迁出故土,十万亩良田被淹没。如今,古老的金家寨早已沉浸在一汪碧水之中……

时光流逝,多少将星也逐渐沉入历史的长河。无数图片资料,不仅悬挂在博物馆的墙上,他们的事迹,更将永被后人铭记。

其中有位炊事员的故事,感天动地。他叫李开文,参军前已有一个儿子,随红军突围时,妻子怀有身孕。他到了家门口,却没进家门。他说:"我不怕白狗子的子弹,就怕妻儿的眼泪。"他担心进了家门,便脱不开身,就绕到后院,从竹园离开时被儿子发现,抱着他的腿哭着不让走,被他一脚踹开。

之后,经历万里长征,爬雪山过草地,九死一生,终于到了陕北,他成了毛主席的炊事员,当了炊事班长。全国解放,他年岁已大,被安排转业。周总理找他谈话时说:"你吃了一辈子苦,组织上安排你去做甜的事业。"当知道让自己任天津糖厂副厂长,那里有一千多名工人时,他就说:"我最多只能带几个炊事员,那么多人,哪有能力领导?"他便以不能影响党的事业为由推托了。

他选择回到家乡,省委以师级干部待遇安排他当副县长。他问:"金寨县有多少人啊?"可听说全县有二十多万人时,更是不干了,只要求到一个公社的粮站,当了仅管几个人、连股级都算不上的站长!在粮站,扫把自己扎;粮库漏雨了,他爬梯子到屋顶换瓦。每天,起早贪黑,清扫卫生,把小小粮站打理得井井有条。

其实,他回老家,不是找工作,而是为了找老婆。妻子在红军撤离后,生下的一对双胞胎儿子被活活饿死。在白色恐怖下,为保全大儿子的性命,不得不改嫁。当得知她老公多年前已离世,他就找上门去。一别二十多年,妻子已不敢也不愿再相认,可他七八次登门,执意接她回家,两人一起恩爱生活到终老。

李开文对家庭重情重义,对组织赤胆忠心。当炊事员,因为害怕敌特下毒,每个饭菜他都要先尝一口。主席最爱吃的不加酱油的红烧肉,是他以红曲一手精心烹制……

他是为官做人的楷模,从不向政府伸手,对组织给予的照顾又一再推让。纯朴家风一直在延续,他的孙子仍生活在那个小乡镇,以开马自达为生。这种坚贞忠诚、始终奉献和永跟党走的朴素情怀,值得我们每个人学习。

(2018年9月11日)

更有无限的温情

多年前,在部队军训时,到过大别山深处的张八岭。在云遮雾绕的盘山公路上开车,那是在磨练和考验战士的心理素质和驾驶水平。

多年过去,那时坑坑洼洼的石子泥巴路都已铺上水泥,靠悬崖一侧还架上了高速路边那样的围栏。出金寨,车辆上了从上海到成都的一段高速,下高速后,就进入乡村公路。司机跑习惯了这样的山道,在陡坡及急转弯处,依然驾轻就熟,经过有些路段,不仅要反应快,速度还不能随意慢下来。

到花石乡大湾村的扶贫安置点,只有一条小路能通进去,必须下车步行,空车才能安全驶入。高山之上,住着汪氏一族。三进的古老大屋,透亮的天井,高高的廊柱,还有悬挂在中堂的牌匾,说明当年这个山村里的汪家是多么的兴旺。

如今,老宅已是人去楼空。不远处,有一排排光伏大棚,村庄一旁的山坡上,建起了一幢幢两层小楼。前年,扶贫攻坚战的号角从这里吹响。老师介绍说,这都是政府出资修建,去年,让那些住在危房里的村民都免费迁进了新居。

一位头发已掉光的老人从小楼出来,看到我们,笑得合不拢嘴,用方言说:"还是共产党中,没有共产党,哪有我们今天的好日子啊。"老人比划着手势,说今年已经八十一岁了,但身体还很硬朗,放牛、砍柴、种地,啥活都能干……

无数革命先烈抛头颅洒热血,不就是为了人民能过上好日子?但像这样的大山里,因地域或因病致贫的群众肯定还不少,"让贫困人口和贫困地区同全国一道进入全面小康社会,是我们党的庄严承诺。"这句话写入了十九大报告,是中国共产党向世人发出的宣言,更是必须完成的硬任务。

不瞎折腾,不过度开发,守住绿水青山,守住美好环境,就是为子孙后代谋福祉。

授人以鱼,不如授人以渔。到农家走走,可以看出,很多人不是有了楼房就脱贫,扶贫的任务依然很艰巨。基层组织还要结合实际,针对不同个体,突出重点,精准扶贫,带动农民开动脑筋,通过自己勤劳的双手,主动去创造美好生活,让幸福在群众的脸上都能自然地流露出来。

"全面建成小康社会,一个不能少;共同富裕路上,一个不能掉队。"巍巍大别山,村村都通上了水泥路,远远的山坡上,哪怕只有一户人家,哪怕住得再高,哪怕林子再深,电线也都拉了过去。送去的,除了光明,更有无限的温情。

(2018年9月12日)

真正意义上的伟人

今天,单位组织开展"学恩来精神、守初心使命"为主题的党日活动。我们从南京出发,驱车三百余公里,赶往淮安,瞻仰周总理故居和纪念馆。

时值早春,迎着晨风,仍觉寒冷。但天公作美,到总理故居前的广场下车,抬头望,碧蓝的天空上挂着朵朵白云。

同车随行的一位同事,家乡在淮阴,小时候就生活在附近。他动情地说:"印象中,总理故居里有一口古井、三进房屋和几棵老树。那时,没有旅游行业,但经常看到从外地慕名而来的老人,他们到总理家,睹物思人,都会激动得泪流满面。"那样自然流露出来的,是多么真实的感情!

眼前的淮安驸马巷,总理故居与一片古色古香的民居连成一片。从各地来的游客很多,我们跟着导游,怀着崇敬之情有序参观。

在一间间陈列室内,一幅幅珍贵的照片,一段段朴实的文字,描绘着一代伟人在童年和少年时代艰辛的岁月,向我们展示出总理在艰难岁月中冲破黑暗、走向光明的生动画面——

总理出生时,家长为他取的小名为大鸾,寓意为天上的雄鹰。

幼年的总理，与同时代的人一样，过得很不幸。生母万氏30岁病故后，由嗣母陈氏抚养，陈氏书香门第出身，是总理童年文化上的启蒙老师，遗憾的是，她才29岁就不幸病逝。

当时，由于甲午战争惨败，满清政府与日本签订了丧权辱国的《马关条约》。从此，山河破碎，战乱频繁，中国背上沉重的负债，沦为半殖民化国家，百姓生活在水深火热之中。

因为有位叔叔在东北工作，总理12岁时，就离开自己的出生地，独自从淮安到南京，去上海，乘海轮到天津，辗转到铁岭，再抵达沈阳。他剪掉长辫，进入学堂，专心学习，在少年时代，就立志"为中华之崛起而读书"。

青年时代的总理，到日本求学，又旅欧获取新的思想，成立旅欧支部。在之后50多年漫长岁月里，总理把毕生的精力，全部奉献给了祖国和人民。全国解放后，他每天工作时间超过12个小时，有时在16个小时以上，一直勤勤恳恳、呕心沥血、任劳任怨，把个人置之度外，把人民放在心里。总理经常说："一个人站在领导地位，不虚心，不平易近人，自以为了不起、什么都懂，只要有这种思想并且在作风中表现出来，就危险了。"为了社会主义革命和建设，他不辞辛劳，走遍祖国大地，与群众打成一片，在工厂、农村、建筑工地，都留下了他的足迹……

下午，我们瞻仰了总理纪念馆。在模仿北京中南海西花厅建造的房屋里，有总理和邓大姐的卧室及办公点。卧室内，陈设极其简陋，除了一张床头垫高的普通木板床，就是两只沙发。床头有部老式手摇电话。总理日理万机，夜晚仍然得不到很好的休息。

总理毕生严于律己、艰苦朴素，只求奉献、不思回报。即使在生命最后时期，还抱病操劳国事。他说："死我并不怕。可是这二十几年的时间，总应该把国家建设得好点，人民的生活多改善一些，去马克思那里报到，才感到安心。"

如今，可以告慰总理的是，中国已从站起来，到富起来，并到强起来，在世界舞台上，已不再是积贫积弱的形象！在以习近平同志为核心的党中央坚强领导下，全党不忘初心，牢记使命，正带领14亿中国人民，团结一心，继往开来，以崭新的姿态，向着伟大复兴的中国梦昂首前行。

人无精神则不立，国无精神则不强。总理去世后的若干年内，他生前不准修缮和对外开放的故居，被重新整修开放，吸引大批瞻仰者前来汲取精神营养。

从纪念馆出来，广场前，一位园艺师傅单膝跪地，正在精心为海棠树干刷白灰。这些长了几十年的海棠树，树干生出斑斑裂痕，抹上白灰，能防止病虫害。师傅知道，总理最爱海棠花，认真维护树木，就是表达对总理的敬重与怀念。

一旁，梅花绽放，飘来阵阵清香。远处，湖边的垂柳沐浴着初春的阳光，披拂的枝条渐次吐绿，迎风轻飏……

总理是真正意义上的伟人，是热爱人民、勤政为民的杰出楷模。他说过一句十分形象的话："下山不忘山，进城不忘乡。"并说，"我们是从人民中来的，我们过去的胜利都是在人民的支援下取得的，不能忘本。"总理说的这个"本"，就是人民群众。他一直把自己看成是人民的服务员，坚持人民利益高于一切，只要涉及群众安危冷暖之事，他总是关怀备至、体贴入微。

习近平总书记曾这样动情地说："周恩来，这是一个光荣的名字、不朽的名字,每当我们提起这个名字,就感到很温暖、很自豪。"

返回时,心里在想,在今后的工作中,作为一名党员,就应该立足本职,以良好的精神面貌,热情接待来访群众。平时,要主动作为,勤于动脑,多跑基层社区,多考虑群众诉求,多进行换位思考,遇到群众反映的问题,不以自我感觉代替群众感受。在平凡的岗位上,发扬老黄牛精神,甘于吃苦耐劳,勇于无私奉献,真正体现对党忠诚、为党做事,以过硬的工作成效,喜迎中国共产党百年华诞!

(2021年2月26日)

同样也是英雄

已经九点半了,打开手机,偶然间,看到朋友圈里开山岛升旗的视频,夫妻俩默默地守护着一座小小的孤岛,一守就是一辈子!

事迹早已耳闻,但没有视频这样冲击人心。他叫王继才,32年前,连云港市灌云县武装部安排民兵前往12海里深处的开山岛上轮流值班,面对这个没有两个足球场大的光秃秃小岛,他在想,民兵也是兵,也有戍边的责任。从此,组织上没再安排别人轮换,他在岛上扎下了根。

晚上,看着漫天繁星,累了就伴着潮声入眠,醒来,头顶上还是繁星满天。妻子王仕花怕他在岛上过得孤独,一个人会过着野人般的生活,两个月后,辞去舒适的工作,毅然来到小岛。

一对夫妻,每天巡岛、查滩、瞭望,晚上记录一天的巡岛内容。32年,从未间断,这一记,就是100多本。

每天,他们都要迎着旭日,升起国旗。直到今年7月27日,58岁的王继才晚上突发疾病,次日,没再起来……妻子一早还是将鲜红的国旗在万顷黄海里的这个小岛上高高升起!

"旗子升起来了,才能证明有人在这儿守着。有了国旗,岛就是家，岛就是国。"王继才生前这样认为。开山岛上 11 000 多次的升旗，见证了他们对国家的无限忠诚。

之前，大家都不知道王继才的名字。附近的渔民说，都知道这里有个人叫"王开山"。岛上的国旗就像是白天的灯塔，航行在海上，看到国旗，渔民就有了方向和依靠，就有了温暖的感觉，似乎"王开山"在跟他们打着招呼。

32 年来，因为海上气候潮湿，日照强烈，布料容易褪色，他们自己掏钱，购买了 200 多面国旗。换下来的，他们都当宝贝般地珍藏着。王继才走后，妻子仍然坚持继续巡岛、升旗、记录每天守卫国门的工作日志……

"一座岛，一生守。岛再小，也是祖国的疆土。致国旗，致英雄。"有人在跟帖，还有无数网友被王继才的信仰、坚守所感动，纷纷向他们致敬。

岗位平凡，不代表人生平凡。这对夫妻的事迹，是新时代奋斗者的典范。小小开山岛永远矗立在茫茫大海上，不同的是，这里已然成为远近闻名的英雄岛。

在大自然面前，人是极其渺小且无助的，但只要有了信仰，再平凡的人也可以伟大。自古以来，英雄不一定要有多么大的丰功伟绩，只要怀有正确的信仰，并以一生去坚定实践的人，同样也是英雄。

（2018 年 9 月 21 日）

烈士风骨万古存

今天,我们冒着淅沥小雨来到中华门外的雨花台祭奠革命先烈。据史载,南梁初年,高僧云光法师曾在此设坛说法,因内容十分精彩,感动佛祖,顷刻间,天上落花如雨,因此得名"雨花台"。

然而,就是这样一处风景秀丽的地方,在国民党统治时期,也就是1927年蒋介石发动"四一二"政变叛变革命,到1949年新中国成立前夕,落花如雨的雨花台,却变成了国民党屠杀中国共产党人和爱国人士的刑场!

22年中,近10万革命志士被杀害,这里,洒满了英雄们的鲜血。新中国成立后,为缅怀先烈英灵,在雨花台上建造了这座占地面积达87公顷的烈士陵园。

进陵园北门,一眼就能看到雨花台标志性建筑——北殉难处烈士大型雕像。这座由九位先烈肩并肩、手挽手的群雕,主题突出,层次分明。那横眉冷对的知识分子,临危不惧的女干部,戴着镣铐蔑视敌人的工人,怒目圆睁的农民,身陷囹圄充满胜利希望的女学生,咬紧牙抿着嘴的小报童,都栩栩如生地再现先烈就义前英勇不屈、视死如归的光辉形象。

一旁,有一棵独立的丁香,有一块小墓地,白色的缅思碑横卧在中央,像钟表的时针,上面刻着阿乐的誓言。时针定格指向丁香牺牲的时刻,象征时间积淀,精神永恒。

据解说员说,这里,安葬着当时为革命而牺牲的丁香。丁香是一个姑娘的名字。她原是苏州的一个弃婴,人们从襁褓中的纸条上得知她生于1910年4月4日,所幸被人收养,并给她取名丁香。

受家庭环境影响,丁香家教严谨,志向远大,在东吴大学读书期间结识了进步青年阿乐,并一起参加了革命。1932年4月,两位进步青年终成眷属。同年9月,在上海一次党内秘密会议上,因叛徒出卖,丁香不幸被捕。她坚贞不屈,于12月3日被敌人杀害。那时,她已身怀六甲。噩耗传来,阿乐悲痛欲绝,写下"情眷眷,唯将不息斗争,兼人劳作,鞠躬尽瘁,尝汝遗愿"的誓言。

因深深爱恋丁香,阿乐埋头革命事业,不愿再娶,直到解放后1950年10月,部队进藏的一天,阿乐遇到酷似丁香的女子名叫"时钟曼"。4年后,也是4月,他们生一女孩,取名叫"乐丁香"。

1982年12月,在丁香牺牲50年后,阿乐带领全家来到这里,栽下一棵丁香树,纪念这位年轻的革命烈士。1992年阿乐去世,时钟曼带领女儿将阿乐的骨灰埋在这棵丁香树下。听着解说,参观人员无不潸然泪下。

这座高约60米的小山岗,行走其间,风景秀丽,松柏葱郁,空气清新。沿着整洁的道路,往南走,远远地就看到巍巍高耸的革命烈士纪念碑。曾经,多次来过这里,举起右手,庄严宣誓。

再往南,就来到烈士纪念馆。这是一组"U"型两层的白色古典式建筑,横额的上方用花岗岩雕凿出日月图案,象征烈士精神与天地共存，与日月同辉。馆内陈列有620件烈士遗物、450幅珍贵图片和恽代英等128位烈士的事迹和文献资料。

恽代英，与瞿秋白、张太雷并称"常州三杰"，是中国共产党早期重要领导人，无产阶级革命家、理论家和宣传家，中国青年运动的著名领袖。这位被誉为党内甘地、"现代墨子"的共产党员，一生虽然短暂，却无比辉煌。

同雨花台所有先烈一样，他不为官、不为钱、不怕苦、不怕死，只是为了改造中国社会，让劳苦大众过上幸福的生活。正是这种为了信仰而甘于清贫与廉洁的品质，给后人留下了一笔无比宝贵的精神财富。

恽代英身为高官，十分勤俭。当时，他每月工资80块大洋，生活上只花几块，却拿出几百块创办利群书社，传播新文化，以影响更多的青年，从而实现改造中国社会的理想。在《爱澜阁自述》中，他写道："对于衣服，吾不求华丽，以清洁为上，吾意将终不服绮罗为衣，但取其暖，适于卫生而已。"

1920年，他写下了这样一首诗："我身上没有一件值钱的东西，只有一副近视眼镜值几个钱，我身上的磷仅能做四盒洋火，我愿我的磷发出更多的热和光，我希望它燃烧起来，烧掉古老的中国，诞生一个新中国。"这位革命家，被称作"那个时代呼唤革命风暴最矫健的海燕"，影响了整整一代青年。

1930年4月，恽代英积劳成疾，与妻子深情地谈道：我们是共产党人，我们视富贵如浮云，我们要安贫乐道，这个道，就是共产主义的理想。为了实现这个理想，我们情愿吃苦，我们今天吃苦，就是为了我们的后一代能够享福。

1930年5月6日，他不幸被捕，先关在苏州监狱，又转到南京江东门国民党中央监狱。在狱中，他还写下著名的狱中诗："浪迹江湖忆旧游，故人生死各千秋，已摈忧患寻常事，留得豪情作楚囚。"1931年4月29日中午被敌人杀害，时年36岁。

为了深切缅怀他忠诚于党、报效于国的崇高品质，在监狱旧址北侧，立有一尊恽代英汉白玉雕像，供无数游客前来凭吊。后来，这里成了我们部队所在地，因那几年常要向游客介绍，学习了这位雨花英烈很多感人事迹材料……

古代先贤孟子曾说过，最好的人生应该是这样的：贫贱不能移，富贵不能淫，威武不能屈。这是人生的三种崇高境界，同时凝聚在恽代英身上，为后人所仰止。

在雨花台纪念馆的英烈墙上，看到有位满脸稚气的先烈——袁咨桐，牺牲时，才16岁。他14岁离开家乡贵州赤水，考入南京晓庄师范求学，15岁加入共青团，在从事革命活动时被捕。

如今，这样的年龄，应该都还在父母身边撒娇，有的刚参加中考，有的在读高中，正为能考上一所好大学而努力。而小小年纪的咨桐，却已在狱中，要作出生与死的抉择！

当时，在首都卫戍区司令谷正伦眼中，16岁的小同乡，还是个不谙世事的孩子，想为他留个活路，前提是在改过书上签字，但孩子的刚毅与决绝让老谷十分恼怒。按当时法律，他还这么小，是不能判死刑的，但国民政府法官在判决书上把他的年龄改为18岁，判处极刑，何等残忍！

16岁的孩子，青春的光彩洋溢在他的脸上，这样的年龄，人生憧憬的美丽画卷才刚刚打开，却成为雨花台最年轻的烈士！

还有夏明翰，就义时，凶手问他有什么遗言，他要来纸笔，一挥而就，写了这四句诗："砍头不要紧，只要主义真。杀了夏明翰，还有后来人！"这是一首气壮山河的就义诗，一直为一代又一代革命者所传颂。

还有，我党早期理论家邓中夏，1933年9月21日黎明，在雨花台下，高呼"打倒国民党！""中国共产党万岁！"的口号，昂首走向刑场，英勇就义，年仅39岁……

伫立在一帧帧烈士遗像前，无不陷入深深的思考。是他们，用热血和青春，改变了旧世界，迎来了新中国。如今，有些人，端着碗吃肉，放下碗就骂娘，自己不努力却对这不满对那不满，过着太平安逸日子还骂共产党，随之产生诋毁共产主义信仰的言行，这，要问九泉之下的英灵是否答应！

返回时，经过纪念碑，游人如织，并有排列整齐的队伍在庄严宣誓，"时刻准备为党的事业献出一切"的誓言响彻山谷。

还在部队时，每年都要来这里植树。记得年近八旬的雨花台退休职工胡寿福说："当年，这里经过战火，是一座荒山。我们一个人一天要栽80多棵树，抢着干活，生怕对不起革命先烈！虽然每天工资只有七毛钱。"

进入雨花台烈士纪念馆党性教育网上展馆后，再次接受了更深的教育。眼前，仿佛看到在那血雨腥风的白色恐怖下，无数先烈共同擎着一面红色大旗，冲锋陷阵，前赴后继，不畏牺牲，用他们的风骨和鲜血，共同迎来了新中国的曙光。

（2020年6月25日）

跋
缘于对文字的热爱

一口气读完陈荣发的散文集《都是真实的人间》，忍不住又读了一遍。

就像是春节时回老家，在盛宴接近尾声时，服务员悄无声息地端上一盘白菜——它不仅是当令蔬菜，还是家乡传统的品种，那清淡鲜香之味在记忆中萦绕几十年而不敢稍有淡忘，瞬间就被一扫而空。连一直生活在家乡的亲人们都不放过它，吃完后大呼："再上一盘！"让满桌大盘小碟的肉类鱼类目瞪口呆，虽然它们也是土猪肉和土生鱼类。

社会越发展，原生态越珍贵。这种原生态的文章，比家乡的蔬菜清香更让人思念。

觉得《都是真实的人间》里的文章，多有孙犁和汪曾祺之遗风。早在"少年不识愁滋味"的年纪，我就偏爱孙犁和汪曾祺自然朴实的文风。多年后才知道，这两位大家早年都写过意识流小说，要说时尚和洋气无出其右，却在其文章风格臻于成熟的时期，洗尽铅华，写出返璞归真直接地气的原生态散文，足见其功到深处是不露痕迹的，正如巴金所说，文学的最高技巧是无技巧。

与原生态的文字相比，原生情感更珍贵。孙犁《白洋淀纪事》

描写的是艰苦抗战岁月中众多可爱而朴实的农村女孩，其实也是写他自己；汪曾祺描写的是他自己的生活，却也是他所生活的时代和经历的岁月。如果不热爱生活，不热爱所写的对象，绝对表达不出他们的真情。

这是老生常谈了。但是生活的真谛往往就在老生常谈中，文章做法也是。生活在农村一辈子的老祖母整天挂在嘴边的话，把少年的耳朵磨出茧子，少年似乎从未听进去，然而，当他发现自己逐渐开始变老并变得啰嗦了，才意识到，真理就是在老祖宗的口中不厌其烦地重复而传递下来。到了说"天凉好个秋"的岁月才会懂得，写文章，多数语文老师重点强调的东西其实并不重要，比如会用多少成语、会引用多少诗句、把景物描写得多么精美等等，这些技巧都是后天能够弥补的，只要你坚持写下去，并保持读书的习惯，迟早会解决。可有些东西可能你先天就拥有，却轻易地失去，比如热爱生活、用心感悟生活，这才是最重要的。

写文章的人对生活的热爱，装是装不来的。

作者现供职于南京某区纪委监委，应该经常接触社会底层，但是这种接触只是社会弱势群体的一隅，而生活在社会底层绝不应只是弱势群体，他们还会阳光、积极、自足、开心，他们也很强大。当作者在支援社区抗疫工作中全面接触社区工作，见识居民百态，他就像发现新大陆一样，兴奋地拥抱着世俗生活。一个个普通百姓，都在作者笔下栩栩如生、朴实生动、亲切自然。

好文章就是作者情感的自然流露。作者在两个月的支援社区抗疫工作中，自然地和很多志愿者成了朋友。他回原单位正常上班以后，有一天接到一个陌生电话，是志愿者老龚打的，告诉他小区门口的澡堂开门了。他想起来，和老龚一起在那个小区门口值守时，见那里有一个澡堂，随口说好多年没进过公共浴室，如果这里开业，能进去泡个澡，感觉应该很好。难得老龚记住了他的话，也不知道从哪里问到他的手机号码。

  好文章是无法模仿的，因为情感不可模仿。作者虽然喜欢读书，原来很少写文章。他女儿上高中时，苦于作文写不好，他便随意写几篇，告诉女儿：这就是作文。没想到一发而不可收，一直写到现在，这也缘于他对文字的热爱。

张建华

（跋作者系散文作家）

代后记
我的 2020

一早起床，赶往青奥村参加南京市第 39 届元旦健身长跑运动会。遇到朋友，边跑边聊，他感慨道："这个鼠年，真是过得乱七八糟！"一句话说完，叹口气，头直摇。

每个人，各不一样，有苦有乐，有得有失，有喜有忧，都是常事。又到新年，之前每年都要写工作总结或个人小结，但 2020 年不一样，在正常工作之外，个人和家庭，工作和生活，都随社会发生着变化。假日，静下心来作个梳理。随着键盘敲击，内容繁简不一，或者杂乱无章，只是用简朴的语言表达真实的经历。

01 疫情防控工作中的苦与乐

就从鼠年春节前几天说起吧。两年没回老家了，节前打好书面报告，准备回去陪母亲过年。可突然暴发的新冠肺炎疫情，打乱了计划，只能天天宅家。嫂子的母亲家在邻村，家人准备年初二为老人办九十岁寿宴，我打电话回去，劝说可以亲人一起吃碗长寿面，酒席就不要办了。他们都通情达理，预置的酒菜分给各家处理。

过年期间，气温虽然不是很低，但感觉特别寒冷。年初四一早，手机铃响，办公室通知要去菜场、超市等场所巡查。妻子和女儿生怕我外出受凉，给我准备了厚厚的羽绒服，还要我套上老棉裤。几天没下楼，下台阶脚下如同踩着棉花，进车库都有种陌生的感觉。

驱车直奔南湖迎宾菜场，道路宽阔，一路通畅。菜场门口有几个人，他们挑着菜，也有市民在买，都戴着口罩。因为南湖附近人口密度大，多年来，这个菜场每天从早到晚人头攒动，生意极好。但简易顶棚，每遇雨雪等恶劣天气安全隐患很大，早有拆掉重建的计划。

当天，我们从汉中门大街一直向南，到沙洲莲花南苑菜场，总共去了16家超市、菜场和小门店。在安置房片区，不少老人照样不戴口罩，互相递烟，一片祥和的节日场面。

接着，每天去各个点参加督查。

初七清晨，邮局通知妻子去上班。女同志五十岁退休，妻子还差两三年，单位很多人都提前内退，年前她也递交了内退报告，说好年后就不再上班，可单位没安排好接替的人。既然这样，公事为重。邮局就她一人上班，没一点防控措施，好在女儿提前从网上购了一箱口罩。在无遮挡的柜台，面对着来邮寄信件或物品的顾客，有人咳嗽也不能回避，否则，若被投诉还要扣钱。

我们根据组织安排，初八开始，就下沉社区开展疫情防控。先在长虹路社区，报到那天，在周边走了一圈。紧靠社区北侧，有个巨型燃气罐，马路对面，就是消防队。一路走过，看到花卉、牛羊肉、建材商品等大型批发市场，三鸿公司、南湖菜市场、盒马生鲜大卖场……沿街各种店面就有276家，还有学校、宾馆、敬老院、垃圾中转站，城市生活所需要的一切，在这个社区应有尽有。只是，门上都贴着封条，街面十分冷清，除了志愿者再无其他行人。

这里由两个社区合并，共有住户近6000家，居民两万多人，仅3个小区有物管，还有11个小区没有物业公司。无疑，老旧小区的管理难度更大。其中的电站村，有一条市政道路从楼间贯穿，内有变电站、供电抢修班、城南路灯管理所、污水泵站四家单位，成为开放式小区。面对疫情，与社区人员一起，经多方协商及时封闭小区南侧路口。又联系工人，用铁管焊接封闭东侧小门，居民全部从电站村北口进出。进出人员逐个登记，顿时井然有序。

社区书记年近六旬，他说："我还有两年就要退休了，社区每晚要排人值班，考虑他们都是年轻人，家里有小孩要照料，所以我每晚都住在社区。一天，回家洗澡换衣服，离开前以为老婆会挽留，没想到她却说：'你是党员，是干部，还是书记，在人民最需要的时候，你不冲在第一线，谁冲在第一线？'"谈起这些，他的眼圈在泛红。

还有社工老陈，是退役后自谋职业的军人，凭着一腔热情，积极参与社区志愿服务工作，哪里都有他忙碌的身影。他总是跑前跑后，帮助社区居民排忧解难，成为周围群众的贴心人。

每天，我们戴着红袖章，要么在小区门口站岗，要么与志愿者一起巡查。遇到雨雪天气，倍觉寒冷，但必须带头坚持在门口为居民量体温，检查外来人员，严防输入。遇到不理解的市民，还会听到埋怨或争吵。他们在家憋闷久了，情绪不好，是正常情况，不能与他们计较。

回想十七八岁参军，持枪站岗是为了保家卫国。如今，在小区门口站岗，是为了保护群众的安全。有个外地姑娘租住在一个老旧小区，每天她不时地从阳台往下观察，如果没找到戴红袖章的志愿者，会紧张地打12345求助。小区不让快递员进入，有时我们还帮居民把货物送到家中。

其间，连着几个雨雪天。那夜，卧室没开空调，妻子洗漱后，穿件毛衣坐在床头，习惯性地看半个多小时书才入睡，半夜时分，她突然发冷，直打摆子，是不注意受凉了。我起来到书房找药，随手翻到消炎药让她服下。忙到天已大亮，妻子不见好转，早晨没起床，我心里直发慌，因为到厨房无从下手。妻子交待说女儿起床后不让进我们房间，说得心里更紧张。

女儿年假后在家待命，所在单位说等通知再去上班。她一早起床，立即进我们房间摸她妈妈额头，马上网购感冒药。这个时候不敢到医院，只好打电话给中医和西医朋友，按照他们提示，买感冒药，喝姜糖汤，按摩穴位，实施艾灸。女儿要了外卖，家里也是难得买一次肯德基快餐。

早晨忙完，我正常去了社区。下午的电话中，妻子说好些了，可以起来在阳台上晒太阳，看看书，我的心也放松点。

然而，第二天及之后的一段时间，妻子身体状况出现反复现象，时而发冷时而发烧，好在不咳。她坐在餐桌旁，没有一点食欲。体温计显示达到三十九度多，女儿建议要去医院，医生也是这么说，我还是犹豫着，让她继续卧床休息，每天艾灸，加大饮水量。哥哥发来信息安慰："风寒感冒可用'感冒清热颗粒',初起时效果更好。不要乱用其他药,冬春时节一般都是风寒感冒。"

这种感冒药网上买不到,只好找到旁边药店。人家认真登记备案,刨根问底了解情况,我都悉数相告。第二天开始,社区有工作人员来电话,每天了解两次妻子的体温状况。好在没人上门,否则更加紧张。

妻子自学了一手好厨艺,每餐都让女儿吃得很开心。我若帮忙,说是添乱。而那些天,我照样下社区,早出晚归,天不亮进厨房,也就是熬好稀饭,烧足开水,心里真无望,感觉人都要崩溃了。岳母从成都打来电话询问情况,叮嘱如果严重,一定要到医院检查。一天,初春的阳光十分明媚,妻子的体温还没降到正常,问医生,说要去医院,可不论我们怎么劝,她躺在床上就是坚持不起来。现在想来,她是对的。好在她坚持使劲喝水,一个多礼拜后,体温终于恢复正常,真是惊叹祖国中医疗法的强大作用!

那段时间,因为在社区值守,都是一个萝卜一个坑,岗位上不能没有人。每天中午回单位吃饭,处理相关事宜。所以,家里有发烧病人的事情没与单位说,也是冒着风险。要感谢西医邓主任和中医杨教授的多次提醒,感谢亲人的牵挂,更要感谢同事,偶尔我也有迟到或早退现象,都靠一起下社区的同事帮忙承担,保证了属地平安。

一个月后,我们换防到爱达花园社区,全市首例确诊病人就在这里。一次,小区居民集体反映,此人防疫后回来,有安全隐患,需要加强管理与防护。我们上门入户,当面宣传,努力消除群众的恐慌心理。

这个社区书记是位女同志，工作任劳任怨，每天第一个来，最后一位离开。有段时间，她的脸上长满了疹子，口罩外面的皮肤都是红的。应该是这段时间工作太辛苦，外加皮肤过敏，我们建议她到医院看看，在家休息休息。但她只是开了些药，每天坚持上班。用她的话说："在这个关键时候，如果我打退堂鼓，其他人怎么看？社区缺了主心骨，上门入户沿街宣传等工作就没法开展。"

整整两个月下来，总体形势平稳，转而又参与推进复工复产工作……

电视新闻里，世界卫生组织总干事谭德赛面对中国政府与人民出色的表现，在介绍中国抗击新冠疫情过程的经验时，说了这样一句话："我一生从未见过这样的动员！"

不怕走在黑夜里，就怕心中没有光。我们伟大的中国共产党，就是指引全国人民战胜疫情的明灯。在每个社区，每个党组织就是一个个坚强的战斗堡垒，每名书记都以身作则，大家通过默默奉献，无声地证明自己。每一名机关或基层的共产党员，都起到了先锋模范带头作用，他们才是当今社会最可爱的人。

乌云散去，自会漫天繁星。我们改变不了世界，但首先要做好自己。家里没有病人，顿觉气爽神清。经历疫情防控，更应注意生活习惯，更加珍惜美好而平凡的人生。

疫情防控常态化之后，我们也恢复了正常的工作，进京出差半个月。五月底六月初的京城，杨树在飞絮，柳枝已吐绿，到处充满着春意盎然的景象。

02　孩子成长中的喜与忧

女儿去年大学毕业,当时感觉现在有相应的条件,还是应该让她继续读研。回想我们小时候,因为家贫,高一辍学,当兵后考入军校才获得中专文凭。后来坚持自学拿到本科。转业后,是组织的关心,参加党校在职研究生的学习。

对于孩子的教育,个人总认为,有文化肯定比没文化要好。虽然她具备报考选调生的条件,但当时没及时采纳业内朋友建议,错失良机。好在年龄尚小,还是鼓励她继续读书。在校保持较好的成绩,通过雅思考试,本可到香港名校读研,可港内形势持续不好,不敢赌着往里面跳,研究生又没读成。两样都落空,心情难免焦虑。

成长中的年轻人,没谁能确保一帆风顺,遇点坎坷也是好事情。只要坚持努力,相信总有好的前景。

女儿有了工作,而且自己愿意去做,虽然收入不多,离家稍远,但很稳定,我们这颗心也安定了。因为学的专业,只能报考这样的岗位,工作中能将自己所学专业利用上也是好事情。

走出校门,被一脚踹进社会,刚开始心高气傲,就可能四处碰壁。吃点苦,感受失败,能给人很好的教育。若是没受过挫折,可能不会如此踏实地学习与工作。多经历点,才能从迷茫中找到自己需走的路。

孙中山先生将人的类型分为先知先觉、后知后觉和不知不觉三种,他认为:"先知先觉者创造发明,后知后觉者仿效推行,不知不觉者只是竭力乐成。"

如今，我们大多数人都是不知不觉者。这是由于现代社会里，真正能引发思考的内容被淹没在大量垃圾信息之中，低成本的娱乐让人陷入无须思考的舒适环境，少有人愿意主动去思考。

但，不愿思考不代表不痛苦。我们也会常常反问自己："如何才能不碌碌无为？如何才能不后悔终生？"但却很少想过，要改变自己的境遇，首先要改变的应该是自己。

古今中外，好的方法都是通用的。做总结，应有收获。

03　凶猛洪水面前的泪与欢

夏天的洪水，导致长江水位一而再地越过往年的警戒线。夜晚参加督查，多次去江边，轮渡口的房子进了水，波涛不停地拍打着大堤。一夜，是水位过高，漫过堤坝进了公园，与很多人一起参与了抢险。

家乡，千年古镇被淹。因为山洪暴发，上游水库破堤，县城尧渡镇也在告急。母亲住在老家，打去电话，无情的洪水进了屋子。那年，哥哥盖房，就是为了防洪，把地基加高，多年来，再大的洪水最多漫到前面路边，这次竟然院子里起了波浪，水流直入房屋厅堂，老人只有躲到楼上，真是没想到。常言道：洪水猛如虎。"老虎"都进了家，说明家里被折腾成什么样子。幸好山洪来去匆匆，来得猛退得也快，次日早晨打电话，母亲说水已退入河道。

我们到堤坝去巡查，经过江心洲，长江的水位比岛内高出不少，幸好有坚固的大堤。夏夜，岛上居民在跳广场舞，到处飘扬着动听的乐曲，对四周凶猛的洪水，他们似乎若无其事，依然正常享受着夏夜美好幸福的生活。

江水涨到最高点,慢慢退去,平安就好!

04　抽调在外工作中的情与谊

八月底,暑热还没褪去,一天临下班时,通知我参加市委本届巡察工作,次日去培训。那天,在市委大院礼堂内动员。回想前年,曾在这个礼堂,由市委市政府主持的大会上,有幸上台领取了个人嘉奖。

在党校培训结束,回单位简单交接。进点后,全脱产投入工作。离开单位,独自在外,更应严格要求。能参加市委巡察,要带着使命感与责任感,不能有丝毫懈怠。晚饭后与人在宾馆旁边的清水塘散步,都认为把手头工作完成好,没觉得有什么负担。夜晚在房间,独自思考,撰写本组阶段性小结的工作信息。

日常接触中,感觉组长作风扎实,性情坦率,为人很好。他水平高,工作标准也高,坚持亲力亲为,全组人员当然都全力以赴。为了起草中期汇报稿,夜里写完材料,回到房间天已大亮。这世界上,并不是所有的日子都会被记住,但,那个周末的晚上抽了整包烟,通宵写稿,以前从没经历过。早晨躺一会起床洗澡,发现下水道被堵塞,抠出盖子,缝隙里全是头发,当时没当回事。国庆期间去理发,师傅惊讶地我问怎么少了许多头发,才反应过来。他叮嘱说:"晚上要休息好,否则,头发还会掉。"

从办公点到家,穿过一个高架,如果道路顺畅,十来分钟就可到达。有一阵子,因为写材料,就没离开办公点,这样,连续住了十多天。那个周末回家,在小区散步时,女儿说:"多少人能有机会参加这样的工作呢?哪怕再苦再累,也是光荣的。"听到女儿能说出这样的话,相信未来的年轻人应该不会比我们差。

回想一下,初到那儿,还穿着短袖衫。宾馆旁边的清水塘里,荷叶亭亭,水草青青,菡萏葳蕤,一片生机盎然的景象。离开时,寒风劲吹,穿羽绒服仍有冷意,再从塘边走过,水中只有凋零的残荷。

在组长的带领及大家共同努力下,圆满地完成了本轮巡察任务。一位同事好心地对我预言:"巡察结束,大项任务完成,你肯定要生一场病。"当时以为是笑谈,十多年来,因为坚持锻炼,除了运动受伤,基本没有感冒过。这次,却被一语成谶。巡察结束,本可休息些日子,我却即回单位,扁桃体发炎,话都说不出来,身体发烧,浑身乏力,没有休息。碰到同事,说我怎么如此憔悴。

临时被抽调出去,能与来自不同岗位的人员在一起,在十分紧张的工作氛围中,由不了解到很熟悉,互相结成了朴实的战友情谊。从他们身上,学到很多,领导的精益求精,同事的严谨细致,有人克服家庭困难,一心扑在岗位上,都值得我敬佩。相信这段经历会珍藏于心,并将被我们所铭记。

05 力所能及后的得与失

其实,我也只是做了点力所能及的事情,组织上却给了莫大的关心。

8月的一天,已经是中午,烈日当空,在楼前的路口碰到一位在楼外工作的朋友,他来大楼开完会,准备返回,听他轻轻地问:"听到有人议论,给你调个三调,你说可以不来上班了?"听到这样的话，虽然关系好，还是当即回答："怎么可能？我天天都在忙，刚还去接访，才被表彰为优秀共产党员，如果就提出不干了，不说大道理是辜负组织的期望，也对不起自己的良心对吧？"听我这么一说，他低着头连忙解释："那是我听错了，不好意思，可能是说别人吧。"

人生在世，被误解，被非议，都在所难免。有的谣言，不知道源头在哪，也不知道那源头的人是怀何意，但传着传着，却会成真。别人怎么说，我们没能力去管，只要自己踏实在做，相信人在做天在看，仅做好自己应该比较容易。

得失莫在意，努力过就不后悔。谁都想好，但有些事情，虽然已经很尽力，但不一定达到想要的目的。

巡察结束后的一天，接到电话要我填个表，说组里有个优秀巡察专员的表彰名单，领导研究说给我。电话里立即推脱，建议评年轻人。获奖只能代表过去，未来还是要保持好的心态，做好分内的事情。

很多人都梦想过上悠闲惬意的生活，然而，沈从文先生说过："我的人生最怕的就是休闲，休闲会失去生活的意义。"农村还有句俗语说："闲人愁多，懒人病多，忙人快活。"人太闲，有时候未必是好事，反而有可能带来烦恼与抑郁。因此，往后最好的生活状态就是：经常有事忙碌，偶尔休闲，忙的时候要适当休息，闲的时候要记得不忘初心。

下沉社区期间，除了妻子生病那些日子外，每晚都坚持写一篇所见所闻所感，有的文章被中国网或报纸副刊所采用。朋友让整理出来，无文号印出来，考虑印出来没什么意思，我还是没让再印。感恩得到友人的鼓励，电子稿寄到上海，九月份，经文汇出版社审定，同意出版，真是一份意外的收获。

06 结　语

"人生天地之间，若白驹过隙，忽然而已。"无论努力还是懒惰，年龄都在不劳而获地增长。点滴小事汇聚，就是我们对美好未来的期望。回顾全年，书读得太少。读书不仅是曾经的为了前程，更是生命里的一部分，今后还是要抽空静心读书，提升文化水平。

一切向前走，都不能忘记走过的路，人生不可复制，珍惜每份遇见。要怀着感恩的心态，面对一切人和事。遇到好的领导，要拼命地工作，若是遇到对自己不好的领导，更要拼命地工作，因为，通过努力工作，不是为了证明什么，而是要对得起每月所拿的薪水。

凡是过往，皆为序章。对过去的总结梳理，就是对未来的思考谋划。这是一次小结，也是一次起点，感谢亲人、朋友、同事和领导一直以来的肯定和鼓励。转眼，2020年一去不复返。新的一年要注重锻炼，在奔跑中强身健体。在岗位上，期待与同事互助与支持，坚持朝好的方面去努力，同心协力干好本职工作。祝愿所有的亲朋好友在新的一年踏踏实实生活，勤勤恳恳工作，天天平安，全年吉祥！

（2021年1月1日）